深化燃气行业改革研究

黄赫 著

U0132815

化学工业出版社

·北京·

本书针对燃气行业这一研究相对空缺同时又处于紧迫的改革形势之下的特定行业，构建系统的体系，对燃气行业的产权、治理、运营、竞争、价格、监管等多个模式进行综合研究，对燃气行业改革的理论与实践进行了归纳、总结和深入探讨。

　　本书适合经济管理相关研究人员、燃气行业人员以及政府部门相关人员阅读。

图书在版编目（CIP）数据

深化燃气行业改革研究/黄赫著 . —北京：化学工业
出版社，2011.5
ISBN 978-7-122-10974-3

Ⅰ. 深… Ⅱ. 黄… Ⅲ. 燃气行业-经济体制改革-研
究-中国 Ⅳ. F426.22

中国版本图书馆 CIP 数据核字（2011）第 062666 号

责任编辑：宋湘玲　　　　　　　　　　装帧设计：张　辉
责任校对：战河红

出版发行：化学工业出版社（北京市东城区青年湖南街 13 号　邮政编码 100011）
印　　装：三河市延风印装厂
710mm×1000mm　1/16　印张 11¾　字数 228 千字　　2011 年 5 月北京第 1 版第 1 次印刷

购书咨询：010-64518888(传真：010-64519686)　　售后服务：010-64518899
网　　址：http://www.cip.com.cn
凡购买本书，如有缺损质量问题，本社销售中心负责调换。

定　　价：39.00 元

序

　　20世纪70年代后期以来，生产力的发展和科学技术的进步对传统自然垄断行业的垄断经营和政府规制模式提出了挑战。各国也纷纷针对垄断行业的弊端进行改革，在不同程度上打破行业垄断格局。以引入竞争和放松规制为主要内容的改革浪潮几乎席卷世界，发展至今，已经取得了很大的成绩，但同时也暴露出不少问题。从20世纪90年代末期开始，我国对石油、电信、电力、民航等垄断行业不断引入竞争，直到今天，虽取得了一定成效，但在继续推进和深化垄断行业改革的过程中已经愈行愈艰，垄断行业改革成为制约中国经济发展和社会建设的一个亟待解决的问题。面对国内外垄断行业改革的经验和教训，同时也对我国自然垄断行业的改革思路进行反思，自然垄断行业的问题已经不仅是竞争或规制问题，除此之外，产权、治理、运营、价格等具体模式的选择以及改革路径和风险控制都极大地影响着自然垄断行业改革的进展。事实上，一些行业改革已经遇到了瓶颈。这样来看，构建一个系统的改革模式架构是十分必要的。另外，特定的垄断行业改革既有可遵循的共性特征，更具有其自身的特点，各国对不同行业的改革模式也绝非千篇一律，所以我们同样需要对特定垄断行业改革进行深入的研究。以上都是本书对垄断行业改革，特别是针对中国燃气行业改革研究的必要性所在。

　　中国的燃气行业改革，主要是对以天然气行业为代表的具有典型网络依赖性的燃气行业的改革，改革开放以后开始有了一定发展，并从20世纪90年代进入了改革与快速发展的新时期。经过十多年的努力，已初见成效，呈现出了明显的市场化形势，并正在朝着不断引入竞争和放松监管的趋势发展，这些进步是可喜的，原来行政垄断的燃气行业已经显现出了市场活力；但是，这些也只是改革效果的初见端倪，不可忽略的是，目前改革领域的局限性（只是在下游城市燃气领域的改革成效，并且也更多的是在竞争模式方面的改革），更多领域、更多方面的改革还尚未被触及，而且改革过程本身存在着许多问题，中国燃气行业在高速发展中正在面对着一系列问题。可以说，我们还走在改革的路上，离最后改革的成功还有很远的距离。这一背景下，黄赫的《深化燃气行业改革研究》一书更具有了现实意义和实用价值。

　　此书是我主持的国家社会科学基金重大项目《贯彻落实科学发展观与深化垄断行业改革研究》（批准号：07&ZD016）的阶段性成果之一，按照项目设计和研究框架由我指导的博士生黄赫独自完成。

　　该书具有以下几个特点。第一，研究架构的系统性。一方面，内容上不但涉及了竞争、监管等几个已经被普遍研究的领域，也包括了治理、运营等少有为人们关注的领域；另一方面，作者以系统化视角，对燃气行业的产权、治理、运营、竞争、价格、监管等多个模式进行了综合分析和系统阐述。第二，研究对象和领域的稀缺性。首先，国内以自然垄断行业改革和市政公用事业改革为研究对象的著作和论文虽然较多，但多集中于电力、电信、民航等行业，以燃气行业改革单独作为研究对象的著作寥寥无几。另外，以往数量有限的研究也多集中于对下游城市燃气行业领域，而从整体来说，燃气行业应包括上、中、下游一个完整的体系，本书将研究领域扩展到了上、中、下游三个领域，其对燃气行业改革宏观、整体、系统的研究高度具有重要的意义。可以说，本书从研究对象的设计上和对研究领域的扩展上起到了一定的填补中国对燃气行业改革的空白领域的作用，其研究高度值得重视。第三，研究的时代性和现实意义。"十二五能源规划"将天然气行业的发展放在了一个十分重要的位置，但行业本身却存在着改革的滞后性、不系统性等多方面的问题，呈现出诸如"气荒"、气价等一系列问题。中国能源战略规划要求加快燃气行业改革，此书在这样一个紧迫的改革局面下更具有重要的现实意义。

当然，该著作还存在一些不足，一些观点有待于实践检验，论证过程有待于深入，部分结论有待于细化。但瑕不掩瑜，此书对包括燃气行业在内的垄断行业改革问题研究的发展和深入具有一定的意义。希望作者能够继续为中国垄断行业改革与发展潜心钻研，在以后的学习和工作中取得更多、更高水平的成果，获得更大的成绩。

戚聿东
2011 年 4 月 5 日

前言

　　目前，中国垄断行业改革进程在不同行业中已呈现出差异，燃气行业改革相对滞后，各种改革问题不但阻碍了行业自身发展也为社会其他方面带来了诸多负面影响。在这样的特殊背景下，本书以系统性的研究结构、稀缺性的研究领域和时代性的研究意义为特色，对中国燃气行业改革这一问题进行了系统的研究。本书第一章对研究的背景、对象、内容和意义进行了阐述，提出深化燃气行业改革这一问题；第二章详细描述了燃气行业的技术经济特性，包括：自然垄断性、网络性、区域性、整体性、资产的专用性和沉淀性、消费的竞争性和排他性、产品的可替代性、消费和供给的连续性和波动性、舆论和政府的干预性等；第三章希望通过对燃气行业的国际改革经验的研究来为我国燃气行业改革寻找启示，借鉴他国经验以推进我国燃气行业改革；第四章介绍了我国燃气行业改革的初始条件和动因，解释我国为什么要对燃气行业进行改革；第五章梳理了中国燃气行业体制改革的历史演变；从第六章到第十一章，本书依次从产权、治理、运营、竞争、价格、监管六个模式对中国燃气行业改革分别进行研究；第十二章提出系统渐进的中国燃气行业改革路径；最后在第十三章进行了中国燃气行业改革中的风险及其控制的研究。

　　本书是国家社科基金重大项目《贯彻落实科学发展观与深化垄断行业改革研究》（07&ZD016）的一个子课题，对我国燃气行业改革做出了深入思考和系统研究。首先要感谢我的博士生导师戚聿东教授。垄断行业改革是目前具有特殊研究意义的领域，戚聿东教授将我带入了这一领域，不但使我对垄断行业改革的理论与实践有了更多、更新和更深的认识，更给了我一个系统的研究视角，尤其让我有机会能对燃气行业改革与发展进行长期、深度的研究。在他所营造的踏实严谨、积极自由的学术氛围中，我的研究工作得以顺利展开，并最终完成此书。戚聿东教授缜密的思维与逻辑、严谨的治学态度、求真务实的科研精神以及他为我们树立的博览群书、精益求精的学习精神都是我学习的榜样。同时，我要感谢为本项研究给予热心帮助和辛勤劳动的老师和同学，感谢张梦霞教授的指导，感谢张航燕、盖建飞、张孝梅、刘威、沈晨光、刘健等人的帮助。

　　由于笔者水平有限，书中难免有不足之处，敬请各位专家和读者批评指正。

作者

2011 年 4 月

第一章
绪　论

改革开放以来随着竞争性产业改革的深入和不断发展，中国经济呈现出了前所未有的活力，改革极大地促进了中国经济的腾飞。然而与此同时垄断行业，特别是自然垄断行业的改革却进展缓慢，一定程度上制约了整个社会主义市场制度的建立与推进，垄断行业改革的问题已经成为目前我国经济体制改革所面临的难点。燃气行业是公用事业的一部分，被认为是典型的自然垄断行业。作为促进城市经济发展和保障人民生活的必要条件，行业本身对整个社会的影响很大，在经济生活中的作用不言而喻。同时，作为自然垄断行业改革的一部分，燃气行业改革和其他垄断行业一样都面临着诸多问题。在这一形势下，对燃气行业改革的研究显得尤为重要。

本书将从系统化的角度，以燃气行业中被认为具有自然垄断性的天然气等管网燃气行业为研究对象，从产权、治理、运营、竞争、价格、监管六个模式的研究角度出发，借鉴国际上燃气行业改革的经验并结合我国燃气行业发展的实际情况，对深化燃气行业改革进行理论与实践的研究。

第一节　研究背景

一、国内背景

中国燃气行业改革开始于 20 世纪 90 年代，在此以前，中国的燃气行业的主要特征是：政企高度合一，政府出资、政府建设、政府控制燃气企业、政府制订燃气价格、政府负责企业盈亏。在这种情况下，燃气企业不存在经营风险，造成了企业运营效率低、服务质量差以及燃气行业的普遍亏损等问题。为改变这种状况，伴随着自然垄断行业改革的进行，我国从 20 世纪 90 年代开始了对燃气行业的改革，这些改革已经取得了初步成效，使企业的经济效益和社会效益上都有了一定的提高，改革取得了初步成果。

我国城市燃气"十五"发展规划明确提出，以提高居民生活质量、改善大气环境、节约能源为目的，在国家政策的支持下，积极发展城市燃气；配合西气东输工程，积极利用天然气，改善沿线城市大气环境质量；加快燃气管网的改造，提高燃气供应系统的安全性；大力开拓天然气市场。同时，国家出台了一系列方针政策，指导城市燃气由目前的以液化石油气和人工煤气为主，逐步向以天然气为主过渡。

国家能源局 2010 年 7 月 20 日表示，"十二五"期间我国能源结构优化调整工作将逐步推进，"十二五"能源规划重点围绕实现中央提出的非化石能源比重增加和碳减排两个目标，国家能源局预计到"十二五"阶段末（2015 年），煤炭在一次能源消费中的比重可由从 2009 年的 70％下降到 63％，天然气消费占比将从目前的 3.9％提高至 8.3％，比重提高 4.4 个百分点，"十二五"规划明确了中国能源减煤增气的发展方向，这无疑为天然气行业提供了一个高速发展的契机，同时也对天然气行业改革提出了更高的要求。

二、国际背景

从 20 世纪 70 年代末开始，由于宏观经济、产业形势、技术进步、市场规模和市场范围的变化和发展，世界各国开始对包括燃气行业在内的自然垄断行业进行改革。从宏观经济上看，20 世纪 70 年代发生的两次石油危机使各国相继进入了经济滞涨，低经济增长率、高失业率与高通货膨胀率并存的窘迫局面。滞胀的出现动摇了当时占绝对统治地位的凯恩斯主义，自由主义思潮开始抬头，对各国自然垄断行业改革产生了重要影响。在这一时期，1979 年英国撒切尔政府上台后开始了英国私有化改革。从产业形势上看，国有企业的低效率、经营亏损，政府财政补贴负担重等情况成为垄断行业改革的直接动因。同时，随着技术进步、市场规模和市场范围的变化，一些以前被认为是典型自然垄断的行业，其结构也发生了变化，这也使引入竞争等改革成为可能。另外，由于规制失灵现象的严重化使得美国等国家开始寻求一条以放松管制为主的自然垄断行业改革之路。在上述改革过程中，燃气行业作为自然垄断行业的一部分也加入到改革的大潮中来。燃气行业改革最有代表性的是英国的私有化和美国的放松规制改革。欧洲大多数国家以及其他一些发达国家普遍效仿或借鉴了英国的私有化改革模式。而就目前的自然垄断行业改革的趋势来看，放松规制已经成为普遍被接受和应用的改革趋势。我国燃气行业改革起步晚、时间紧、任务重，借鉴国外经验可以使改革少走弯路。发达国家 20 多年的改革经验为我国燃气行业改革提供了宝贵的经验。

第二节　研究对象和内容

一、研究对象

网络燃气是通过管道网络输送的燃气，包括煤制气、油制气、液化气和天然气四种类型。煤制气和油制气（合称煤气）通常要经过掺混达到一定的技术标准后，再输入统一管网，供应最终用户。本书的研究对象是网络燃气行业，特别是天然气行业。以此为研究对象的理由如下：从气源的发展趋势上看，自20世纪80年代以前以人工煤气为主，到20世纪90年代以后液化石油气的快速发展，再到目前对天然气这一环保、高效的清洁能源的重视与大力发展，中国燃气气源结构在不断地发生变化。不同的气源与不同的技术设施相配套，也就存在着不同的技术经济特征。而从某种意义上说，技术经济特征是决定一个产业特征的主要原因，所以，不同的气源也会引申出燃气行业内部不同的产业特征。以液化石油气为例，液化石油气主要是通过罐装来实现其配送与销售的，它的长途运输也不需要管网的配合。我国从1988年开始进口液化石油气到成为液化石油气进口大国，其长途运输主要依靠海运来完成。液化石油气与天然气明显具有不同的技术经济特征，液化石油气不具有天然气的网络性等显著的自然垄断特征。而实践中我国的液化石油气行业的发展已经比较成熟，市场上已呈现出明显的竞争态势，各相关企业也已不同程度的进入市场，他们从管理效率、服务水平到价格的实现都已基本实现市场化。所以，燃气行业中的非管网运输的液化石油气等部分不具有自然垄断性，不是本书所要研究的对象。

本书的研究对象是燃气行业中以天然气为代表的具有典型网络依赖性的行业领域，网络燃气行业是一种需要固定管网网络来传输服务的基础设施产业。分为上中下游三条产业链，上游产业是燃气勘探开发，中游产业是长输管道，下游产业是将燃气输送到城市用户的配售部分。网络燃气行业是我国自然垄断行业的组成部分，是目前急需改革的重点和难点，同时燃气采用管道供应也是现代化城市的发展趋势。此后，本书中所提到的燃气行业如不特殊声明即指网络燃气行业。在管道燃气中，天然气因为其具有的优质、清洁、高效等特征正在高速发展，成为城市燃气的主要发展方向，是燃气行业的一个必然选择。2008年，中国一次能源结构中，天然气消费占3.6%，远低于世界平均水平的24.1%❶。据专家预测，21世纪天然气将是消费量增长最快的能源，我国目前正在大力发展天然气产业，城市燃气"十五"发展规划要求大力开拓天然气市场，并出台了一系列方针政策，指导城市燃气由液化石油气和人工煤气逐步向以天然气为主过渡。目前的"十二五"发展规划中更是明确提出发展天然气，转变中国的能源消费结构的目标。所以，不管是从国家能源战略制定方向、行业发展方向还是从行业本身的自然垄断性特征等方面看，天然气行业都将是本书研究的重点。

二、研究内容

本书阐述了改革背景、对象、内容和意义，提出深化燃气行业改革这一问题，描述了燃气行业的技术经济特性，包括：自然垄断性、网络性、区域性、整体性、

---

❶ 数据源于《BP世界能源统计2009》提供数据的整理。

资产的专用性和沉淀性、消费的竞争性和排他性、产品的可替代性、消费和供给的连续性和波动性、舆论和政府的干预性等。通过对燃气行业的国际改革经验的研究为我国燃气行业改革寻找启示，并借鉴他国经验以推进我国燃气行业的改革；另外介绍了中国燃气行业改革的初始条件和动因，解释了我国进行燃气行业改革的基础条件和必要性，并梳理了中国燃气行业体制改革的历史演变；本书重点从产权、治理、运营、竞争、价格、监管六个模式对中国燃气行业改革进行系统、深入地研究，并给出"系统渐进"的中国燃气行业改革路径建议，最后提出了改革中风险及其控制问题的探讨。

经过相关文献研究后，笔者发现：首先，从数量上看，将燃气行业改革单独作为研究对象的著作寥寥无几，论文数量相比其他自然垄断行业也微乎其微。以自然垄断行业改革和市政公用事业改革为研究对象的著作和论文虽然较多，但是其中对燃气行业改革的研究却很少，人们大多关注的是电力、电信、民航等行业。其次，从内容上看，对垄断行业改革（包括燃气行业改革）的研究多集中在监管、市场化几个领域的研究，治理、运营等一些领域很少有人涉及，更没有出现从系统化视角，对燃气行业的产权、治理、运营、竞争、价格、监管等多个模式进行综合研究的著作。最后，从现实意义上看，天然气行业即将进入"十二五"这一加速发展时期，而行业改革的滞后性将会为行业发展增添阻力，对中国能源战略规划的实现十分不利。本书是在我国垄断行业改革面临紧迫局面的背景下撰写的，对燃气行业改革的理论与实践进行了必要的归纳、总结和深入探讨，对相对空缺领域进行了探索，以相对系统的体系和视角进行了研究，以期为中国垄断行业改革的发展尽一份微薄的心力。

第二章
燃气行业的技术经济特征

第一节　自然垄断性与网络性

由于天然气等网络燃气输送依赖于具有自然垄断性的传输网络，所以在对燃气行业的技术经济特征进行探讨的时候，其自然垄断性和网络性就形成了天然的联系。同时，在对自然垄断的学术探讨中也不难看出，用什么来合理地描述自然垄断也一直是研究的一个脉络。

在现代的西方经济学中，对自然垄断的理解往往是建立在规模经济的基础上，如斯蒂格里茨在其所著的《经济学》中提出：在某些情况下，生产一种商品所使用的技术可以导致一个市场上只有一个厂商或只有很少几个厂商。例如，假设两家公司在一个城市的每一街道上同时架设电线，其中一家公司把电力输送到一家用户，而另一家公司则负责隔壁另一用户的电力输送，那么，这将是缺乏效率的。根据这一道理，电话、水和燃气由单独一个厂商来提供服务通常是最有效的方式，这种情况被称为自然垄断❶。当代的西方经济学对自然垄断的理解建立在成本次可加性的基础上❷，从美国著名经济学家鲍莫尔（Baumol）、潘扎（Panzar）、威利格（Willig）、夏基（Sharkey）等人的研究中可以得出结论：成本次可加性是自然垄断的充要条件。即如果一家企业生产既定产量的产品组合的总成本小于多个企业分别生产该产品组合的成本之和，则具有成本次可加性，也就具有自然垄断性。燃气行业规模经济显著，具有投资额大、投资回报期长、资产专用性强、沉淀成本大、网络依赖性强等诸多特征，使其存在成本次可加性，所以从西方经济学的角度来看，燃气行业是一个典型的自然垄断行业。

随着垄断行业改革的不断深入，对原垄断行业进行拆分以及将竞争引入垄断行业的实现，使原来被认为具有典型自然垄断性的行业中出现了竞争，而理论告诉我们自然垄断行业是不应存在竞争的。如何解释这一问题，就需要我们从另一个视角——网络性去分析，对自然垄断的界定应该收缩到具有网络特征的产业上来，即具有网络经济特征的部分应被界定为自然垄断环节，而非自然垄断环节可以引入竞

---

❶ 斯蒂格里茨. 经济学（上）. 北京：中国人民大学出版社，1997：351.
❷ 也称为成本劣加性等。

争，这也是各国垄断行业改革的一个思路。

燃气行业的发展趋势是以天然气为主的管道燃气，网络输送是管道燃气业务的核心，管道燃气只有通过燃气管网这一物理网络才能实现。也就是说燃气行业必须保证网络完整、全网联合、有效协调和运行方能保证有效供给，燃气行业具有极强的网络性。那么燃气行业的网络性具体体现在哪？从管道燃气的整个生产供应链条来看，它包括燃气产品的生产、输送、分销和供应。燃气的生产商直接开采天然气或将煤炭、液态液化气二次加工后将可燃气（气态或液态）加压送入管道，到达终点后调压分送给各个消费者。在这些环节中，生产、供应与一般产品的生产、供应没有太多区别，并不具有自然垄断性，可以由多家企业竞争实现。但管道燃气的输气和配气显然具有自然垄断性，这是因为输气和配气要依赖于燃气网络，燃气管道网络由于其建设成本高、前期投资大、回收期长，而建成后的管网资产专用性强、沉淀成本高，具有明显的成本次可加性，因而燃气行业中的自然垄断性存在于其长输和配送这两个网络依赖部分。

第二节 其 他 特 征

一、区域性

燃气行业区别于电力、电信、铁路等其他垄断行业的一个特征是它的区域性。这一特征的产生主要源于网络的区域性，相对于全国性的网络布局，燃气行业除长输以外的配送网络基本上是区域性的。即在一个城市或地区建立一个城市燃气配送网络，这主要是由于在高沉淀成本、高专用性的基础上，只有在具有一定规模的城市和地区管道燃气的消费才能具有一定的规模，才有必要建立一套燃气配送管网体系，才是可行和经济的。所以我国目前的管道燃气主要供应人口和企业稠密的城市地区，对建立跨地区的全国性燃气供应网络具有很大的难度。区域性的管网一方面导致了燃气行业的区域垄断和区域管制，一般一个城市只有一个燃气配送网络，而对于本区域的燃气行业的管制也是由区域公用事业监管部门负责。另一方面，由于各地在自然、经济、政府政策、财政、管理水平等多方面都存在的较为显著的区域性差异，决定了各地燃气行业的典型的地区差异性。这种差异性也表现在行业改革的各个方面。我国不同地区的燃气行业的建设情况和改革进程存在着不同程度的差异，有些地方的改革已经在一些方面取得了阶段性的成果，对中国的燃气行业改革的意义也十分重大，如上海等城市，而同样也存在着一些改革相对滞后的区域。所以，如何能在结合本地经济、政治、管理等各方面的特征的基础上推进燃气行业的改革也是一个需要关注的问题。

二、外部性

所谓外部性是一个经济主体的经济活动对另一个经济主体所产生的影响，这种影响包括有害的和有益的，即正外部性和负外部性。燃气行业是城市基础设施行业，是市政公用事业的一部分，是供给能源的重要行业，它为推动整个城市或区域的社会经济发展和保障、提高人民的生活水平提供了基础条件，所以燃气行业的健康发展会产生巨大的正外部性。同时，一些燃气的生产过程中会产生大量的空气污染物，造成大气污染，另外，燃气的制造、输送和使用对安全性的要求很高，易引起爆炸，酿成重大事故，所以，其负外部性也同时存在。如何正确处理好正外部性和负外部性的关系也同样影响到燃气行业的发展设计。例如，北京市为举办 2008 年的绿色环保奥运就在城市燃气的环保方面做出了努力，大力发展天然气这一清洁能源，为城市空气质量的提高和环境的改善做出了贡献。而以天然气这一清洁能源作为城市燃气气源也是世界其他国家城市燃气行业发展的趋势，是"趋利避害"的有效做法。

三、基础性

燃气行业的服务对象不是某个单位或部门，而是整个社会。作为一种共同消费的能源产品，作为市政公用事业的一部分，燃气行业在城市经济发展和社会生活中所起到的作用是基础性的，具有基础性地位。对于燃气行业的基础性作用可以从以下来两个方面来理解：（1）燃气行业所提供的产品和服务是人民生活和企业生产的基础性能源，多年来冬季出现的"气荒"对城市生活和生产的影响逐渐凸显，从一个侧面反映出了燃气作为能源供给的越来越重要的基础性地位。（2）燃气价格构成其他生产和服务部门产品和服务的成本，燃气价格的变动直接影响到社会生产和生活的方方面面的成本，进而影响到各个产品和服务的价格，从而会在 CPI 等敏感指标上得到体现，这是燃气作为能源组成所具有的典型特征。

四、整体性

燃气行业是以一个整体的系统向社会提供燃气供给产品和服务的，所以它的物理设备和管理的系统性决定了其整体性，需要整体开发设计，整体建设经营，在管理中也需要统筹安排。燃气行业的整体性可以从以下几个角度解释：（1）从设备支持的角度看，由于燃气行业的管网依赖性以及燃气行业相关的管网等设备具有很强的资产专用性和较高的成本，所以一旦建成，其变动的成本将十分大。同时如城市燃气配送网络与其他电、水、通信等网络一同建在城市地下，一旦需要对其进行大规模地调整将对城市生活的很多方面造成影响。又如长输管线的设计建设需要考虑其过境线路，从技术、经济、自然条件等多方面考虑，还要建立在长期规划的基础上。（2）从服务支持的角度看，燃气行业的服务能力是通过各个子系统的协调配合得以实现的。服务的链条长至上、中、下游的各个环节，任何一个环节的疏漏都会造成整个系统的运作失灵，其服务的系统依赖性很强。（3）从功能实现的角度看，燃气系统中的制气、储气、配气等需要与设施涉及和建设能力相匹配，才能形成一定的供气能力。因此，燃气系统的规划应综合各方面因素，做好系统规划，各个子

五、资产的专用性和沉淀性

资产专用性是指用于特定用途后被锁定，很难再移作他用性质的资产；沉淀性是指投资一旦形成就不能移作他用或转移到其他的产业中，投资一旦形成成本就"沉淀"了。燃气行业是通过物理传输网络，包括长输管线和城市配送网络来提供服务的，产品和服务只有与物理传输网络相结合才能最终实现其功能。更重要的是，燃气输送管道的专用性很强，建成后只能用于输送燃气，而且将其改建为输送其他物质（如石油）虽然技术上可以实现，但成本极高，所以沉淀性同样很高。这种对物理传输网络的依赖性和与燃气行业相配套的管网相关设备的专用性和沉淀性决定了燃气行业的网络部分投资的专用性和沉淀性，这也是网络输送环节成为燃气行业中的自然垄断部分的一个原因。需要强调的是：这里所指的资产的专用性和沉淀性只是针对于燃气行业中的网络部分而言，竞争部分不具有这一特征。

六、消费的竞争性和排他性

这里要探讨的问题是燃气行业所提供的产品和服务的私人物品属性。作为公用事业和网络产业，燃气行业很容易被大家同公共物品联系起来，人们通常习惯于把公用事业所提供的产品视为公共物品。所以，首先需要明确两个概念——竞争性和排他性。竞争性是指某个用户的消费会减少可供其他用户消费的供给量；排他性是指产品和服务只提供给那些付费的人，任何人不付费均不能享受提供的产品和服务。典型的公共物品具有非竞争性和非排他性的特征，这些特性使市场机制不能有效地提供公共物品，而只能通过政府行为来调节，把燃气作为公共物品来管理一度成为各国政府国有化经营的一个原因。然而，燃气产品具有私人物品的两个性质，即竞争性和排他性。其竞争性表现在一旦一个用户接入燃气传输网络，其消费每一单位的产品或服务对其他用户的竞争程度依赖于强加给现有用户或供给者的服务成本（包括高峰期成本）❶，其排他性表现在燃气公司通过燃气用表等装置来计量用户的用气量并收取与之相当的费用，不接入燃气传输网络并为所消费的燃气付费是不可能得到燃气产品和服务的。所以，燃气行业具有私人物品的特征，也就意味着把燃气看做公共物品并不能成为政府通过国有化方式来经营燃气行业的理由，同时也意味着燃气行业可以引入竞争，可以实现市场经济管理。

七、产品的可替代性

管道燃气的替代品包括石油、电、煤等能源，同时也包括罐装液化气等其他非管道气源，所以燃气产品具有可替代性。发展替代品可以为燃气行业引入竞争，但

---

❶ 刘戒骄.垄断产业改革——基于网络视角的分析.北京：经济管理出版社，2005：31.

是其可替代性程度的高低要受到替代品之间的质量、服务和价格等多方面因素的影响，进而替代品的竞争能力也受到影响。其中，价格关系是一个最重要的影响因素。正常情况下，一种产品的价格的上涨会导致消费者转向对价格相对低廉的替代品的消费，这也是发展替代品可以在垄断行业中引入竞争的原因。就目前中国的天然气价格情况来看，天然气的相对低价无法使替代品对天然气形成有效竞争，理顺替代品之间的价格关系是利用替代品引入竞争的关键，所以对价格的改革又成了通过替代品竞争以建立竞争模式的一个前提。

八、消费和供给的连续性和波动性

连续性是指产品或服务的供给要持续不断，波动性是指不同时段的消费量存在明显的差异。燃气的供给与电的供给相类似，即使用户使用量很小，也要保证燃气的连续供应，而如果使用量很大，燃气企业也同样要保证其供气量的充足。所以其消费和供给具有连续性的特征。燃气行业另外一个波动性特征体现在燃气的需求量不是持续不变的稳定流动。一般情况下一年中的不同季节、月份以及一天中的不同时段都存在着明显的差异。普遍情况是一天中存在早、中、晚三个高峰期，一月中的节假日前后会出现用气高峰，一年中的冬季是燃气消费的高峰期，用气量约为夏季的5倍。连续性和波动性这两个特性要求燃气行业要按预计最大需求量来设计与建设生产、长输、配送的相关管网等设备，才能在物理设备的支持上保证燃气的连续充足供给。同时要求燃气行业的运营者具有调峰能力，协调用气高峰和低谷的能力。

九、舆论和政府的干预性

由于燃气行业关系到整个社会的居民生活和企业生产，具有极广的影响范围和较强的敏感性。燃气一旦中断或供给不足，就会给人民生活和生产带来严重的影响，对燃气的能源依赖程度越强，其影响程度越大。燃气价格的不公平、不合理现象，也会引起全社会的不满和抗议。正因为能源是现代人类社会正常运行的基础，所以燃气行业势必要在人民舆论和政府监督干预下生存和发展。由于其影响的广泛性和敏感性，对燃气行业的问题如果处理不当就会产生较大的负面舆论影响，进而有可能上升为政治问题。所以，许多政府作为社会公共利益的代表倾向于以国有经营的方式控制燃气行业，使其具有政府干预的特征，如保护消费者的利益和为克服自然垄断性的缺陷而进行价格管制，为保证燃气行业的安全运营而进行的安全监督等。目前随着各国燃气行业改革的不断深入和国际上放松监管这一改革趋势的发展，许多国家燃气行业从产权结构、市场结构和监管方式上都发生了变化。但不管怎样，对燃气行业的适当监管是必要的。

十、现金流稳定

燃气行业具有现金流稳定的优势，在"现金为王"的观念下，其对投资者具有一定的吸引力，这也就为在燃气行业引入民营资本和境外资本提供了平台。

第三章
燃气行业改革的国际经验

在燃气行业改革中，英国以国有垄断为起点进行私有化改革，美国在已经存在的竞争性市场基础上进行放松规制改革，英国的私有化改革和美国的放松规制改革成为最具有典型性的改革经验。欧洲大多数国家以及其他一些发达国家普遍效仿或借鉴了英国的私有化改革模式，而就目前自然垄断行业改革的趋势来看，放松规制已经成为普遍被接受的改革趋势。所以本章主要以英国和美国燃气行业的改革历程为重点研究对象，同时也对其他几个国家的改革情况进行了简单介绍。

第一节　英国改革经验

英国自然垄断行业改革的显著特点是其私有化改革的道路，随着英国自然垄断行业私有化改革大潮的推进，燃气行业也经历了从国营到私有的改革过程，在这里我们系统的回顾一下英国燃气行业改革的历程及特点，由于英国的燃气行业改革以天然气行业为典型，这里我们就以英国天然气行业为研究对象，介绍英国燃气行业的发展历程与经验。

一、政府垄断经营的历史

英国政府为了加强燃气工业的发展和管理，确保国家能源供应安全和稳定燃料价格，在 1948 年颁布"燃气法案"，将 1049 家小型私营煤气公司收归国有，国有化后的所有企业归英国气体总署领导，气体总署下设 12 个地区委员会来负责各地区的燃气生产、集输和销售。英国燃气行业的大发展始于 20 世纪 60 年代初，此时由于英国在北海发现了大量的油气资源（在这之前，英国一直使用从阿尔及利亚进口的液化天然气和价格日益昂贵的煤气），为英国天然气工业带来了丰富的气源，也使处于萌芽状态的英国天然气产业步入了快速发展的阶段。随着北海油气田的勘探和开发，英国气体总署开始负责英国天然气的开发和管理，1969 年，气体总署改名为英国天然气公司（BG），实现了一个国有企业对全国天然气行业的垄断。可以说，当代英国天然气工业是从 20 世纪 60 年代北海油气田的大发现开始起步的，从 1964～1979 年，其发展的特点是政府的直接控制和国有企业的垄断经营。

这一期间，英国政府采取了低价政策以促进天然气行业的发展，如当时的天然气民用价格就大大低于同标煤的煤价和重油的油价。在这一政策影响下，天然气消费量明显增长，尤其是在 1968～1973 年，消费额几乎呈直线上升，天然气市场得到了扩大，英国的能源消费结构发生了很大的变化。这一变化给天然气工业的发展带来了巨大的推动作用，也有利于经济和社会的发展。但是低价政策也造成了资源的浪费和掠夺性开采等负面影响。除了低价政策以外，英国政府也一直十分重视相关法律法规的建立，在北海油气勘探之前，1964 年制定了《大陆架法》以确立公平竞争的环境为吸引国际性投资设定框架，允许持有政府下发的许可证的国内外石油公司在海上进行勘探生产。而在 1965 年油气田开发之前又设立了《天然气法》确立国家对天然气的生产和分配控制的原则。该法明确规定："授权天然气总署签订购买天然气的合同"，"任何人（指海上作业者）未经同意都不许将天然气提供给英国本土的私人或企业"。这实际上是以法规的形式确立了英国天然气公司的英国天然气唯一买主的地位。由于石油生产商无法将英国北海的天然气在西方能源市场出售，就只能以较低的价格（"井口"价或"到岸"价格，20 世纪 60年代末平均只有 4 英镑/千立方米）全部卖给英国天然气公司。政府的每项措施都通过法律的手段得以实现，这样就避免了特定的个人作用和不适当的行政干预。但是，英国天然气公司由于具有特定的强制性的购买垄断权，虽然从一开始为发展英国天然气工业起到积极作用，也为日后各方面的消极影响埋下了伏笔。所以随着国营垄断模式的不适应性以及国际国内环境的变化，一场改革也势必要走上历史舞台。

二、天然气行业垄断改革的历史

随着天然气行业的逐渐成熟，英国这种一个国有企业垄断整个行业的体制逐渐暴露出了弊端。首先，国有企业与私营企业相比，效率不佳。由于国有企业的性质，使其必须把实现某些社会目标放在更重要的地位，而不是单纯以盈利为目标。政治与经济的双重目标，使国有企业无法像私营企业那样按照正常的市场规则行事，导致了企业的低效率。公众和工业界对英国天然气行业的低效率运转十分不满，纷纷予以指责批评。当然，低气价及由此造成的价格结构不合理也是影响效益的重要原因之一。其次，英国天然气公司的独家垄断使天然气市场缺乏竞争和公平。当时用户（主要是工业和商业用户）的价格是由公司和用户单独谈判确定的，英国天然气公司可以根据自身的利益而确定不同的价格，并且他们也一直不公布用户价格表和计算输气网租用费的详细资料，形成了垄断方一方独大的局面，这种作法招致英国工商业界的强烈不满。可以看出，从本国产业发展来看，20 世纪 70 年代以后英国天然气工业体制的种种弊端已严重影响了天然气行业的进一步发展。加之 70 年代末，国际环境恶化，世界石油危机对英国也造成了影响，能源价格的上升以及海上天然气开发的成本日益增加，在通货膨胀和油气低价的双重压力下，生产商的积极性受到打击，勘探活动急剧下降，到 1978 年几乎已经完全停止。在这种情况下，1979 年撒切尔夫人上台后积极推行私有化改革，制定了新能源政策，减少政府干预，鼓励自由竞争，建立真正的能源市场。

英国天然气垄断改革具体包括以下几方面。

第一，出台法律和政策规定以削弱国有企业的垄断权。英国政府于 1982 年和 1983 年相继出台了《油气企业法》和《能源法》两个重要的法规，对削弱英国的天然气行业垄断起到了重要作用。其主要内容包括：（1）取消英国天然气公司对新的天然气资源的有限购买权；（2）允许石油生产商租用英国天然气公司的国家输气网，以使生产商可以直接向用户供气；（3）允许其他的天然气供应商每天销售 300 万立方米的天然气，而不需征得能源大臣的同意。与此同时，政府还迫使英国天然气公司出售它的海上和陆上的石油股份。1989 年 4 月，政府接受了英国垄断和联合企业委员会的建议，进一步规定英国大陆架的新油气田的天然气至少 10% 的份额由其他的天然气销售商购买，要求英国天然气公司向用户公布价格表，公布租用输气网的费用。这一系列相关法律规定大大削弱了英国天然气公司的垄断地位。

第二，推动私有化改革。20 世纪 80 年代，英国对国有能源企业开始进行大规模的私有化。1986 年底，英国天然气公司的股票开始在伦敦上市，公司转为私营企业，私营后的天然气公司仍拥有国家输气网和地区分配网。为了防止该公司滥用其仍具有的垄断权力，政府同时成立了天然气供应局，负责监督其天然气经营，并促进天然气市场的形成。

第三，改革税收制度和价格政策。20 世纪 80 年代初，由于税负过重，使石油公司的利润受到影响，英国北海所吸引的投资下降。为此英国政府频繁修改税制，以扭转这一局面。1983 年之后，政府对油气税收制度做了重大调整，主要措施包括：（1）对于小型油气田（可采储量在 1320 万吨或小于 1320 万吨的油田），可免除支付石油收入税；（2）对于从 1982 年 4 月后同意开发的油田免除矿区使用费；（3）对从事油气勘探开发投资的石油公司和企业，允许把部分勘探费用于减免石油收入税。新的税收体制与利润的联系更为紧密，大大地减少了与利润无关的干扰因素。不再把矿区使用费作为租赁的条件，这一做法当时在世界上尚属首例。优惠的税收政策重新吸引了世界石油公司的投资，尤其是对石油勘探的投资，使英国油气工业从 20 世纪 70 年代后期的衰退中很快恢复了过来。除了税收政策外，价格政策也是新能源政策中的重要组成部分，但是天然气价格变动是一个十分敏感的政治、经济问题，民用价格更是如此。英国天然气公司拥有千百万顾客，他们的选票在政治选举活动中是具有重大影响的，再加上工商业界的种种掣肘，使得英国政府在价格改革的具体做法上一直采取谨慎和折中的态度，小幅度地逐步提高价格，尽可能地减轻消费者困难，以免引起公众的强烈反应❶。

第四，培育竞争性的市场。在这次行业改革中，英国的天然气市场被划分为批发市场、合同市场和收费市场（即向中小用户供气的零售市场）三部分。批发市场的卖方为天然气生产企业，批量购气方除英国天然气公司之外，还增加了天然气托运交易商和独立供气商等新的市场参与者；合同市场主要满足大用户（年用气量在25000英热单位以上，1英热单位＝1055.06焦）的供气需求，这些用户有权与天然气生产企业直接协商定价，签订供需合同，也可以自由选择英国天然气公司、天然气托运商或独立供气商等任何一家，作为自己的合同供气方；收费市场由英国天然气公司按照定期调整并公布的监管价格向中小用户（即年用气量低于大用户用量界限的用户）供气。开放批发及合同市场的目的是在这一领域引入竞争，削弱英国天然气公司的市场优势地位，扩大用户灵活选择批量供气商的范围。在部分开放批发及合同市场的同时，法律要求英国天然气公司在履行已生效供气合同和完成政府规定的供气义务的前提下，允许第三方使用其管网系统的剩余能力，运输质量符合管道设计要求的天然气，从而为新的行业参与者创造了展开市场竞争的必要条件。20世纪80年代末，一些石油公司（如著名的英国石油公司，壳牌公司）相继进入天然气销售市场，购买天然气资源，建立新的输气管线或租用英国天然气公司的输气管网，向用户供气。同时，也出现了一些新的天然气输气公司。这样，形成了众多的天然气供应组织，市场亦初步形成，产生了竞争的环境。1995年，为了进一步促进行业有序竞争，规范企业经营行为，政府在"1986年天然气法案"的基础上，颁布了新的天然气法案。"1995年天然气法案"的核心是确立以许可证为基础的行业监管框架。新法案授权监管机构为下游企业发放3种许可证（即天然气公共运输企业经营许可证、天然气托运商管网使用许可证、天然气供应商供气许可证），并根据规定和实际需要对这些许可证的延期进行审批。凡是符合国家法定行业经营资质要求的潜在参与者都有权申请上述许可证。获得许可证的经营者必须依照许可证中规定的标准条例开展相关业务，并接受行业监管机构的监督检查。1995年天然气法的颁布，为最终在英国天然气下游领域全面引入有序市场竞争构筑了明晰的法律框架。1996年，英国天然气管网准则正式生效。该准则是英国天然气行业监管框架的关键组成部分，明确界定了BG管网使用者的权利和义务，确定了管道公司的运营方式和保持管网系统平衡的手段，是一种在非一体化天然气行业中实现天然气运输和系统平衡最佳化的有效机制，为管网正常运营和市场公平交易提供了有力保障。

第五，依法组建行业监管机构。根据"1986年天然气法"，英国政府成立了行业专门管理机构天然气供应办公室（office of gas supply），具体负责天然气行业的监管工作。该办公室下属能源部，其负责人由能源大臣任命（1992年4月，天然

---

❶ 邓翔．英国天然气工业的发展历程．欧洲研究，1994，(3)．

气供应办公室划归贸易工业部，由贸工大臣直接领导），依法享有独立监管决策的权力。同时，贸易工业部的贸易产业司、公平交易办公室和垄断兼并委员会等机构也具有对天然气行业市场竞争和垄断行为进行协调监管的职责。行业主管部门和监管机构的共同目标，一是保障国内天然气供给，满足一切合理消费需求；二是保护消费者利益，提高产品和服务质量；三是促进行业有效竞争，提高企业生产效率和运营经济性；四是促进对能源的有效利用；五是确保企业的财务生存能力，使之能够持续开展合法业务，并履行政府规定的供气义务❶。

第二节　美国改革经验

美国的燃气行业改革的显著特点是放松监管以实现竞争的改革道路，美国燃气行业改革的过程也就是放松监管，实现交易自由化的过程。在这里我们以美国的放松监管模式为主线，来回顾美国的燃气行业改革的经验历程。同时，因为美国的燃气行业改革同样是以天然气行业为代表，所以我们的研究重点落在美国天然气行业的改革历程上来。美国的天然气行业在过去约 70 年里经历了从自由竞争到严格监管再到放松监管的一个改革循环，为天然气行业的竞争机制与监管模式的改革提供了丰富而宝贵的经验。

美国拥有世界上最大的天然气市场，2008 年天然气产量为 5822 亿立方米，占世界总产量的 19.3%，消费量为 6572 亿立方米，占世界总消费量的 22%。美国不但本国天然气资源丰富，还与整个北美洲形成了统一开放的市场，美国和加拿大政府允许相互销售和购买石油和天然气，在西部，加拿大的石油和天然气可以卖给美国；而在东部地区，加拿大又可以从美国购进石油和天然气，有利于美国的天然气生产和销售调配。美国国内的天然气生产和消费在地理位置上存在差异，国内生产主要集中在南部的路易斯安那和德克萨斯州的海湾地区，而消费主要集中在东北部、中西部和沿太平洋地带，上述所有地区均需从加拿大进口天然气。产销的地理差异决定了天然气必须通过长输管网的输送，这就使美国的天然气行业必然是一个网络性产业。美国天然气公司众多，包括布鲁克林煤气公司、华盛顿煤气公司位于南部得克萨斯州的孤星天然气、美国天然气管道公司、芝加哥人民能源公司等，形成了竞争性的市场。从 20 世纪 80 年代以来，美国形成了比较完善的联邦和州两级管制体制，在开放州际管道传输、天然气传输与天然气交易相分离、促进批发市场竞争、扩大终端用户选择天然气供给者等方面积累了宝贵的经验，使美国形成了目前世界上自由度最高的天然气市场。

美国的天然气行业改革的过程的主线是监管模式的改革，即放松监管的过程，同时伴随着相关法律法规的不断出台与不断调整。下面对美国的天然气行业改革的

---

❶ 李晓东. 英国天然气工业的改革发展及对我国的启示. 国际石油经济，9（11）.

过程与经验进行分阶段的回顾。

一、天然气井口价格管制的取消

1978 年实施的《国家燃气政策法案》（the Natural Gas Policy Act of 1978，NGPA）标志着联邦政府开始着手取消对天然气井口价格的控制。这一举措的实施背景是 20 世纪 70 年代由于对天然气井口价格实施联邦管制，美国天然气的资源基础非常薄弱，输配能力有限，阻碍天然气行业发展，所以有必要对井口价格的监管进行必要的调整以促进行业的健康发展。到 1985 年 1 月 1 日结束了对新投产的天然气井口价格的控制，只对采自 1977 年以前投产气井的燃气井口价格保持适度控制。到 1989 年，《天然气气源放松管制法》（the Natural Gas Wellhead Deregulation Act of 1989）完全取消了销售天然气价格的控制，打破了州际和州内市场之间的障碍，天然气成为了一种自由贸易的商品与天然气运输服务相分离。

二、天然气跨州管输公司运输商职能与中间商职能的分离

1978 年的《国家燃气政策法案》促成了天然气资源发现量的持续增长。但由于《燃料使用法案》对燃气锅炉消费量的控制，导致了 20 世纪 80 年代的天然气相对过剩。加之同期世界油价下滑，80 年代天然气的井口价格开始下降，包括地方燃气公用企业在内的天然气消费者，虽然传统上是从跨州管道公司购买燃气，现在开始强烈要求从生产者那里直接购买成本较低的燃气。

1985 年联邦能源管制委员会（Federal Energy Regulatory Commission，FERC）通过了 436 号法令（Order No. 436），436 号法令通过开放洲际管道传输，限制长期合同，允许本地分销公司和大的终端用户绕过州际管道公司，从生产者处直接购买天然气再经州际管道输送到消费地，构建了一个开放接入、非歧视性的运输服务。436 号法令鼓励天然气管道公司成为开放式运输商，提供公开接入管道服务的公司可以收取公开的接入费，但运输服务条款由 FERC 管制。这一法令开始将管道公司的中间商职能与运输商职能相分离，由此引发了天然气行业产业结构的第一次变化。

1992 年 4 月发布了改组法令，即 636 号法令（Order No. 636）。为确保所有的天然气配送企业都有机会租赁、使用管道公司的天然气管道，增强天然气市场的竞争，确保及时、可靠的服务得以延续，联邦能源管理委员会在 636 号法令要求州际天然气管道公司将天然气销售业务从管道运输服务中分离出来，并由不同的机构处理。使天然气作为一种商品与运输、储存和销售服务彻底分离，州际管道公司不再具有批发职能，消除了州际管道公司通过限制接入来扭曲供给竞争的基础。法令的核心内容是联邦能源管理委员会终止了管道公司传统上的中间商角色，使得所有的天然气供给者有平等的机会争取客户。在 636 号法令发布之前，管输公司从生产者那里购买天然气，再把它销售给顾客（主要是地方燃气公用企业和最终用户），这

时就会与其他天然气销售者发生竞争，而636号法令消除了这一竞争的基础。同时，636号法令还改进了运输价格的计算方法，要求管道公司将燃气销售、运输、储存服务分类并相对独立地提供服务，制订价格，特别强调将运输服务与其他服务的分别定价。并引入公司运输合同转售计划，该计划允许管道运输的任何使用者出售其已经预定的暂时或永久性的富余容量，使得运输合同在管道运输的使用者之间的分配效率有所提高，并且使市场参与者能够保持其运输合同与供给合同的匹配。636号法令是联邦能源管理委员会致力于以市场为导向，增强天然气行业内部竞争的结果。该法令有力地改变了天然气的营销方式，也引发了美国天然气行业产业结构的第二次变化❶。636号法令打破了天然气销售服务领域里的垄断，将这一市场向其他不受管制的天然气供应者开放。为便于天然气公用企业更充分地利用他们跨州天然气运输合约的价值，该法令进行了相应调整。2000年2月，联邦能源管理委员会颁布了637号法令（Order No. 637），内容包括：提高燃气公用企业转让其持有的管输能力的价格上限，确保转让时得到公正的补偿。同时简化转让手续，允许管输公司调整用气高峰与低谷的收费率，以便使费率管理更好地适应季节性市场需求，也便于在短期市场与长期市场之间分配收益。为不伤害公用企业及其客户的利益，当管输公司的盈余超过联邦能源管理委员会确定的标准之后，超额部分将与公用企业共同分享，因为后者全年都在为租用管输能力支付费用。637号法令旨在改进天然气运输市场的效率，更好地保护市场参与者的利益。

三、消费者选择权与终端消费竞争的实现

美国天然气市场的消费者选择权已经从大客户发展到了居民用户，这意味着，经过改革的不断发展，美国已经实现了天然气消费的终端消费竞争的跨越发展，这是天然气行业的自由竞争程度不断加深的体现。

越来越多的天然气客户有机会在分类交易的基础上购买自己的天然气服务。不仅是几乎所有的购气大户（如电力、工业客户）有权从第三方购买天然气，商业客户（如医院和餐饮店）也拥有了消费者选择权。2000年有60%的美国商业客户通过行使消费者选择权购买燃气。终端消费者选择权更是延伸到了居民用户，1995年，美国燃气行业第一个居民消费者选择权计划开始实行。实施这一计划，消费者可以自主选择自己的供气商（当地的公用企业或独立供应者）来购买天然气。无论谁供应燃气，公用企业负责将天然气配送到消费者那里。到1997年初，17个州和哥伦比亚特区的燃气公用企业开始实施或准备采用居民消费者选择权计划，使得1330万户家庭（约占全美天然气居民用户的1/4）拥有选择天然气供给者的权利。由于燃气供应企业能够从配送燃气方面获取收益，却不能在燃气的自身成本上加价，他们希望通过为消费者提供更为便捷、低廉的服务，进而让消费者选择其作为

---

❶ 刘戒骄．垄断产业改革——基于网络视角的分析．北京：经济管理出版社，2005：200-202.

天然气配送者，这也促成了对城市燃气企业参与市场竞争，改变其垄断地位。例如：以位于纽约的国家燃料公司为例，1996 年，纽约居民用户及小规模商业用户开始可以自行选择天然气的供应商，这样，原来的国家燃料公司的顾客现在既可以选择国家燃料公司（纽约原来的公用燃气供应商）作为燃气供应者提供全面的、一揽子销售服务，也可以选择购买其他公司的天然气，由国家燃料公司输送，提供分类运输服务。所以就形成了一个国家燃料公司与其他供应商竞争的市场，从而有利于天然气价格的下降，服务质量的提高和原城市燃气企业的改革与发展❶。

第三节　其他国家及地区改革经验

一、欧盟

欧盟燃气行业改革的特点在于其跨国界的区域整体改革，多以其跨国界的政策制定与市场协调模式值得借鉴。除英国以外的欧盟各国燃气行业在未改革之前基本上都处于国家垄断局面。欧盟在燃气行业改革的主要内容包括：消除能源价格不透明的状况；促进超越国境的天然气流通；统一各国管网建设的指导方针；导入开放网管、引入竞争，即"第三方准入"。改革分为两个阶段，前期以建立欧盟统一的天然气市场为主要目标，后期以引入竞争机制为主要目标。

统一天然气市场的前期改革。20 世纪 90 年代中期以前为改革的第一阶段，其改革的主要内容包括：（1）提高价格透明度。提高价格透明度可以避免竞争在一般市场的扭曲，提高用户在燃气供应商甚至是不同种类能源之间的选择的自由度，所以这一举措对市场功能的实现有十分重要的帮助。1990 年 6 月 29 日，欧盟委员会发布了《关于提高工业最终用户天然气和电力价格透明度的指令》，要求各成员国必须建立大宗产业最终用户能源价格一年两次的报告制度。燃气和电力供应企业要在每年 1 月和 7 月，报告向工业最终用户销售天然气的价格信息，各成员国在其后两个月将信息报告给欧盟的统计办公室，该办公室分别在每年的 5 月和 11 月将此信息公开。（2）建立"国境制度"。"国境制度"是指欧盟境内的管道输气网络不管隶属于哪个国家哪个企业，只要有运力剩余，在有第三方要求使用该网络进行公共运输的时候，并以支付运费为条件，即使这个第三方是其他国家的燃气供应公司，网络的所有者也必须承担此运输义务的制度。欧盟委员会与 1991 年 5 月 31 日发出旨在建立"国境制度"的指令，与此相关的还有《关于通过管网输送天然气的指令》。"国境制度"对于天然气在各国之间的顺利运输能力的实现和供应稳定起到了积极的作用。（3）统一网络建设指导方针。为促进欧洲天然气一体化基础设施的建设，1996 年 6 月 5 日，欧盟议会和欧盟委员会还出台了 1254/96/欧盟指令，制定

---

❶ 闫锋．美国天然气行业政府管制的演进及价格走势分析．城市燃气，2002．（4）326．

了一系列跨国境能源网络建设指导方针。这样，在这一时期，欧盟开始形成了统一的天然气市场，跨国交易明显增加。

引入竞争的后期改革。引入竞争改革要求管网开放，允许运输企业、配气公司以外的第三方（包括最终用户、配气公司、销售公司以及从事天然气业务的任何法人和自然人）进入管网。欧盟委员会和理事会于 1998 年 6 月 22 日发布另外 98/30/欧盟指令，颁布《内部天然气市场的共同规则》，启动了以引入竞争为主要内容的欧盟燃气体制改革。在除英国以外的各国天然气产业高度垄断（如法国的 GDF 公司垄断、德国的鲁亚公司垄断等）以及这些垄断公司对改革强烈抵触的背景下，欧盟指令要求各国根据自己的情况分步进行改革：（1）在垄断企业还不能拆分时，要实现运输、分配、销售账目分列；（2）传输公司仍可以经营部分销售业务，但要和准许进入的第三方在利用管网上具有平等的权利；（3）准入的第三方首先包括大工业用户、发电和配气公司中的"合格"用户。所谓合格用户，是指消费量达到规定水平的用户，合格的门槛应逐渐降低，5 年后应为年用量 1500 万立方米，10 年后要达到 33%。在各国对改革要求的不同程度的执行下，平均市场开放程度快于规定，但还是滞后于欧盟市场一体化的进程，于是 2003 年 6 月，欧盟巴塞罗那会议颁布了新的指令，对加快燃气市场开放进程提出要求，包括：（1）2004 年 7 月 1 日前实现对所有用户开放；（2）2004 年 7 月 1 日前实现传输系统分立，2007 年 7 月 1 日前实现配气系统分立。

下面以法国为例对除英国以外的欧盟国家燃气行业改革的情况作一举例说明。（1）改革前的状况：法国政府为保证燃气供给的稳定性，一直实行国有的国家燃气公司（GDF）在燃气行业的垄断经营。由于法国天然气产量不足，仅够供应国内天然气消费量的 10% 左右，国内供给主要依靠从荷兰、挪威以及俄罗斯等国进口天然气，另外还有从北非进口的液化天然气，所以法国一直坚持国家燃气公司的垄断经营。GDF 垄断了进口、传输、分配、销售环节，该公司在全国分 10 个运输地区、100 个配气区域。对于法国燃气行业的这一国家垄断做法国内外一直存在争议。1991 年国民会议曾提出否定国家燃气公司垄断经营的提案，但遭到了元老院的否决；欧盟为形成欧洲统一市场也强烈要求法国终止垄断。（2）改革的动因：法国虽然天然气国内供给不足，但其电力生产处于过剩状态，需要出口电力。然而在欧盟，电力市场与天然气市场应用同样的政策，法国政府想实行电力市场开放而天然气市场垄断的政策也是很难的。另外，法国以天然气为原料的工业企业与国外的同行相比处于不利地位，他们要求国家开放燃气市场。同时，法国对天然气的潜在需求很大，这些都促使了法国政府不得不考虑开放燃气市场。（3）改革的实施：欧盟 1998 年的指令颁布后，法国政府开始执行燃气市场的欧盟共同规则。2000 年，《关于天然气公用事业现代化和燃气公司发展的法律草案》由法国经济、财政和工业部制定并得到批准。该草案内容包括：坚持天然气公用事业由国家、社区或其合作的公立公益机构来完成；赋予国家燃气公司以外的经销商进入输配管网的权利，要求在欧盟规定的时间内实现欧盟要求的市场开放比例。法国燃气公司实行了运输服务和天然气销售财务账目上的分离，出现了较多的天然气供应公司。这些公司和法国燃气公司的销售业务享有同样的使用传输配气管网的权利，实现了欧盟要求的开放管网、"第三方准入"的要求。到 2005 年，除供应居民用户的天然气价格还实行管制价格外，其他价格管理也做到了大部分放开。法国有关部门表示，法国将按照欧盟指令的要求，在 2007 年实现天然气市场完全开放❶。

二、澳大利亚

澳大利亚是天然气资源十分丰富的国家，除本国消费外，还向国外输送天然气。澳大利亚是联邦制国家，各州和地区政府都对能源问题负有宪法意义上的责任，所以，20 世纪 90 年代中期以前，各州（地区）为了发展本州（地区）的天然气工业，都通过州（地区）法律保障本州国有垄断经营，因此，长期以来澳大利亚天然气市场的参与者数量较少，并且州际贸易也很少，行业发展缓慢。澳大利亚政府从 1994 年开始采取以下措施对天然气行业进行以调整市场结构为主的改革。

（1）通过签署政府间协议（如"1997 年天然气管道准入协议"），制定并实施第三方管线接入条例，为天然气输配网络的合理利用和快速发展提供了法律依据；为消费者自主选择供应商及竞争性天然气销售市场的形成创造了良好的政策环境。

（2）实行输送管线私有化政策，以打破天然气零售和批发领域的国有垄断，吸引更多的私人和外国资本参与管网设施建设。

（3）在天然气勘探开发领域采取宽松的政策，吸引外国投资和先进技术。

（4）提供 160 亿美元的财政补助，以鼓励州（地区）政府在法律和监管上清除制约其辖区内天然气竞争性市场形成的障碍。

（5）逐步建立国家一级的监管机制来支撑全国范围内互联互通的输气管网和天然气市场的形成和发展。

可见，澳大利亚的改革是希望创造一个公平的市场竞争环境，以打破州（地区）的区域垄断，促进全国统一大市场的建立，实现竞争性的市场结构。通过上述改革，澳大利亚天然气行业已经基本形成了竞争性的生产、销售领域与垄断性的输配领域并存的市场结构，在东南部地区，区域性互联互通的管网系统也已形成，但建立国家一级监管体制的任务尚在实施之中❷。

三、世界银行的研究结论

世界银行在曾经对世界上 12 个有代表性的国家的国有企业改革（所涉及的行

❶ 姜润宇. 城市燃气——欧盟的管理体制和中国的改革. 北京：中国市场出版社，2006：53-57.
❷ 宦国渝. 澳大利亚天然气行业的改革及其对中国的启示. 城市燃气，2005，(11) 369.

业大部分为自然垄断行业）做了深入研究，在总结什么是国有企业改革能够成功的原因时，得出了五个重要结论：第一，改革国有企业成功的国家更多地采取了产权处置的方法，特别是国有企业初始规模较大的情况下。第二，改革国有企业成功的国家引入了更多的竞争。它们使贸易自由化，放松了准入的限制，放松了对大企业的约束。第三，改革国有企业成功的国家硬化了国有企业的预算。它们减少或限制了直接补贴，使其向更为商业化的信贷接近，改善了国有企业垄断价格的限制，减少或限制了隐性的补贴。第四，改革国有企业成功的国家改革了金融部门。它们强化了监督和规章管制，放松了利率控制，减少了直接信贷。它们也放松了准入限制，并且一旦国有企业改革以及监督和规章制度改革走入正轨，就使银行私有化。第五，改革成功和不成功的国家好象都试图改变国有企业管理者和政府之间的关系来改善激励机制。最好和最差的国家都引入了新的监督机制，增加了管理的自主权，并且签署了明晰的业绩协议❶。世界银行的研究结论对中国燃气行业的改革同样具有十分重要的借鉴意义。

---

❶ 世界银行．官办企业问题研究——国有企业改革的经济学和政治学．北京：中国财政经济出版社，1997：9．

第四章
燃气行业改革的初始条件和动因

第一节　初 始 条 件

一、中国燃气行业的历史与问题

从历史上看，我国燃气行业的发展已经有 130 多年的历史了，但其一度发展缓慢，20 世纪 90 年代以后燃气行业虽然有了较大的发展，其实力与发展程度也远不及发达国家，尚处于发展阶段。由于历史上的政府控制、国有经营的体制遗留问题等因素的影响，诸多方面的问题制约着中国燃气行业的发展。这样在改革之初，中国燃气行业面临着多方面的问题。

（一）企业低效率问题

燃气行业是典型的自然垄断行业，是市政公用事业的一部分。首先，燃气的价格形成是以企业成本为基础的。区域垄断性导致企业成本就是整个区域的社会成本，政府与企业根据这一成本协商燃气的价格，所以企业成本容易转嫁给消费者，企业也就没有动力去提高生产效率以降低自身生产运营成本。第二，企业的目标理应是实现利润最大化，这是企业提高生产效率的内在动力；而燃气行业在大部分地区实行的是政府投资，国企垄断经营，甚至还存在政企合一的体制。在这样的体制下，企业要背负政府交予它的社会公益目标，有时候这些目标甚至比企业本身的盈利目标更为重要，所以，在缺乏利润目标的情况下，企业就不可能有动力去主动提高效率，降低成本。第三，由于企业不承担市场风险，政府财政补贴（表 4-1）普遍，不存在破产倒闭的压力。我们可以看出燃气行业国有企业并非真正意义上的市场主体，也就必然导致其经营的低效率。改革前的燃气企业整体呈现出一种管理运营低效率，运营成本居高不下的状况。

（二）投资主体单一问题

投资主体单一表现在两个层面上，行业投资主体单一和企业投资主体单一。由于历史上燃气行业的建设属基础设施建设，由政府出资兴建，并交由国有企业经营管理，这就造成了行业和企业两个层面的投资主体单一问题。行业投资主体单一带来的问题包括：第一，资金来源不足问题。随着经济的发展和城市化建设的加快，

表 4-1　中国燃气产业 1992~2000 年经营亏损及财政补贴情况表　　　单位：万元

年份	利润额	其中燃气利润额	财政补贴	年份	利润额	其中燃气利润额	财政补贴
1992	−54524	−57206	64707	1997	−91803	−84594	136651
1993	−66810	−93714	103581	1998	−99636	−68817	122330
1994	−130931	−117701	124305	1999	−33979	−34047	165067
1995	−78232	−96236	147644	2000	−38168	−22433	108233
1996	−163679	−149516	180429				

资料来源：王俊豪．中国自然垄断经营产品管制价格形成机制研究．北京：中国经济出版社，2002：124.

对燃气等基础设施建设的要求也随之日益提高，加速增长的建设需求使一些政府财政显得捉襟见肘，已不足以支持全国上下如此庞大的建设开支。第二，市场竞争的不足。行业内部的所有企业都是国有企业，都按照同样的方式去低效率经营，无法形成优劣对照，无法向其他企业吸取先进的经验，无法形成区域间的竞争，形成整个行业上下一样差的局面。企业投资主体单一带来的问题包括：第一，企业目标扭曲。企业从产权上属于国家，从而受制于政府，使企业成为政府行使职能的工具，进而部分地丧失了其独立经营决策的地位，社会公益和自身利润的双重目标更使得企业行为扭曲，无法使企业成为独立健康的市场经济主体。第二，无法形成多方制衡的公司治理结构。国有独资产权模式形成了国有资产一股独大的局面，从而形成不了对国有资产代表方的行为的有效约束，即无法形成现代科学的公司治理结构，从而在决策质量等多方面影响企业发展。

（三）缺乏竞争压力和竞争活力

燃气行业是区域垄断行业，地方政府既是其政策的制定者，又在一定程度上影响着企业的实际经营。从一定意义上说，燃气行业存在一定的行政垄断色彩，这种垄断不是"自然的"垄断，即不是通过市场竞争而产生出的垄断。市场竞争后产生的垄断是有效率的垄断，正是因为比别的企业更高效市场才会自然地产生这种垄断。而行政垄断势必会导致企业的低效率，在没有经过竞争，并且生存的环境中不存在竞争的情况下，燃气企业没有动力去产生降低成本、追求效率，更谈不上创新，企业缺乏竞争活力。1999 年，全国燃气企业的职工总数为 13 万人，销售气量约为 236 亿立方米，人均销售 18.15 万立方米；年均销售收入 161 亿元，人均销售收入 12.39 万元。而与中国近邻的日本大阪煤气公司 1994 年底员工总数为 10608 人，销售气量为 55.57 亿立方米（液化天然气），人均销售 52.38 万立方米，相当于中国的 2.89 倍；年销售收入 6077 亿日元，人均销售收入 5728.69 万日元，约合人民币 401 万元，相当于中国的 32.36 倍❶。

（四）价格机制不合理

价格是一个十分敏感的市场指标和调节工具，中国燃气历史上始终实行低价销

---

❶ 仇保兴，王俊豪等．中国市政公用事业监管体制研究．北京：中国社会科学出版社，2006：86.

售、再补贴燃气企业的政策，所以燃气价格始终过低。以天然气价格为例：中国现行的天然气价格机制是在计划经济时期形成的，实行政府统一定价，即天然气价格是一种政府行为而非市场行为的产物。除海上天然气价格实行市场定价以外，陆上天然气定价方法主要采用成本加成法，也就是以天然气的全部成本作为定价基础，按照一定的加成比例计算确定单位产品的利润，再考虑单位产品的税金来确定产品价格。制订的价格要在生产、运输、配气等成本的基础上保证企业的合理利润率，企业上报的成本是政府制定价格的主要依据❶。从定价过程上看，现行的天然气定价是一个企业与政府谈判的过程，从结果上看，天然气价格是一种政府行为的产物。这种价格机制已经引起诸多的影响，暴露出它的弊端。第一，天然气价格与供求关系脱钩。在这种定价机制的作用下，产品价格与供求关系严重脱钩，价格无法准确反应市场供求，甚至过低的价格成了一个逆市场供求的反向信号。在供给严重小于需求的同时，低价依然刺激着消费者继续拉大供求缺口，并在供不应求的同时助长浪费，价格的平衡供求的作用无法得到发挥。第二，天然气价格无法反映稀缺关系。天然气资源在中国属相对稀缺资源，天然气的低价造成的后果之一是相对稀缺资源对非稀缺资源的替代，在相同产出效果的情况下，低价的天然气替代了煤炭等非稀缺能源，从稀缺性角度造成能源使用结构的不合理。第三，天然气价格与替代能源价格关系不合理。天然气价格被低估，这会引起用户在能源选择方向上的扭曲，同时还会阻碍各种能源之间竞争关系的实现，进而影响通过替代品竞争促进天然气垄断行业改革的效果。第四，天然气价格影响国家资源战略的实现。一方面，因为相对低廉的天然气价格成为助长企业过度使用天然气的动力，并已经导致某些领域能源浪费和产能过剩。国内天然气资源正在被大量加速消耗。另一方面，除一部分液化天然气的进口外，国外的管道天然气渠道因价格等原因尚未被打通，国外资源对国内资源消耗的补给十分有限。这样，保护本国资源的战略虽然长期影响深远，但依然很难实施。第五，天然气价格影响燃气垄断行业改革进程。垄断行业改革是一个系统工程，它涉及多个方面，而每个方面都是相互联系、相互影响的，天然气价格改革作为改革系统的一部分，其滞后会造成波及性的影响。

二、国际经验基础

由于世界各国已率先进行了包括燃气行业在内的自然垄断行业改革，积累了丰富的经验，并且到目前为止不同的改革模式所产生的效果已经显现。我们可以借鉴他国经验并依据本国国情有选择的吸收先进的改革经验和做法，以服务于我国的燃气行业改革。也就是说我国燃气行业改革是建立在世界各国已经经历改革历程并且留下了宝贵的改革经验的基础上，这样的初始条件就更加有利于我们少走弯路，少

❶ 成菲．我国天然气价格管制现状及其存在问题．现代商业，2009，（27）．

犯错误。在这里，我们简要地归纳一下具有代表性的燃气行业改革的国际经验。

从英国改革的初始条件可以看出 20 世纪 70 年代末的英国天然气行业与我国有许多相似之处，政企不分、国企经营、产权单一、缺乏竞争、效率低下、亏损严重等状况也正是我国燃气行业改革的起点。英国走出了一条以产权改革为主的建立自由竞争环境、开放市场、行业控制市场化的道路，使英国的天然气行业得到了快速的发展，取得了显著的效果。其中值得我国借鉴的经验有以下方面。

（1）产权模式的改革促成政企关系转变。英国在对燃气行业实行私有化后，政府就不能用以前管理国有企业的办法去管理私营企业，必须调整政企关系，从原来的直接干预调整变为间接控制，做到政企分离。在我国，政府与国企之间的"父子关系"十分严重，而借鉴英国的改革经验同时结合本国的国情，即使不对国有企业进行全面的私有化，从产权的角度，将国有独资转变为国有控股的方式，也能在一定程度上缓解现在的政企不分的现状。同时，英国天然气公司私有化过程中实行的股份制，对于我国燃气行业改革也具有借鉴意义。

（2）法律规制等与产权改革的协调配合。改革不可能是一个产权模式单方面改革就可以完成的。英国制定了相关的法律法规来保证改革的顺利进行，一方面法律为改革规定了原则和方向，另一方面法律的力度也可以降低改革过程中来自外界的干扰。另外，政府转变职能需要建立相应的监管部门来对私有化的企业进行管制，这些企业所涉及的行业大部分是市政公用等关系到社会民生的部门，所以产权改革必然需要相配套的监管模式改革。

美国改革初始就是私有制与政府监管相结合的行业情况，所以美国的改革不像英国一样将重点放在产权上，而是放在了监管模式上，美国走的是放松监管的改革道路。其中值得借鉴的经验有以下方面。

（1）立法先行。美国的燃气行业改革始终贯穿着法律规范的制定，可以说，美国燃气行业改革的过程同样也是一个不断制定和修正相关法律的过程。从 1978 年实施的《国家燃气政策法案》开始着手取消对天然气井口价格的控制到 1989 年《天然气气源放松管制法》完全取消销售天然气价格的控制，天然气成为了一种自由贸易的商品，与天然气运输服务相分离。从 1985 年 436 号法令的管道运输开放，到 1992 年 636 号法令的天然气销售与管道运输分离，两部法令使美国的天然气产业结构发生两次重大的变化，成就了美国放松管制改革的成功实施。

（2）各个关键环节突破，持续引进竞争推进自由化。垄断业务与竞争业务的分离，在垄断业务领域积极监管，在竞争业务领域引入竞争，使天然气行业各个链条层级的消费者均可选择其供给者，实现了竞争，而监管力求做到让垄断业务领域的行为不影响市场竞争秩序。

这些国际经验都是我们的宝贵财富，他山之石，可以攻玉。站在巨人的肩膀上，我们就可以看得更远，所以在世界各国经历了轰轰烈烈的改革后的今天，我们是站在新的起点上，这也是我国燃气行业改革的一个有利的初始条件。

第二节 改革动因

从 20 世纪 70 年代末开始，由于国际经济环境、国内产业发展、技术进步以及政府规制改革等多方面的因素的影响，世界各国纷纷开始对包括燃气行业在内的自然垄断行业进行了改革。到目前为止，可以十分清楚地看到改革的成效已经在各个国家的经济运行中体现出来。本书的第三章主要对英国和美国这两个典型国家的燃气行业改革历程做了系统的回顾，其效果业已显现改革对燃气行业的发展起到了积极地促进作用。与之相比，我国的燃气行业发展正在被各种不利因素影响，迫切需要加快改革步伐。

一、政府的需要

燃气行业管网的建设需要庞大开支，会形成巨额的沉淀成本，所以在历史上曾一度被认为其必须由政府出资建设、政府经营管理。私人资本不足以支持这样的工程和承担相应的风险，我国燃气行业的基础设施建设绝大多数也是由政府来完成的，即政府投资兴建、国有企业经营。但是，这样的做法产生了诸多的问题。在燃气行业中政府与企业的复杂关系，一方面使企业长期处于低效率的运营状态，产品供给和服务质量都无法得到提高，加之指令性价格形成机制及宏观经济调控使企业的亏损现象严重，需要政府补贴，财政补贴成为政府的沉重负担。而企业内生的惰性和外在的缺乏竞争性使企业没有动力去提高效率、提高服务质量。这与发展市场经济，培育市场主体相背离，政府为企业的低效率长年背负沉重的财政补贴重担。另一方面，随着改革开放以来经济的不断发展，与经济建设相配套的基础设施建设的要求也日益提高，这种要求体现在"量"和"质"两个方面。从量上看，经济的高速发展要求基础设施建设与之相配套的加速建设，燃气行业是基础设施建设中的一部分，随着经济建设和城市化建设的加快，燃气管网正在中国国土上大面积铺开。如果燃气设施的建设无法与经济建设同步，就会造成拖经济发展后腿的现象，然而如此庞大的存量及增量的燃气行业投资，如果仅凭政府财政支出是很难实现的，并且是否应该将政府财政沉淀到燃气管网等相关设施建设这样的项目中来，这也是一个需要探讨的问题。所以，燃气行业的建设需要非国有资本的进入，也就意味着要对历史延续下来的体制进行改革，引入非国有经济。但是，"量"的原因并不能看成是政府将对燃气行业的投资权交予非国有经济的根本原因，否则，一旦政府财政资金充裕，非国有经济就要重新退出燃气行业。从"质"上看，改革的根本目的是要建立高效率运作的中国燃气行业，使原有的国有企业在竞争与压力面前主动改变自己，加入到竞争的市场环境中来，以打破以往低效率的行业发展惯性。这也是大多数改革国家的初衷之一。最后，燃气行业改革也是政府改革的需要。我国的经济体制是计划经济向市场经济的转变，计划经济是政府调节资源，而市场经济是由市场来配置资源。从计划经济向市场经济转变就要求政府同样转变职能，要从计划经济时期的指挥机构转变成市场经济中的监督服务机构，做到政企分开，更进一步做到市场经济所倡导的"小政府，大企业"。所以把燃气行业中以前在政府指挥下的国有企业转变成有活力、有竞争力的市场主体，使他们自己参与到市场竞争中去，适应市场这个无形的调节者，利用市场经济的客观规律发展壮大，才是政企分开、政府转变职能、企业转变经营之道的动因。所以，政府不论是从自身的经济负担角度考虑，还是从其自身改革需要考虑，都必须对燃气行业进行改革。

二、企业发展的需要

生产效率低、服务质量差是自然垄断行业普遍存在的问题，燃气行业也不例外。由于燃气企业在特定的地区范围内具有独家垄断经营权，不存在竞争，也不存在多家燃气企业共同决定社会平均成本，进而依据社会平均成本来决定燃气价格的情况。这样就会出现如下的问题：（1）企业没有动力去提高自身效率，降低运营成本。这是因为以企业成本为基础的计价方式使企业成本具有易转嫁性，同时政策性亏损可以掩盖由于管理薄弱和经营不善导致的经营性亏损。（2）消费者没有燃气供应商的选择权，垄断经营使企业在没有竞争压力的环境中懈怠服务，造成服务意识较淡薄，服务质量差和消费者的不满。可以说，在政府的庇护下，在无后顾之忧和无竞争压力的环境中，燃气企业从内在的机制上就没有动力去像正常市场上的企业那样通过改善自身经营、提高效率、降低成本来实现企业的赢利与发展，并且其低效率和内部巨额浪费是建立在成本转嫁的基础上的，政府和消费者要为他们的低效率和浪费买单（政府财政的来源同样是广大的企业和人民）。所以，如果不对燃气行业进行改革，各种问题还会继续维持下去，燃气企业依然无法成为真正健康的、有活力的市场经济主体。我国已经加入世界贸易组织（WTO），燃气行业的垄断经营将不可能持续，燃气企业必须尽快将自己转变成能够适应市场竞争环境的市场主体，才能适应变化的需要，在未来的市场竞争中生存发展。

三、广大消费者的需求

这里所指的消费者包括居民用户和企事业单位用户。首先，多年来接连发生的"气荒"问题给居民生活和企业生产带来了许多困难，造成了许多损失，我们可以从天然气价格等多个角度去分析"气荒"的原因，但是究其根源还是整个天然气行业的行业问题，也就是燃气行业的系统改革问题。如果不对燃气行业进行系统化的改革，就无法保证天然气行业的健康发展，也就无法根除"气荒"问题。其次，垄断会产生低质量的服务，使消费者的福利受损。如果不对燃气行业进行改革，燃气企业还会在无压力、无后顾之忧、无竞争的环境中安于现状，也就不会提高服务质量。最后，美国等发达国家的先进经验说明，消费者可以通过燃气行业内部各个环节竞争的引入而得到实惠，居民消费者可以选择自己的燃气供应者，这样通过供应者之间的竞争就会使居民受益。大型用气企业可以直接从自由市场上的天然气独立交易商那里购买天然气，也可以通过城市燃气分销公司那里获得天然气，这样，企业也可以选择价格低廉的天然气来购买。而这样的竞争局面只有通过改革才能实现。

四、改革进程的需要

我国的经济体制改革采取的是先易后难、先简后繁的渐进式改革模式。竞争性行业改革已经基本完成，而垄断性行业的改革作为一块"难啃的硬骨头"则涉及不深，集中于垄断行业的国有企业特别是大中型国有企业改革速度缓慢。燃气行业既具有自然垄断性，又属公用事业行业，其改革步伐不但落后于竞争性行业，甚至明显落后于其他自然垄断行业，落后的燃气行业显然已经无法适应国民经济的发展和市场化进程。2003 年 10 月，党的十六届三中全会做出的《中共中央关于完善社会主义市场经济体制若干问题的决定》（简称《决定》）指出：要完善公有制为主体、多种所有制经济共同发展的基本经济制度。个体、私营等非公有制经济是促进中国社会生产力发展的重要力量，要清理和修订限制非公有制经济发展的法律、法规和政策，消除体制性障碍。放宽市场准入，就是允许非公有资本进入法律法规未禁止的基础设施、公用事业及其他行业和领域。非公有企业在投融资、税收、土地使用和对外贸易等方面，与其他企业享受同等待遇。《决定》还强调对垄断行业要放宽市场准入，引入竞争机制。有条件的企业要积极推行投资主体多元化。加快推进铁道、邮政和城市公用事业等改革，实行政企分开、政资分开、政事分开。对自然垄断行业要进行有效监管。加入世贸组织后国家计委出台多个文件明确指出要加快公用事业等行业管理体制的改革，逐步放宽对非国有经济的准入限制，大中城市燃气管网的建设、经营也开始对外资开放。这一系列政策说明，我国的经济体制改革进程已经推进到了自然垄断行业，包括燃气行业在内的公用事业的改革进程需要加快。

第五章
中国燃气行业体制改革的历史演变

第一节 中国燃气行业改革的历史变迁

我国城市燃气的启用始于 1865 年，但在旧中国发展缓慢，到 1949 年全国只有 7 个城市使用煤制气。新中国成立后到 1979 年改革开放，燃气行业的发展也比较缓慢。在体制上，改革开放以前，燃气行业的建设与经营完全由政府负责，属于典型的行政垄断行业。燃气行业的较快发展开始于改革开放，特别是从 20 世纪 90 年代进入了改革与快速发展的新时代。

燃气行业的改革步伐是伴随着一系列的政策法规的出台而前进的。在这里我们通过对这些政策法规的梳理来回顾一下中国燃气行业改革的历史。

1995 年中华人民共和国建设部出台了《市政公用事业建立现代企业制度试点指导意见》，随后在 1998 年，政府又出台了鼓励民营企业进军基础建设的政策。2001 年底国家计委发出《关于印发促进和引导民间投资的若干意见的通知》，指出要鼓励和引导民间投资以独资、合作、联营、参股、特许经营等方式，参与经营性的基础设施和公益事业项目建设。地方政府普遍采取招商引资的办法，民营企业以合股、独资、买断等不同投资方式参与燃气供应设施建设与经营。这样，在政策的引导和支持下，我国燃气行业企业开始按照现代企业制度的要求进行公司制改革，并且开始了合资合作、股份制、股份合作制等投资形式的实践。从这里可以看出燃气行业的产权模式改革已经开始，产权主体多元化成为公用事业行业和国企改革的一个重要改革方向。

2002 年 1 月，国家计委发出《"十五"期间加快发展服务业若干政策措施的意见》指出，要积极鼓励非国有经济在更广泛的领域参与服务业发展，放宽外贸、教育、文化、公用事业、旅游、电信、金融、保险、中介服务等行业的市场准入。国家计委 2002 年 3 月 4 日公布的《外商投资产业指导目录》中，原禁止外商投资的电信和燃气、热力、供排水等城市管网首次被列为对外开放领域，使外资企业加速了进入中国燃气行业的步伐。建设部在 2002 年 12 月印发了《关于加快市政公用行业市场化进程的意见》，主要内容涵盖市场准入、经营方式和监管体制。允许跨地区、跨行业参与城镇燃气经营；建立公用事业特许经营制度，通过公开招标方式择优选择燃气建设和经营单位，政府通过合同协议或其他方式明确政府与获得特许经营权的企业之间的权利和义务；市政公用行业管理部门从直接管理转为宏观管理，从管行业转变为管市场，从对企业负责转变为对公众负责❶。国家在城市公用事业及基础设施行业扩大开放政策逐步深入，燃气行业准入政策正在一步步放松，政策门槛逐步降低，为民营和外资企业进入燃气行业渐渐敞开了大门。这也反映了燃气行业监管模式的转变，对行业进入放松监管的趋势。

2004 年 4 月，建设部为适应市政公用行业的市场化改革，规范市政公用行业的市场行为，以部令方式发布了《市政公用事业特许经营管理办法》。该办法从保障社会公共利益和公共安全的高度出发，要求各地政府遵循公开、公平、公正和公共利益优先的原则，采取公开招标等竞争方式，择优选择市政公用行业的投资者或经营者。同时，该办法还明确了特许经营权竞标者应当具备的条件和选择投资者或者经营者的公开程序，对授权方和被授权方的责任、权利和义务等做出了明确规定❷。全国许多城市根据该办法也相应地制定了实施公用事业特许经营的具体规则。随后，建设部还引发了《管道燃气特许经营协议》的示范文本。由此来看，城市燃气实行特许经营在法律和政策层面的道路已基本铺开。我国城市燃气"十五"发展规划也指出通过推进城市燃气特许经营许可制度，加快国有燃气企业改革，逐步建立现代企业制度；通过推进利用外资政策，加快城市燃气事业的发展。

随着"十一五"的结束和"十二五"的开始，又一轮对能源的改革之势已初见端倪。"十二五"要实现经济的低碳转型，这是其相对于"十一五"的主要不同之处，而"十二五"能源规划的重点就是围绕实现中央提出的非化石能源比重增加和碳减排两个目标展开❸。在这关键的交接之时，也经过了前期的酝酿。2010 年，对能源行业的一系列改革措施相继出台，涉及燃气行业的包括国家发展改革委员会 2010 年 5 月 31 日下发的《关于提高国产陆上天然气出厂基准价格的通知》[发改电（2010）211 号]文件，规定各油气田出厂（或首站）基准价格每立方米提高 0.23 元，并将出厂基准价格允许浮动的幅度统一改为上浮 10%。2010 年 6 月 25 日十一届全国人大常委会第十五次会议表决通过了《中华人民共和国石油天然气管道保护法》，以法律形式确立了石油天然气管道保护的管理体制。2010 年 7 月 30 日至 31 日，国家能源局召开成立大会。成立国家能源局。这是国务院机构调整方案中的一项重要内容，旨在加强对能源行业的集中统一管理，应对日益严峻的国际国内能源问题，保障国民经济持续稳定健康发展。

经过十多年的不断深化改革，燃气行业发展到今天，改革已初见成效，呈现出

---

❶ 郭建新，陈锦德. 我国天然气城市输配气运营行业投资机会研究. 城市燃气，2005，(8).

❷ 姜润宇. 城市燃气——欧盟的管理体制和中国的改革. 北京：中国市场出版社，2006：41.

❸ 国家能源局预计，到"十二五"阶段末即 2015 年，煤炭在一次能源消费中的比重可由从 2009 年的 70%下降到 63%，天然气消费占比将从目前的 3.9%提高至 8.3%。

了明显的市场化形势。民营和外资的引进形成了多元化的市场主体；国内燃气企业与境外企业合作，合资企业纷纷成立，国营或民营企业共同合作，成立股份制公司；原国有燃气企业也纷纷改制，朝着成熟的市场主体的方向发展；行业准入不断开放，准入监管朝着放松化的趋势发展，各种跨国跨区域的投资此起彼伏。

这些进步是可喜的，毕竟十几年的努力使原来的行政垄断的燃气行业显现出了一定程度的市场活力。但是，这些只是改革效果初见端倪，一些领域的改革还尚未被触及，甚至已经呈现出改革形势的某些领域其本身就存在着许多问题。所以，客观地说，我们还走在改革的路上，离最后改革的成功还有很远的距离。而如何走好接下来的路也正是我们要研究的问题。

第二节　中国燃气行业改革目前已取得的效果

目前中国燃气行业的市场主体包括因为行业改革政策支持新进入的外资和民营企业，以及在新形势下继续发展的原国有企业。在梳理我国燃气行业改革目前所取得的效果时，我们将从非国有和国有经济这两类主体的角度加以总结。

一、非国有经济的快速壮大

在 2002 年 3 月 4 日公布的新《外商投资产业指导目录》中，原禁止外商投资的城市燃气行业首次被列为对外开放领域，外资企业迅速抓住商机，做出积极反应。纷纷采取合资合作等办法与国内燃气生产、销售、储运企业联合，或采取并购的形式获得中国燃气市场。同时民营企业也在加快自己的发展步伐。下面以我国香港中华煤气和新奥燃气这两个典型企业的实例来说明非国有经济的发展。

（一）中国香港中华煤气

中国香港中华煤气有限公司成立于 1862 年，是香港历史最悠久的公用事业机构，也是规模最大的能源供应商之一，企业管理和营运均达到世界级水平。公司从1994 年开展中国内地的燃气项目，港华燃气是中国香港中华煤气在中国内地业务的主要平台，其前身为百江燃气。2006 年底，中华煤气通过向百江燃气注入内地10 个燃气项目的方式获得了百江燃气 43.9％的股份，成为控股股东，并将公司改名为港华燃气。中国香港中华煤气目前在内地的城市管道燃气项目已超过 80 个，为 1000 多万住宅及工商业客户服务，是内地领先的城市管道燃气营运商。2009 年的燃气销售额逾 68 亿立方米。除继续发展城市燃气市场以外，中华煤气还在极力发展上游和中游市场，2007 年初取得首个位于吉林省的能源开采合资项目，参与石油和天然气的勘探、开采和销售。此外，公司在中游的业务上也有良好进展，在承建安徽省、河北省及浙江杭州市的天然气管线项目后，集团又于 2007 年取得吉林省天然气合资项目，建设省内天然气支线和开发气田资源。投资天然气高压管线项目有助于拓展城市下游合资项目，巩固城市燃气市场。此外，集团还致力于发展新型能源，包括煤层气及天然气开发利用、煤基能源及化工、环保车用能源等，并已经取得了良好的进展。香港中华煤气在内地业务遍布华东、华中、华北、东北、西部、西南等区域的 19 个省、直辖市及自治区，共有包括城市管道燃气项目、上中游项目、自来水供应与污水处理、天然气加气站及新兴环保能源等超过 100 个项目，内地雇员超过 30000 人❶。

另外，其他跨国石油天然气公司也一直希望扩大在我国的天然气业务。例如，2005 年 5 月，荷兰壳牌公司联手杭州燃气有限公司等签署了杭州天然气合营合同，共同建设、运行和管理杭州天然气高压管网系统❷。

（二）新奥燃气

新奥燃气是伴随着改革而成长壮大起来的中国燃气行业民营企业中的典范，其发展迅速，取得了令人瞩目的成绩。新奥燃气 1992 年进入城市管道燃气领域，是国内最早进入管道燃气经营的民营企业。目前已成为国内最大的管道燃气运营商之一。2001 年在中国香港联交所挂牌上市，主要从事清洁能源分销与管理业务。2002 年后，新奥燃气相继取得石家庄、长沙、东莞、烟台、洛阳等大中型城市燃气项目，显示出其建设和经营大型城市燃气项目的强大实力。2005 年，新奥燃气已建成了以城市管道天然气分销为核心业务，以非管输能源（CNG、LNG、LPG等）配送以及车用燃气、LPG（液化石油气）分销为主要业务，以城市居民、工商企业和汽车车主等为终端用户的能源分销体系。2006 年，新奥燃气积极寻求清洁能源的国际化采购，注册成立了新奥能源销售有限公司，并取得天然气、LPG、甲醇、二甲醚和多种燃气物资的进出口权，成为国内继三大油之后第四家获得天然气进出口权的企业，为进军国际能源贸易取得了通行证。同时，新奥燃气在北海涠洲岛投资建设液化天然气工厂，成为国内第四家生产液化天然气的工厂，使新奥燃气在两广的项目城市气源得到了进一步保障。至 2009 年底，新奥燃气拥有全国 14 个省、市、自治区的 79 个城市燃气项目，为 470 多万居民用户和 14000 多家工商业用户提供清洁能源产品与服务，敷设管道超过 14000 公里，天然气最大日供气能力超过 1500 万立方米，市场覆盖城区人口 4300 多万，是目前国内覆盖用户规模最大的城市燃气专业运营商和能源分销商之一；公司获得政府批准建设的天然气汽车加气站 351 座，已投资建设 157 座，分布在全国 44 个城市；新奥燃气还在 20 多个大中城市规划中实施清洁能源整体解决方案，是国内首家提供区域清洁能源整体解决方案和节能减排综合服务的企业集团❸。

以中国香港中华煤气为代表的外资企业和以新奥燃气为代表的中国民营企业在中国燃气行业中快速发展壮大，这部分外资和民营企业运用改革政策支持和娴熟的

❶ http://baike.baidu.com/view/3665542.htm.

❷ 杨建红. 中国天然气市场发展趋势. 当代石油石化，2005，(13).

❸ http://www.xinaogas.com/profile/company/intro/index.html.

第五章　中国燃气行业体制改革的历史演变

资本运作不仅成功进入了中国燃气行业领域，还实现了跨区域经营。我们可以看到中国燃气行业改革在引进非国有资本，引入竞争方面所做的努力。外资和民营企业的发展打破了国有企业一统江山的局面，加快了我国城市燃气基础设施建设的进程，为政府解决了建设资金问题，同时对燃气国有企业形成了一定的竞争压力。在产权和竞争模式改革方面是一个突破，也体现了放松监管的政策导向。

二、国有经济的深化改革

中国燃气行业改革的起点就是国有企业一统天下，可以说政府和它所控制的国有企业对整个燃气行业的垄断（包括上、中、下游的垄断），是我们整个燃气行业改革的起点，改变这样的行业局面所伴生的问题也是我们主要的改革动因。所以，对国有燃气企业的改革是中国燃气行业改革的重点，而由于受到传统管理体制的深刻影响，国有燃气企业改革也同样是燃气行业改革中的难点。

由于长期受制于传统管理体制，燃气行业国有企业长期存在着观念陈旧、管理滞后、机制落后以及经营亏损等多方面的问题。随着改革的进展，国有企业也适时地进行了改革。而由于燃气行业本身所具有的区域性特征以及区域发展的不均衡性，各地国有燃气企业改革呈现出不同的情况。有的改革速度相对滞后，有的则在改革的路上走得更远些。在改革中国有企业也形成了不同的改革模式，使中国燃气行业的国有企业改革出现了生机，虽然没有形成规模，但改革现象的产生和经验的积累依然是可供参考的。

（一）北京市

北京是中国最早拥有燃气系统的城市之一。它的城市燃气行业的发展十分具有代表性，同时，北京燃气集团作为中国最大的城市燃气企业是燃气行业下游企业的典型代表。

北京的城市燃气始于20世纪50年代末。北京市燃气集团有限责任公司为北京市人民政府投资组建的国有独资公司，于1999年9月29日正式挂牌成立，国有资产总额为108亿元。由原北京市煤气公司、天然气公司、液化石油气公司、煤气热力设计院、焦化厂及煤气用具厂等企事业单位组成。将燃气的国家供应改为国有企业供应，其性质为北京市人民政府投资组建的国有独资公司，主要负责城市管道燃气接收、输配、销售、服务和发展以及城区主要液化石油气的供应。成立燃气集团公司是改革的一大进步，但和其他国有独资公司一样还存在着很多问题，如政企不分，政企关系复杂，企业缺乏自主性；企业社会性负担重；国有资本缺乏退出机制；这些问题约束了企业的进一步发展。

在政策的鼓励下，北京市燃气行业逐步放开了市场，正在不断推进投融资体制的改革。2004年以来，北京市一大批天然气的基础设施建设、管理、运营项目都采取了市场化方式选择投资者和管理者。其中配合陕京天然气二线工程，采取了招投标方式，吸引多元化资金投资建设市内配套工程；此外，门头沟天然气管线引入项目、怀密天然气输气管线等项目都向社会公开招投标。同时，一些私营部门开始进入燃气行业，负责某些领域的燃气运营。实际上，"除市燃气集团公司以外，全市各类中小型液化气储灌站基本上都是民营企业，主要供应郊区城镇的液化气市场。另外还有少数民营压缩天然气供应企业向郊区城镇用户提供压缩天然气，大部分远郊区县都有一个规模相对较大的燃气供应企业。这样，尚无管网的郊区地区初步形成了以民营为主的市场格局"。❶

北京开发区亦庄南区和东区的特许经营制度的实施则是北京燃气产业市场化运作进入规范化阶段的重要标志，对燃气体制的改革起到了巨大的推动作用。2002年底，北京市市政管理委员会和北京经济技术开发区管委会与中国石油股份公司下属公司——北京华油联合燃气开发公司签署了《北京经济技术开发区南部新区管道燃气特许经营协议》，这是国内第一个规范的燃气特许权协议❷。此后，2004年9月20日，北京经济技术开发区东区天然气供应特许经营项目融资招标正式开标，由新奥燃气和京港亦庄联合体（由北京燃气集团和中国香港中华煤气公司组成）竞标成功❸。在此项目中各项操作日益规范，其中市政府成立了由各部门和亦庄开发区管委会组成的招标委员会和招标办公室，并聘请了大岳咨询公司作为招商代理机构和财务顾问，制定了规范的招标计划书和项目文件。2005年12月1日，《北京市城市基础设施特许经营条例》由北京市第十二届人民代表大会常务委员会第二十四次会议通过，并自2006年3月1日起施行。使燃气产业的特许经营项目运作有法可依，充分保障了特许经营项目的合法实施，进一步推动北京市燃气市场化改革向制度化、法制化方向发展❹。

从北京燃气集团的发展历程中可以看到燃气国有企业自身经历的历史变革过程，从行政控制下的公用事业到市场经济的转变再到建立集团化经营，加强现代企业制度建设，企业正在不断朝着市场经济主体的方向发展。但它依然是国有独资公司，其国有独资的产权模式没有动摇，传统政企关系依然无法得到改变，治理模式存在着国有企业的通病。但在亦庄项目上的市场化运作项目，与新奥燃气和中国香港中华煤气的合作是北京燃气集团在改革上的一个突破，实现了在特许经营制度上的一个尝试。另外，它依然在城市燃气市场上处于区域垄断地位，虽然面临着管道燃气特许经营改革所带来的竞争，但这种竞争在其对区域燃气经营的垄断地位和长期建立起来的经营基础上来看，似乎没有产生很大的威胁。可以说，以北京燃气集

---

❶ 冯中越，石宏锋．城市公用事业的管制与竞争研究——以北京市燃气行业为例．北京社会科学，2005，(03)：24-30.

❷ 北京投资．城市燃气特许经营协议的典范——北京亦庄开发区燃气供应特许经营案例．中国城市建设信息网，2006-03-01.

❸ 金永祥，蔡建升．北京亦庄东区燃气特许经营的几点启示．城市燃气，2005，(01)：39.

❹ 李静雯．公用事业市场化改革探究——以北京燃气事业改革为重点的分析．中国海洋大学硕士学位论文．

团为代表的北京燃气行业改革处于改革初级阶段。

（二）深圳市

深圳市燃气行业改革代表事件是深圳燃气集团通过国际招标在股权转让上实现的重大突破。深圳市燃气集团有限公司于1995年成立，原为国有独资企业，其主营业务是液化石油气批发、管道供气、瓶装供气等业务以及燃气输配管网的投资、建设和经营。在2002年3月4日颁布的新的《外商投资产业指导目录》的背景下，2002年5月，深圳市发起了中国第一次国企国际招标。深圳市政府宣布将通过国际招标，转让深圳水务集团、燃气集团、公交集团等五家市属国有企业部分股权。深圳燃气的国际招标引来了中国香港中华煤气、BP（英国石油）、法国燃气、粤海、中国海洋石油等几家知名企业的竞标，这也从另一个方面反映出了国外资本对中国燃气市场的关注。深圳燃气集团通过国际招标招募引进战略投资者——中国香港中华煤气和四川新希望集团有限公司，二者分别持有深圳燃气集团30％和10％的股权。深圳燃气集团实现了中国燃气企业股权转让上的重大突破，成为中国燃气行业产权模式改革的先行者。股份制改造变国有独资为国有控股，通过增资扩股，引进港资，进而打破地域限制，参与国内市场竞争，在经营模式上与国际接轨，最终成为全国性的大型燃气企业。

深圳燃气集团实现了国有燃气企业进行国际招标这一重大突破，同时在引进外资的方式上采用的国际招标与策略私募相结合也是一大突破。这样既在国际上产生影响，又避免了暗箱操作，将策略私募这一国际通行做法引入了国企改革。在具体运作上，聘请专业的具有国际资质的财务顾问机构，并制定出科学、公正的招标程序。5个阶段、20个步骤的"520"程序给国有企业改革提供了宝贵的经验。政府在监管方面授予企业专营权并努力建立合理的价格机制使企业有合理的盈利水平，并通过监管促使企业承担相应的责任和义务，保护公众的利益。深圳燃气集团在产权模式上的改革是燃气行业改革的一个标志性的进步。

（三）上海市

上海燃气行业于1997年和2000年进行了两次重大改革。1997年，上海燃气行业对制气、销售企业实行产销分离，走向市场。为确保燃气由单一煤气向多种气源过渡，2000年5月，燃气行业正式划归上海市市政工程管理局，并全面实施市政府批准的《深化上海燃气行业改革方案》。该方案的指导思想是"引入竞争，裂变重组，放开两头，控制管网，降低成本，减亏为零"。重组后的燃气企业，撤销了煤气销售集团公司和制气集团公司，分别组建了市南、市北、浦东三家区域性销售有限公司和吴淞、浦东、石洞口三个自主经营、独立核算的煤气制气有限公司；停产后的杨树浦煤气厂改制为主要生产环保产品的全绿实业公司；同时加强了石油液化气公司和燃气表具公司。原煤气第一、第二两个管线工程公司和燃气设计院建制划入城建集团公司。另外，调整充实了行业管理机构——市燃气管理处的力量，并专门组建了燃气调度监测中心，负责全市燃气调度和应急指挥，监控燃气表具及供气质量，组织竞价上网，实施全市的天然气转换，以进一步突出政府管理职能❶。全面开放燃气的施工、制气、灶具生产等竞争性市场；逐步开放管网市场，吸引社会资本参与投资建设；同时组建市政资产经营发展有限公司，全面负责燃气市政行业资产的运作和管理；组建了多元投资的上海天然气管网公司，负责天然气高压管网的建设、管理和运营。

从上海市燃气行业的改革中可以看出其在改革的路上走得更远一些。其一，实现了纵向拆分的尝试，把自然垄断环节与竞争环节进行了纵向分离，从而在竞争环节引入了竞争机制。其二，剥离了国有资产，明确了国有资产所有人，转变了政府职能，理顺了资产关系。其三，在垄断环节的天然气管网公司实现产权多元化，并对其实施监管。可以说，上海的改革在多个改革模式上都有所触及，是中国城市燃气改革的先驱者，为中国燃气行业改革做出了尝试，积累了经验，是改革中值得研究的对象。

---

❶ 转引自上海燃气行业深层次改革．上海煤气，2000，（6）．

第六章
中国燃气行业改革的产权模式

党的十六届三中全会指出："产权是所有制的核心和主要内容，现代产权制度是完善基本经济制度的内在要求，是构建现代企业制度的重要基础。"社会主义市场经济要求建立和健全归属清晰、权责明确、保护严格、流转顺畅的现代产权制度。产权改革在整个行业改革中十分重要，从世界多个发达国家的改革历程也可以看出，产权改革是改革中的一个重点，甚至是某些国家改革的主线。本章将在对国外改革经验和国内改革历程研究的基础上，对中国燃气行业产权模式改革进行深入探讨。

第一节　产权理论概述

一、产权概念

产权（property rights）也称财产权或财产权利。西方大多数的学者认为产权学是从罗纳德·科斯的著名论文《社会成本问题》（1960）开始的，然而科斯在这篇文章中并未给出产权的概念。其后，西方学者对产权给出了几种概念表述：产权是界定人们如何受益及如何受损，因而谁必须向谁提供补偿以使他修正人们所采取的行动（德姆塞茨，1967）；产权是一系列用来确定每个相对于稀缺资源使用时的地位的经济和社会关系（菲品博腾 & 配杰威齐，1972）。

从最基本的意义上说，产权就是对物品或劳务根据一定的目的加以利用或处置以从中获得一定收益的权利。产权一般包括以下的规定性：第一，产权是依法占有财产的权利，它与资源的稀缺性相关，这种人与物的关系体现了人与人之间的关系。第二，产权的排他性意味着两个人不能同时拥有控制同一事物的权利，这种排他性是通过社会强制来实现的。第三，产权不是一种而是一组权利，一般可以分解为所有权、使用权、收益权和让渡权。第四，产权的行使并非是无限制的，一是产权分解后，每一种权利职能在法律或契约规定的范围内行使；二是社会对产权的行使可能会设置某种约束规则。第五，产权的一个主要功能是引导人们实现将外部性内在化的激励。

二、私有产权和国有产权

现代产权理论一般将产权分为私有产权、共有产权、公共产权、国有产权四种类型，根据本书的研究需要，这里我们重点研究私有产权和国有产权。

（一）私有产权

私有产权是给予人们对物品那些必然发生矛盾的各种用途进行选择的权利。这种权利并不是对物品可能的用途施以人为的或强加的限制，而是对这些用途进行选择的排他性权利。私有产权的基本含义是财产的归属主体是私人，其使用权按照资源本身固有的特性划分给个人专有，并且对所有权利和行使的决策完全是由私人做出的。根据私有权的性质，只要私有产权所有人愿意，就可以任意处置自己的财产（当然这里包含着"经济人"理性的假定）。在完全的所有产权条件下，行为人利用他的资源而采取的任何行动，都不可能影响任何其他人的私有财产的实际归属；同时，没有经过他的许可或没有给予应有的补偿，任何人都不能合法地使用那些产权归他所有的物品或影响这些物品的价值性状。

私人产权是一种排他权，但它并不是一种不受限制的权利。在产权经济学文献中，价格管制、征税和对产权转让的限制，都被看成是对私人产权的侵犯。从某种意义上说，产权的行使是受到社会限制的。

（二）国有产权

国有产权是指国家依法对财产拥有的排他性权利。国有产权的重要特点包括产权归属（包括收益权）的唯一性、产权行使的代理性、权利配置遵循纵向隶属的等级规则、使用权的排他性。

在国有产权下，权利是由国家所选择的代理人来行使的，而作为权利的使用者，由于他对资源的使用与转让以及最后成果的分配都不具有充分的权能，使他对经济绩效和其他成员的监督的激励减低，而国家要对这些代理者进行充分监察的费用又极其高昂，再加上行使国家权力的实体往往为了追求其政治利益而偏离利润最大化动机，因而国有产权下的外部性极大。其代理成本包括代理机构的层次设置和对代理人的监督，以及国有产权制度的非经济利益追求。

在产权经济学文献中，普遍认为私有产权是高效率的，而国有产权是低效率的。私有产权高效率的逻辑在于：在私有产权的条件下，由个人做出经济活动的决策并承担风险；在私有产权条件下，每个人都会关心爱护自己的财产，追求自己的财产利益，从而激励出有效率的劳动❶。从实际经验中也可以看出，国有企业存在着严重的低效率问题，对于燃气行业这个国有资产比例很高的行业来说，必须要在产权方面进行改革，并同时与其他方面的改革相配合，才能取得良好的改革效果。

---

❶ 刘灿等. 中国的经济改革与产权制度创新研究. 成都：西南财经大学出版社，2007：19-23.

第二节　燃气行业产权模式改革的历史进程

一、英国为代表的产权改革的历史进程

在国际上的以英国为代表的大多数国家，其燃气行业同其他自然垄断行业一样，产权发展经历了三个阶段：私人产权阶段，国有化阶段，再次引入竞争阶段。

（一）私人产权阶段

燃气行业发源于欧洲，英国是欧洲燃气行业改革的代表国家。在国有化浪潮之前，燃气行业以大批的小规模企业为主，这是燃气行业发展初级阶段的典型特征，英国在燃气行业发展的最初阶段就是采用私人资本和完全竞争的方式。1850 年以前，仅伦敦就有 14 家煤气公司，1947 年国有化之前英格兰和威尔士地区的煤气公司共有 1070 家，其中地方政府企业 207 家，股份公司 402 家，私人企业 361 家❶。这种小批量、高成本的低效率运作状态能够持续的原因在于各地方政府出于本位主义不愿放弃对企业的控制权和所属企业所创造的利润。所以，在地方政府的支撑下，燃气这一本具有自然垄断性的行业中在 20 世界 40 年代末以前，一直处于多家企业小规模运营、低效率、缺乏规模经济、缺乏网络经济效益的市场状态，竞争和管网的区域垄断性产生了尖锐的矛盾，出现了重复建设和厂商间价格共谋（卡特尔化）等现象。这种市场失灵状态严重影响了英国燃气行业的发展。

（二）国有化阶段

1945 年第二次世界大战结束后，英国工党被选为执政党，它把生产、分配和交换方式的所有制关系视为政治经济权力的基础。根据当时的经济状况，工党认为，需要通过国家垄断才能提高经济效益，国家垄断有利于实现规模经济，消除无效竞争。1948 年颁布的"燃气法案"，将 1049 家小型的私营煤气公司收归国有化，国有化后的所有企业归英国气体总署领导。1969 年，气体总署改名为英国天然气公司，实现了一个国有企业对全国天然气行业的垄断。从 1964 年到 1979 年，英国的燃气行业始终处于政府直接控制下国有企业的垄断经营，同时由煤气委员会监管。其他国家也基本采取同样的国有化思路，燃气行业从私人竞争步入到了国有垄断的时代。这一阶段的燃气行业的产权结构特征表现为：产权上的国家主导和监管上的严格进入限制。其结果是导致燃气行业产权单一并缺乏流动性。这种单一而缺乏流动性的产权结构产生的影响是：由于完全由国有经济垄断整个行业，即单一所有者——国家控制一个行业的所有企业甚至是一个行业中只有一个企业。而严格的监管又导致没有新的进入者可以进入到行业中来，使得行业中的产权结构不会发生

---

❶ James Foreman-Peck, Robert Millward. Public and Private Ownership of British Industry 1820-1990. Oxford University Press, 1994：280.

变化，不存在产权流动的可能，不存在竞争。这样，产生了诸多的问题：政企不分，政府对企业的任意干预甚至是政府的直接管理，把企业当成其达到政治目标的手段和工具；企业中官僚主义盛行，企业管理者更追求企业经济目标以外的政治目标，缺乏责任心；无竞争压力状态下企业的低效率、无创新以及组织机构的僵化。

（三）再次引入竞争阶段

再次引入竞争的背景是 20 世纪 70 年代的两次石油危机，很多国家的经济陷入了滞涨的泥潭。1976 年国际货币基金组织强化了紧缩预算控制和贷款目标，一系列宏观经济情况使政府财政无法满足庞大的国有产业的需要，高失业率和高通货膨胀率打破了人们对传统凯恩斯主义的信仰。此时各国政府已没有足够的财力满足不断增长的投资需求，致使 20 世纪 70 年代对自然垄断行业的投资规模呈明显下降趋势。同样以英国为例，自 1979 年撒切尔政府上台后，英国就积极推行私有化，他们认为在市场经济中，政府干预的经济合理性是建立在效率标准上的。政府干预的必要性在于它能否补偿市场失灵所造成的效率损失，效率与平等之间的替代关系意味着公共部门的增长是以牺牲经济增长为代价的。私有化被认为是减少国家干预的最直接的办法，同时要使企业适应市场规律，增强竞争，也必须减少国家干预。这样英国开始了私有化改革。

私有化改革使英国燃气行业的产权结构发生了深刻的变化。从行业角度看，非国有经济主体进入了燃气行业；从企业角度看，非国有经济主体可以持有国有资产，实现了行业和企业的产权多元化，消除了产权的单一性缺陷，打破了国有经济一统天下的局面，也使产权具有了流动性。这就消除了由于产权单一和缺乏流动性所造成的问题。从英国的实践结果来看，私有化改革促进了社会资金向燃气行业的流入，从而支持了燃气基础设施建设所需有的资金，减轻了政府的财政负担，另外，通过出售国有资产也增加了财政收入。私有化的过程打破了国有垄断的局面，在燃气行业中引进竞争，使市场机制逐渐取代了政府管理。在私有化改革过程中，一方面，使企业重获生机，另一方面，通过推广私有产权，使私有化的企业职工成为股票拥有者，进而实现了"大众资本主义"的目标。

英国的自然垄断产业改革，包括其国有化与私有化的过程，对世界其他国家都产生了影响，促进了西欧、日本等国的私有化改革，在 20 世纪 80 年代形成了一个私有化浪潮。

在这里需要指出的是，不能把私有化单纯的解释为将国有资产出让给私人。从产权的角度上看，它是在行业中引入非国有产权和在企业中引入非国有产权两个方面的改革，所以私有化既包括转让国有资产，这也是私有化改革的最初的措施；同时，私有化改革还包括向社会公众发行股票，放松管制，引入非国有资本的进入，通过特许投标、签订合同等形式鼓励私人企业提供公共服务等措施。所以私有化改革是一个在产权上的广义范畴。有人就认为，各种经营活动由原来的公共部门转移到私人部门都属于私有化❶。有的人把运用竞争机制，以提高公共部门绩效的任何活动都称为私有化❷。

二、美国产权改革特点

美国并没有像英国一样实行大规模的国有化，而是走了另外一条道路，即"私人所有＋政府规制"的模式，所以美国自然也就没有像英国那样进行又一次由国有向私人产权的改革。

与英国的私有化改革相对应的美国的产权改革是通过减少政府对企业的管制而实现的。放松管制包括允许新的企业进入，这就增加了原本缺乏潜在进入者、缺乏潜在替代威胁（如接管、并购等）的垄断行业的产权流动性，因为新进入者与潜在进入者均构成了对现有在位企业的产权威胁。另外，从美国垄断行业改革经验来看，当以前的一个企业控制一个行业的局面被打破，所有企业都面临着更大的现实竞争与潜在竞争。另外值得一提的是，美国拥有发达的股票市场，这为企业股权的进一步分散提供了条件。可见，美国的产权改革主要着眼于增强行业内企业产权的分散性以及流动性，从而使得这些行业的效率得以提高。

虽然英国是从产权上入手而美国是在政府规制上做文章，但他们的共同点出发点是政府要对行业进行适当地控制，所以他们的改革路径虽然不同，但目标具有一致性。由于行业进入监管的严格控制使得美国的燃气行业产权的流动性也受到过极大的制约，也产生了由于缺乏产权流动性而导致的一系列问题，后来美国的放松监管的改革也是在这些问题的基础上提出的。

第三节　燃气行业产权模式改革经验

一、产权改革模式的关键是改变产权的单一性，使其具有流动性

不论是从以英国为代表的私有化改革，还是从以美国为代表的放松规制改革来看，其改革的关键都是使原来体制下单一且缺乏流动性的产权模式发生变化，重塑多元的、具有流动性的产权模式。未改革以前，英国面对的是单一的、缺乏流动性的国有产权。其原因是国有化程度过深、国有资本在行业中的比重过高。而美国面对的是单一的、缺乏流动性的私有产权。其原因是政府对企业的规制过严导致资本无法进入，造成在位资本的垄断程度很高、产权单一而缺乏流动性。所以，虽然两个国家改革的起点不同，所选择的改革路径也不同，但是他们所要解决的关键问题

---

❶ Richard Hemming，Ali M Mansoor. Privatization and Public Enterprises. International Monetary Fund，1988：6.

❷ Simon Domberger，John Piggott. Privatization Policies and Public Enterprise；A Survery. //Matthew Bishop，John Kay，Colin Mayer. Privatization&Economic Performance，Oxford University Press，1994：32.

是相同的。这也是中国燃气行业面对的关键问题和改革的关键着眼点。

二、要建立起国有资本退出和非国有资本进入的有效渠道

从英国的产权改革的形式中，出售国有资产是主要形式之一。其主要方式是通过向社会公众发行股票来出售国有资产，实现国有资产从公共部门向私人部门的转移，给国有资本退出开辟了通道。另外通过放松政府管制，打破国家对产业垄断的格局，取消新企业进入产业的行政法规壁垒和通过特许投标、合同承包、鼓励私人部门提供可市场化的产品或服务等方式达到了非国有资本进入的目的。国有资本退出和非国有资本进入两股力量的共同作用使英国实现了比较全面立体的私有化。国有资本退出和非国有资本进入是产权改革的两条渠道，任何一条渠道的堵塞都会严重影响产权改革的成败。

三、要在企业和行业两个层面上建立产权的多元化

不论是从国际上还是从我国的产权改革的发展过程和趋势上来看，产权的多元化发展都是在企业和行业两个层面上铺开的。目前，西方发达国家的产权特征表现为"私人所有＋股权分散"的多元化产权。从企业层面上看，企业股权较为分散，国有股比重较小甚至完全退出，政府对垄断企业的直接干预较少。从行业层面上看，由于行业是企业的集合，所以企业的产权多元化在一定程度上促成了行业的产权多元化，同时由于放松进入管制，允许民间和国外资本的进入使得行业内产权同样呈现出了产权的多元化特征。从英国十多年来的私有化实践看，英国私有化政策采取了三种主要形式：一是出售国有资产，主要形式是向社会公众发行股票以出售国有资产，实现国有资产从公共部门向私人部门的转移；二是放松政府管制，打破国家对产业垄断的格局，取消新企业进入产业的行政法规壁垒，这既可以在出售国有资产的情况下实现，也可以在不出售国有资产的情况下实现；三是通过特许投标、合同承包、鼓励私人部门提供可市场化的产品或服务，它不涉及资产所有权的转移。这三种形式既包括了企业层面的产权多元化实现形式，也包括了行业层面产权多元化实现形式。

四、产权改革要立法先行，用法律法规为改革保驾护航

如前所述，英国燃气行业产权改革是以立法为先行，对改革的相关问题事先以法律的形式作出规定。如在北海油气勘探之前，为确立公平竞争的环境制定以吸引国际性投资而在1964年出台的《大陆架法》，以及在1965年油气田开发之前设立的为确立国家对天然气的生产和分配控制原则的《天然气法》。1986年颁布的《煤气法》废除了英国煤气公司的独家垄断经营权并进行民营化。这些都为改革设定了原则，预先制定的法律法规，使改革过程有章可循、有法可依。避免了一些政府行为对改革的影响，减少了企业的寻租行为，减少了改革的阻力，降

低了改革成本。

第四节 中国燃气行业产权模式改革的历史进程及现状

一、中国燃气行业产权模式改革的历史进程

与英国等发达国家的情况不同，我国燃气行业在建国前很不发达，完全构不成规模。而在建国以后行业发展一度缓慢，改革开放之前，一定程度而言企业就是政府的一个机构，这一时期是政企高度合一的年代。改革开放以后，燃气行业虽然有了发展，但直到20世纪90年代，我国才对燃气行业开始进行改革。所以，可以说我国燃气行业没有经历过英国等发达国家的第一个发展阶段——私有化产权阶段，而是直接从国有化阶段开始的，即20世纪90年代以前是国有化阶段，20世纪90年代以后是燃气行业改革阶段，到现在仍在继续。

1998年，政府出台了鼓励民营企业进军基础建设的政策，也正是从这以后，政府开始逐步放开了非国有资本进入燃气行业的大门，中国燃气行业的产权改革拉开了序幕。2001年底国家计委发出《关于印发促进和引导民间投资的若干意见的通知》，指出要鼓励和引导民间投资以独资、合作、联营、参股、特许经营等方式，参与经营性的基础设施和公益事业项目建设。这样，地方政府普遍采取招商引资的办法，民营企业以合股、独资、买断等不同投资方式参与燃气供应设施建设与经营。不仅出现了民营独资企业投资于区域燃气行业，也出现了民营企业与国有企业共同投资建设的情况，从行业和企业两个层面在产权改革上取得了进步。2002年3月4日公布的新《外商投资产业指导目录》中，原禁止外商投资的电信和燃气、热力、供排水等城市管网首次被列为对外开放领域，这样又为外资敞开了投资中国燃气行业的大门，于是外商纷纷开始开拓中国的市场，采取合资合作等办法与国内燃气生产、销售、储运企业联合，或采取并购的形式获得中国燃气市场。

在企业层面上以深圳市燃气行业为例，2002年5月，深圳市的中国第一次国企国际招标引起了广泛的关注，并对中国燃气行业的产权模式改革产生了重要的影响。深圳燃气集团通过国际招标招募的形式，引进了中国香港中华煤气和四川新希望集团有限公司两个战略投资者，两个公司分别持有深圳燃气集团30%和10%的股权，实现了国有控股下的产权多元化。这样，深圳燃气集团在企业层面上实现了中国燃气行业产权模式改革方式上的一个尝试，中国燃气企业在股权转让方式上取得了重大突破。

在行业层面上，城市燃气方面更是形成了"群雄逐鹿"的场面，国营、外资、民营企业纷纷"跑马圈地"抢占各地市场，很多地方已经形成了民营和外资经营的格局。作为民营企业的新奥燃气在2002年后相继取得石家庄、长沙、东莞、烟台、洛阳等大型城市燃气项目，至2009年底，新奥燃气拥有全国14个省、市、自治区

的 79 个城市燃气项目，敷设管道 14000 多公里；港华燃气作为中国香港中华煤气在中国内地业务的主要平台，业务遍布 19 个省、直辖市及自治区，共包括城市管道燃气项目、上和中游项目、自来水供应与污水处理、天然气加气站及新兴环保能源等 100 多个项目。

2010 年 5 月 13 日，国务院发布《关于鼓励和引导民间投资健康发展的若干意见》，鼓励民间资本参与石油天然气建设。支持民间资本进入油气勘探开发领域，与国有石油企业合作开展油气勘探开发；支持民间资本参股建设原油、天然气、成品油的储运和管道输送设施及网络。这一政策表明，在上游民间资本的进入有望实现，中游的多元产权合作也有望继续发展。

至本书截稿，中国燃气行业的产权模式改革在下游领域已经进入了产权多元化发展的市场化阶段，上游和中游改革也进入启动阶段。

二、中国燃气行业产权现状

（一）下游行业层面基本实现产权多元化

从下游的城市燃气行业的产权改革现状来看，基本上实现了产权多元化格局。从数量上来看，国有企业、外商和港澳台投资企业以及其他所有制企业占城市燃气行业的主要部分。因为内地几大燃气运营商新奥燃气、中国燃气等都是香港上市公司，所以外商和港澳台投资企业占据的比重较大。从资产方面来看，国有企业占有了行业全部资产的 42.37%，外商和港澳台投资企业占 31.08%。图 6-1 和表 6-1 描述了这一情况。

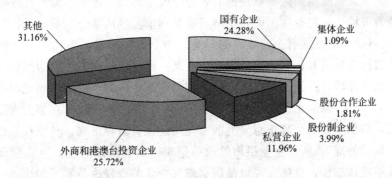

图 6-1　2007 年 1～11 月燃气生产和供应行业不同所有制企业数量比重
资料来源：2008 年城市燃气行业风险分析报告（北京世经未来投资咨询有限公司）76 页。

中国燃气行业下游的产权状况具有地方性质，由于各个地区的外资和民营资本的介入程度不同导致有些地方仍然是国有企业垄断经营本地区燃气行业。有些地区实现了国有独资向国有控股的转变，而有些地区已经形成民营资本和外资经营的格局。从整体上看，下游城市燃气行业产权多元化的局面已经形成，但由于我国的燃气行业改革的整体进程还没有推进到在一个区域中能够实现竞争的程度，所以其下

表 6-1 2007 年 1～11 月燃气生产和供应行业不同所有制企业资产情况

所 有 制	资产总计(亿元)	同比增长(%)	比重(%)
全国	1594.35	13.82	100.00
国有企业	675.54	0.15	42.37
集体企业	4.01	35.79	0.25
股份合作企业	4.37	11.74	0.27
股份制企业	50.87	24.77	3.19
私营企业	30.39	29.49	1.91
外商和港澳台投资企业	495.51	32.14	31.08
其他	333.65	19.13	20.93

资料来源：2008 年城市燃气行业风险分析报告（北京世经未来投资咨询有限公司）76 页。

游产业的区域垄断性还要持续一段时间，而国有独资企业在这些区域的经营就意味着这个区域燃气行业的产权改革基本没有实现。

（二）缺乏企业层面上的产权改革

中国燃气行业的产权改革从行业层面上来看，改革效果已经显现。民营、外资企业的进入让燃气行业的行业层面产权多元化发展趋势日益明显，民营和外资企业正在迅速开拓市场，在燃气行业的下游领域已经形成了行业产权多元化的局面。但值得注意的是，就企业层面而言，国有独资企业数量依然过多，国有股比重过大、国有股一股独大现象十分突出，进而政府干预也不可能变少，这显然是一种不协调的改革。改革最初的动因之一就是国有企业低效率问题。行业层面产权改革的目的之一也是为市场从一定程度上引入竞争（这种竞争力度从某个区域上说依然十分有限），期望以此来刺激国有企业效率的提高。举个例子来说：为什么把动物园里饲养的动物放回大自然并让它成功地独立生存是一件很困难的事？因为饲养动物和野生动物的成长环境、行为习惯、适应能力等都是不一样的，所以"放虎归山"之前必须要把它变成一只真正意义上的虎。我国燃气行业的产权改革在努力营造一个野生的环境，但是企业层面真正意义上的"虎"还没有培养出来，甚至在其产权模式上还是"饲养的虎"。所以企业层面的改革呈现出明显的滞后性，企业层面的产权多元化改革应该加快，具体来说就是国有燃气企业的产权改革需要加快。

（三）产权改革在上游、中游进展缓慢

虽然 2010 年 5 月发布的《关于鼓励和引导民间投资健康发展的若干意见》有利于上游和中游天然气产权的多元化发展，而此前的中游领域一系列的国有企业与非国有企业的合作也使中游产权多元化有了发展，但至本书截稿之时天然气行业的上游和中游领域还处于几家国有企业垄断的局面。由于之前我国天然气属于国家严格管控的能源物资，颁布的一系列法律法规保障旨在保证国家对天然气的开采控制，所以探矿权和采矿权都归中石油、中石化和中海油所有，其他企业仅占极少一

部分的探矿和采矿权。中国燃气集团通过收购重庆鼎发股权成为国内唯一进入天然气上游勘采领域的燃气分销商。可以说，改革还没有实质性地触动上游领域。中游领域中，国内天然气主要干线管道都被中石油、中石化控制，两大集团拥有的油气线长度占全国管线长度的 80% 以上，所以中游的产权改革也没有实质性地进展。我国燃气行业的产权改革目前仅是在下游城市燃气领域铺开，上游、中游进展缓慢，且尚存在许多问题。

第五节　中国燃气行业现有产权模式带来的问题

一、国有企业单一产权带来的问题

下游燃气行业中多数城市燃气行业产权形式依然相对单一，这里单一产权既包括国有独资，也包括国有股比例过高的国有控股。而上游和中游则还是由几个国有企业把持着。单一性的国有产权产生的问题包括以下几个方面。

（一）资金来源与需求的矛盾

单一的国有资本的投资渠道导致政府对日益增长的基础设施建设投入力不从心，无法满足增长的投资需求。如果不引进外来资本就会阻碍燃气行业的发展，影响人民生活和工业生产。作为基础能源产业的燃气行业，其发展更会直接影响整个社会经济的发展。

（二）单一的国有产权导致公司治理和公司绩效等一系列问题

目前，普遍存在国有股"一股独大"的现象，"一股独大——股独霸——股独差"已经形成了一个恶性传导。从产权决定治理，治理影响绩效的逻辑来看，要从产权入手，解决单一国有产权问题，建立起多元化的产权结构进而建立健全完善的治理结构，然后才能实现良好的公司绩效。

（三）单一的国有产权导致公司目标的偏离

国有公司目标偏离问题产生的原因是多方面的，但究其根源是产权问题。公司是以盈利为目的的组织，这是公司区别于其他形式组织的关键，然而国有独资公司却偏离了这一目标。第一，国有产权势必会导致政府干预。政府的目标是社会政治目标，而公司的目标是经济目标，并且这两种目标的方向经常不一致，有时甚至还会发生冲突。所以，国有公司不会像真正意义上的公司那样以追求利润最大化为目标，就像是二力合力一样，其企业目标是经济目标与政治目标的"合目标"，进而导致了国有企业目标偏离于经济目标（图 6-2）。第二，由于国有企业的经营者很多情况下是由政府任命的，而"谁任命就对谁负责"的心态使得这些国有企业的经营者服从于政府的指挥，并且他们的升迁也存在着两套标准——企业经营者和官员，这就造成了经营者的双重目标。一个是追求企业经济效益的经济目标，另一个是追求社会责任的社会目标。而且往往政府的意志使他们更看重后者，这就使得企业领导者的目标产生偏离，进而使企业行为产生了偏离。通过产权多元化可以逐渐减少政府对公司的影响，进而将公司目标拉回到正常的经济目标上来。

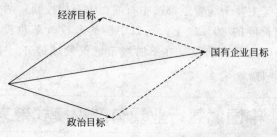

图 6-2　经济目标、政治目标与国有企业目标关系图

单一的产权结构使得企业缺乏创新的活力和主动性，城市市政公用行业还没有完全摆脱旧的计划经济体制的影响，政府的管理体制这种单一的股权性质必然导致政企复杂关系，政企不分的现象很难避免。

二、产权缺乏流动性带来的问题

从理论上讲，产权对企业的重要影响还在于产权的流动性可以改变企业的行为，对经营者起到督促和激励的作用。一方面，市场竞争是解决低效率问题的关键，产权缺乏流动性就无法创造竞争的环境。由于严格的进入管制等方面的原因使外来资本无法进入，行业中原有企业始终处于垄断地位，没有竞争者，甚至没有潜在的竞争者，竞争环境根本无法建立起来。另一方面，产权缺乏流动性会使国有资本退出通道受阻。如果可以通过向社会公众发行股票以出售国有资产等方式来疏通渠道，就可以实现国有资产从公共部门向私人部门的转移，从而实现国有资本退出和产权多元化的目的。

三、上游和中游改革的滞后

天然气行业的上游和中游领域还是由几家国有大型企业垄断，不管是从行业层面还是从企业层面都没有实现产权改革。也就是说，我国燃气行业产权模式改革出现了不均衡的格局。那么由于垄断而产生的各种问题都会在上游和中游企业出现。没有竞争环境，企业效率低下，上游的垄断还会直接影响到天然气的价格。同时，由于燃气行业改革的系统性，上游和中游产权改革（尤其是上游改革）的滞后还会影响到包括治理、运营、竞争、价格、治理其他各方面的改革，进而影响整个行业改革的进程。而《关于鼓励和引导民间投资健康发展的若干意见》（2010 年 5 月）对于上、中游的产权改革虽说是一个推动，但一方面其推广和显效需要多方面的支撑政策和配套措施，而这些配套的法律法规和政策措施都还没有出台；另一方面上、中游高投资的资本进入门槛等客观事实也会成为制约改革发展的影响因素。

第六节 中国燃气行业改革的产权模式选择

从以上分析过的发达国家产权改革可以看出，不管是私有化还是放松管制，其目的都是实现产权多元化。这一多元化既包括行业层面，也包括企业层面。英国模式的产权改革以后，国家股比例大幅度降低，私有产权显著提高，产权整体呈现出分散性。美国则为行业引进了更多的竞争者，它们即是多元化产权的所有者。我国燃气行业上、中、下游都存在着庞大的国有产权主体，产权结构从整体上看仍然是以国家所有为主，国有独资的产权结构严重制约了企业效率、影响了改革的进程。从行业层面看，下游已经引进了民营和国外资本，初步实现了下游行业层面的产权多元化，所以，现在改革的重点是实现燃气行业和企业两个层面的产权多元化，特别是上游和中游领域。

一、企业层面的产权模式改革

除了目前已经进入燃气行业的民营企业和外资企业，中国燃气行业现存的国有企业绝大部分是国有独资的产权结构，对这一部分国有独资公司的产权改革是企业层面产权改革的重点。构建母公司股权多元化的国有控股公司制度是我国燃气行业企业层面产权模式改革的合理选择。打破国有独资的产权结构模式，实现企业产权多元化是产权改革的最终目标。改革应遵循循序渐进，从国有独资到国有绝对控股再到国有相对控股的路径。

（1）中国改革开放以来所取得的巨大成就表明，渐进式改革是符合我国国情和经济发展规律的改革方式。燃气行业产权改革在我国的起点是国家拥有绝大多数企业的全部股权，而燃气行业本身就是一个高固定资本投入的行业，这就使国有资产在行业中不但占的比例高，而且基数大。所以，没有一个渐进的过程显然不能实现向多元化产权的平稳过渡。燃气行业改革应该走一条渐进式改革的道路，使国有股比重逐步缩小，从国有独资到国有绝对控股再到国有相对控股一步一步逐渐减少国有股比例，使产权逐渐朝着多元化的方向发展。

（2）从表 6-2 中可以看出，在国有企业、国有独资公司和国有控股公司这三种国有经济形式中，虽然三类企业在周转率指标和偿债类指标比较接近，但在效率类指标和利润类指标中，国有控股公司明显好于国有企业和国有独资公司。而从总体而言，在国有企业、国有独资、国有绝对控股、国有相对控股四种国有企业产权形式中，国有相对控股公司的几乎所有绩效指标都是最好的，国有绝对控股公司次之，国有独资公司和国有企业最差❶。所以，我们应把国有相对控股作为产权改革的目标。

---

❶ 戚聿东，柳学信. 深化垄断行业改革的模式与路径：整体渐进改革观. 中国工业经济，2008，(6).

表 6-2　国有企业、国有独资公司及国有控股公司财务绩效比较

财务指标	国有企业		国有独资公司		国有控股公司	
	2005 年	2006 年	2005 年	2006 年	2005 年	2006 年
全员劳动生产率(万元/人)	11.99	14.65	11.54	14.16	14.50	18.06
人均销售收入(万元/人)	35.80	44.45	34.33	41.67	45.64	56.21
工业增加值率(%)	34.44	33.72	35.45	36.05	32.45	32.95
流动资产周转率(次/年)	2.01	2.22	1.73	1.81	2.10	2.28
存货周转率(次/年)	5.91	6.35	5.34	5.77	5.85	6.41
总资产周转率(次/年)	0.62	0.64	0.62	0.62	0.73	0.75
资产负债率(%)	55.26	54.55	59.38	57.70	56.66	56.24
已获利息倍数	5.30	5.37	4.80	6.00	6.32	6.95
流动比率	0.90	0.89	0.93	0.91	0.95	0.94
速动比率	0.65	0.64	0.70	0.69	0.68	0.68
净资产收益率(%)	9.00	6.73	10.27	8.81	12.88	11.91
总资产贡献率(%)	10.86	11.32	9.66	10.54	11.87	12.92
成本费用利润率(%)	7.23	7.09	7.20	8.89	8.44	9.35

通过国有控股公司来经营国有资本，从其他发达国家的做法中来看也是一个好的经验。新加坡淡马锡控股公司是新加坡最大的国有控股公司，是国有企业改革的一个典范。淡马锡成立于 1974 年，为新加坡财政部的全资子公司，直接向财政部负责，其下属 40 多家子公司又分别通过投资建立了各自的子公司、孙公司等几百家。淡马锡在投资决策、资金使用等方面享有完全的自主权，但要承担国有资产保值增值的责任，它对子公司的管理和控制是基于产权关系做出的。"完全的自主权"是淡马锡成功的关键，采用控股公司这一经济形式的目的就是以产权的多元化来减少政府干预，这是国有资产管理的一个有效手段。我国燃气行业国有企业产权改革也应以国有相对控股模式为改革的目标。

（3）为达到改革目标，要建立起国有资本逐步退出的渠道和机制。应鼓励国有独资和国有股比例大的燃气企业将部分股份出售给民间资本或国际资本，减少国有股份的比例和数量，进而实现企业层面的产权多元化，减少政府干预，构建起科学的治理结构，实现企业健康、可持续的发展，使企业成为健康的、能够适应竞争环境的市场主体。但要注意的是在实现国有资本退出时要采取措施以防范国有资产流失现象的发生。为此，要建立科学的退出机制和渠道，建立规范、有效的产权交易场所。国有产权交易主要有场外协议转让和场内公开交易两种形式。前者因为交易对象选择缺乏广泛性，交易过程不透明、不规范，许多企业管理者利用职权在企业改制过程中暗箱操作，导致国有资产流失和其他腐败问题。采取场内方式进行公开交易，不仅可以给买卖双方提供一个公开处置的市场和渠道，而且能够充分发挥发

现交易对象和价格的作用，有利于国有资产的保值增值。2003 年国务院国资委成立以后，明确规定所有企业国有产权转让均应进入国资监管部门指定的产权交易场所中进行。但相关运作细节、机制建设以及关于产权交易场所建设的各项工作还需要进一步完善❶。

（4）减少政府干预需要培养机构投资者。即使达到了相对控股也未必能实现公司控制力量的制衡，因为股权的分散性使小股东没有动力或能力参与公司治理，使国有股虽然相对缩小了，但其控制权却没有受到实质上的制衡，仍是一股独大的延续，违背了产权改革的目的。机构投资者因为其投资规模相对较大，所以他有动力介入到公司治理中，同时他拥有相对专业的知识和能力参与到公司治理中，这样，在一定程度上可以形成对国有股的制衡。

二、行业层面的产权模式改革选择

在行业层面上要继续推进产权多样化，继续引进民营和国外资本，形成多元化的行业产权结构。在这一点上，我们已经取得了一定的成果，在燃气行业的下游领域初步形成了一定的行业产权多元化格局和竞争局面，但中游和上游的开放程度仍有待加强。随着燃气行业系统改革的不断深化，上游勘探开采准入要逐步放开，允许民营和外资进入，中游长输网管建设也要适度引进非国有资本的参与。对于行业层面的产权改革，国家相关政策的出台尤为重要。不论是 2001 年《关于印发促进和引导民间投资的若干意见的通知》和 2002 年新《外商投资产业指导目录》，还是 2010 年发布的《关于鼓励和引导民间投资健康发展的若干意见》都是放松行业准入的标致，是非国有资本进入燃气行业的先决条件。所以行业产权改革还要以政策推进为主线，并且相关法律法规要配套进行。

（一）上游实现多元化产权竞争格局

根据国际经验，天然气行业的上游勘探开采领域是一个竞争性环节，改革后基本上都实现了竞争性的市场结构，政府发放许可证以保证企业的资质达到要求。中国目前天然气上游产权情况已经成为天然气行业改革的一个重要制约因素，它不但影响了国内天然气产量还影响到天然气价格机制的形成，同时产权问题所伴生的诸如治理、运营、监管等问题都无一例外的存在。上游急需引入包括民营、外资在内的其他产权，这一点在 2010 年新颁布的《关于鼓励和引导民间投资健康发展的若干意见》中有所体现。接下来就是要将放松准入的相关政策细化落实，对进入企业严格把关，制定相关法律法规，预防和杜绝违法违规操作和其他对改革和国家利益、社会利益不利的行为。同时，从"十二五"规划等国家发展和国家能源战略的实现以及这一环节改革的广泛影响性角度考虑，上游产权改革要适度加快。

---

❶ 周叔莲，刘戒骄．尚未完成的国有企业改革．理论前沿，2008，（18）．

（二）中游实现投资主体多元化格局

中游是一个具有自然垄断性的环节，由国有企业实现对这一环节的控制就目前中国经济发展现状来看具有一定的合理性。但一方面管网建设需要巨大的资金投入，另一方面中国未来的天然气行业将进入加速发展时期，中游的建设资金需求会呈现高速增长，政府财政很难承担起这么庞大的投资需求。引进非国有资本一方面可以解决资金问题，另一方面可以帮助国有企业自身的成长。国有控股模式是中游改革前进的方向，它既实现了国有产权的控制地位，同时也实现了资金引进和国企自身改革的目的。

（三）下游继续深化改革

燃气行业改革最先涉及的就是下游领域，改革效果已经显现，行业层面的产权多元化格局已经形成，对于这一领域的改革应该在现有的基础上不断深化，保持政策的一贯性。同时下游改革中也在不断暴露出各种各样的问题，应及时分析改革过程中发生的问题，采取措施加以弥补，并将经验教训以会议等形式加以研究和总结，以政策文件的形式发布，以免类似问题在其他地区再次发生，并且下游改革的经验也可对即将开展的上、中游改革提供宝贵的经验。

（四）辅助法律法规建设必须跟进

中国燃气行业改革的一个薄弱环节是相关法律法规的制定。国际经验一次又一次地向我们展示了法律建设对改革成功实现的必要性，可以说改革的过程就是一个法律制定和出台以及发挥作用的过程。改革的进程是在对相关法律法规的不断修改和完善中前进的，没有法律为改革保驾护航，改革就无法顺利实现，因为这期间有太多的利益分配和再分配问题。可是，中国燃气行业改革只是在相关的政策意见、通知的层面上进行，只是制定了笼统的方向，无法提高到法律的高度，约束力差，存在漏洞。所以，改革法律建设必须成为伴随改革始终的一个重点。

第七章
中国燃气行业改革的治理模式

温家宝总理指出："建立规范的公司法人治理结构是建立现代企业制度的核心。"对于燃气行业来说，改革的一个重要环节就是建立健全燃气企业的公司治理结构。本章将从理论和实践两方面对中国燃气行业改革的治理模式进行研究。

第一节　公司治理相关理论

公司治理问题是随着现代企业制度的形成而出现的。在现代企业产生之前，企业主要是业主制和合伙制，此时的企业所有权和经营权没有分离，业主或者合伙人他们自己拥有产权、自己经营企业、承担无限责任，也就不存在所谓的公司治理问题。但是随着企业规模的不断扩张和与之相伴的技术和管理的复杂化导致了所有权与控制权的分离，逐步形成了现代企业制度。现代企业制度建立的公司独立于出资者，是一个独立的法人主体，并且出资人承担的只是有限责任；其股权所有者不再是业主或者合伙人那样的一个或几个人，而是呈现出多元化的股权结构特点；公司股份可以自由转让；最重要的是公司的所有权与经营权已经分离。这样随着现代企业制度的形成，公司治理问题也就出现了。

一、两权分离——所有权与控制权的分离

现代企业的成长过程就是所有权与控制权分离的过程，对这一问题的研究始于1932年伯利（Berle）和米恩斯（Means）合著的《现代公司与私有财产》一书。他们发现大型公司的所有权具有显著的分散性，公司的实际控制权其实是掌握在经理人手中。对美国20世纪20~30年代大公司股东的研究显示：选取的1920年144家非金融公司共拥有股东5839116人，其中股东人数在5000人以下的仅有20个公司，三家最大公司的股东人数达到20万~50万人。美国最大的铁路公司——宾夕法尼亚铁路公司、最大的公用事业——美国电报电话公司（AT&T）和美国联邦钢铁公司的股东名册上显示，在1929年，这三家企业最大股东所持有的股票还不到已发行股票的1%，持股额分别为该公司全部股份的0.34%、0.7%和0.9%❶。"所有权与

---

❶ A. 伯利，C. 米恩斯. 现代公司与私有财产. 商务印书馆，2005.

控制权分离"的命题也就由此提出。Herman（1981）的实证研究表明：在 1975 年，世界最大的 200 家非金融性的公司中有 82.5%（资产价值占 84%）的公司处于"经营者"控制状态。这一实证结果支持了 Berle 和 Means 的所有权与控制权分离的论断。钱德勒（1977）在他的《看得见的手——美国企业的管理革命》一书中也指出：20 世纪 60 年代中期以后，股权分散的加剧和管理的专业化使得"两权分离"更加普遍。

造成两权分离的原因主要有：（1）资金需要。企业规模的不断扩张需要庞大的资金，这已不是一个人或几个合伙人所能承受的，于是从社会获取资金促使股份公司的出现，投资主体数量不断增加，股权不断分散。（2）管理专业化的需要。一方面企业规模不断扩大，另一方面企业面临的环境日益复杂，企业的所有者自己的知识和技能已经无法胜任管理企业的工作，于是具有专业知识和精湛技能的职业经理人应运而生。（3）降低成本的需要。对于日常管理决策如果要求股东直接参与的话，股权分散，股东分散，决策需要花费很高的成本，而且会产生搭便车的现象。

所有权和控制权的分离过程目前为止已经历了四个阶段。第一阶段是"多数股权控制"阶段。50% 以上的股权掌握在个人或一个集团手中，这个绝对控股股东控制着公司。第二阶段是"少数股权控制"阶段。随着所有权的日益分散化，50% 以下的股权仍然可以成为最大的股东，这就使少数股权的持有者可以通过与公司管理者保持密切联系或施加影响等方式控制公司。第三阶段是"经理人控制"阶段。当公司规模不断扩大，产权变得极为分散，没有任何个人或集团能够影响经理人对公司的控制权时，就形成了经理人对公司的实质上的控制，也就实现了所有权和控制权的分离。然而，最新的发展又呈现出了向多数股权控制回归的趋势，但又与第一阶段的多数控制权不同，我们称第四阶段为"机构投资者参与"阶段。机构投资者的兴起使企业的股票所有权已开始向股东的多数控制权回归，但投票权掌握在投资机构的受托人手中，这些受托人同样是投资股东委托的经理人，于是形势发展为控制权从公司经理人手中向机构股东委托的经理人手中转移。

所有权与控制权的分离就是企业股东委托经理人作为他们的代理人来行使对公司日常管理的权利，所以所有权与控制权的分离是现代公司制度中委托-代理关系形成的原因，两权分离的过程也是委托-代理关系形成的过程。

二、委托-代理理论

委托-代理问题是公司治理的核心问题，可以说公司治理问题是伴随着委托-代理问题的出现而产生的。公司股东作为委托人将公司的经营权委托给职业经理人，而职业经理人作为代理人代理股东经营管理公司业务，于是形成了股东与经理人之间的委托-代理关系。但是委托人与代理人相互之间的利益经常是不一致的，甚至是相互冲突的。由于公司的所有者和经营者之间存在委托-代理关系，两者之间的利益不一致而产生了代理成本，并可能最终导致公司经营成本增加的问题就是委托-代理问题。

委托-代理问题存在的条件包括：（1）利益不一致性。委托人与代理人的利益不一致，代理人追求自身利益的行为可能会损害公司的利益。（2）信息不对称性。委托人无法完全掌握代理人所拥有的全部信息而产生信息不对称，因此委托人必须花费监督成本，而且尽管如此，有时还是难以评价代理人的经营能力和努力程度。（3）不确定性。由于公司的业绩除了取决于代理人的经营能力及努力程度外，还受外界环境的影响，委托人不能仅仅根据公司业绩来评价经理人。

委托-代理理论的两个基本假设：一是委托人和代理人的目标函数不一致；二是由于成本过高或技术上不可行，委托人对代理人的行为无法完全观察和监督。

从信息非对称性角度看，代理问题主要表现为"逆向选择"与"道德风险"。前者是指由于代理人与委托人之间存在着信息不对称，在与委托人签订契约时，代理人就有可能根据私有信息向委托人提出有利于自己代理条件的行为；后者是指由于委托过程中存在着信息不对称，使得委托人无法控制代理人的不可观察的行为，因为无法验证这些行为的具体状态，所以在契约中无法规范这些行为。代理人（拥有信息一方）可能利用私人信息侵害委托人（不拥有信息一方）的利益，委托人需要设计一套监督和激励机制，来使具有信息优势的代理人积极工作。

作为委托人的股东怎样以最小的代价使作为代理人的经营者愿意为他的目标和利益而努力工作的问题，是委托-代理理论研究的核心问题❶。委托-代理理论应用在公司治理中，就是股东如何在信息不对称的情况下设计对经理的最优激励契约。

三、公司治理的内涵

公司治理（corporate governance）也被一些学者称为"公司治理结构"，这一概念由 Willamson 在 1975 年第一次提出，之后由于美、英等国掀起的敌意收购和公司兼并重组浪潮，管理学与经济学文献中开始出现"公司治理"这一概念，20 世纪 80 年代开始形成了相对完整的公司治理理论。但对于什么是公司治理不同学者有着不同的表述，学术界仍无定论。这里仅列举几个关于公司治理的定义。

奥利弗·哈特（1995）在《公司治理：一些理论和含义》一文中指出了公司治理问题产生的原因一是由于代理问题，或者说是利益冲突，包括该组织的各类成员（所有者，经理人，员工和顾客等）。二是由于交易成本致使代理问题无法通过一个完备契约得到解决。所以，公司治理就是要设计建立一套制衡制度，以规范现代公司的多级委托代理关系中代理人的行为，最大限度地抑制代理成本，促使代理人为

❶ 刘灿等．中国的经济改革与产权制度创新研究．成都：西南财经大学出版社，2007：119.

实现委托人利益最大化而努力。

在《OECD 公司治理原则》[1] 中，公司治理被定义为：公司治理是一种据以对工商业公司进行管理和控制的体系。公司治理结构规定了公司的各个参与者（董事会、经理层、股东和其他利害相关者等）的责任和权利，说明了决策应遵循的规则和程序。同时，它还提供了一种结构，用于设置公司目标，也提供了达到这些目标的监控运营的手段[2]。

一般而言，狭义的公司治理仅指公司内部的制衡机制，即公司内部治理；广义的公司治理既包括内部治理也包括外部治理。外部治理主要指市场、监管、法律以及政治等外部因素对公司行为的激励与约束。公司治理制度内容包括利益相关者的制度安排、决策（包括监督）机构及相应规则的安排、经营者和管理者的激励制度等。

四、公司治理的组织架构

不同国家和地区因其历史、经济、文化、法律等情况的不同，公司治理的组织架构也有所不同，但在典型的公司治理组织架构包括：（1）股东大会。股东是企业所有者，股东通过股东大会掌握企业的最终控制权。（2）董事会。董事会由股东大会选举产生，股东大会与董事会之间形成委托-代理关系，董事会是公司的决策机构，对企业发展战略、重大投资等进行决策，一般不负责公司日常管理，是确保股东利益的重要机构。（3）经理层。经理层由董事会授权，董事会与经理层之间也是一种委托-代理关系，组织实施董事会决策，负责日常生产经营，是一个执行机构。（4）监事会。监事会是监督机构，对董事会、经理层的经营行为和公司财务等进行监督，对出资人负责，保证企业资产不受侵犯。股东与董事、董事与经理人员两个层次上都有委托代理问题。传统的公司治理所要解决的就是委托-代理问题，通过建立一个相互制衡的组织架构来降低代理成本和代理风险，保护所有者利益。

第二节　公司治理原则

自英国公司治理委员会于 1992 年 12 月发布了《公司治理财务报告》以来，许多国家、国际组织、中介机构和行业协会也纷纷制定了公司治理原则。如英联邦公司治理协会（CAGG）1999 年 11 月出台的《英联邦最佳企业做法准则》，澳大利亚 1994 年制定的《AIMA 关于公司治理做法的建议的指导与说明》和《Bosch 报告》，加拿大 1994 年 12 月出台的多伦多证券交易委员会《Dey 报告》和 1999 年加

---

[1] OECD，即经济合作与发展组织。

[2] 译自 OECD Principles of Corporate Governance，资料来源：http://www.oecd.org/daf/governance/principles.htm.

拿大养老金投资协会（PIAC）的《公司治理标准》。欧洲还有《欧洲政策研究中心公司治理建议》、《欧洲股东协会 2000 年指导方针》、《EASDAQ 上市公司治理规定》，以及美国的《美国商业圆桌会议公司治理原则》、日本的《日本公司治理原则》、德国的《德国公司治理原则》、法国的《Vienot 报告》等。另外，由美国加州公职人员退休基金会（CalPERS）倡导并与 1995 年成立的世界范围机构投资者的非盈利性组织——国际公司治理网络于 1998 年 7 月拟定了全球公司治理原则草案，以及美国的教师保险及年金协会（TIAA-CRFF）作为机构投资者于 1997 年 10 月出台了《TIAA-CRFF 公司治理政策说明》，都说明了机构投资者对公司治理原则的日益重视❶。

在各组织、国家、机构出台的众多公司治理原则中，影响最大应属《OECD 公司治理原则》，它是由经济合作与发展组织（OECD）制定的，是第一个政府间为公司治理结构开发出的一套国际标准。OECD 的成员国❷几乎包括了所有的发达工业国家。这些国家中既有采用投资者主导型公司治理模式的美国和英国等国家，也有采用银行主导型模式的德国和日本等国家。《OECD 公司治理原则》考察了这两种最具代表性的公司治理模式的差异及其各自的优势和弊端，表达了其成员对公司治理原则的共识。所以《OECD 公司治理原则》成为被广泛认可和引用的原则。OECD 公司治理原则主要包括以下五个方面的内容。

（1）治理结构框架应保护股东权利；

（2）治理结构框架应确保所有股东，包括小股东和非国有股东受到平等待遇。如果他们的权利受到损害，他们有机会得到有效补偿；

（3）治理结构框架应当确认利害相关者的合法权利，并且鼓励公司和利害相关者在创造财富和工作机会以及为保持企业财务健全等方面而积极地进行合作；

（4）治理结构框架应当保证及时准确地披露与公司有关的任何重大问题，包括财务状况、经营状况、所有权状况和公司治理状况的信息；

（5）治理结构框架应确保董事会对公司的战略性指导和对管理人员的有效监督，并确保董事会对公司和股东负责。

为推动上市公司建立和完善现代企业制度，规范上市公司运作，促进我国证券市场健康发展，保护投资者权益，提高我国上市公司的质量，中国证券监督委员会、国家经贸委于 2002 年 1 月 7 日颁布了《上市公司治理准则》，此《上市公司治理准则》适用于中国境内的上市公司。准则主要从平等对待所有股东；保护股东合法权益；强化董事和监事责任；规范控股股东行为；规范经理人员行为；加强信息

---

❶ 中国公司治理网，http://www.cg.org.cn.

❷ OECD 的最初成员国是：奥地利、比利时、加拿大、丹麦、法国、德国、希腊、冰岛、爱尔兰、意大利、卢森堡、荷兰、挪威、葡萄牙、西班牙、瑞典、瑞士、土耳其、英国和美国。后来加入 OECD 的国家有：日本（1964 年），芬兰（1969 年），澳大利亚（1971 年），新西兰（1973 年），墨西哥（1994 年），捷克共和国（1995 年），匈牙利（1996 年），波兰（1996 年），韩国（1996 年），斯洛伐克共和国（2000 年）。

披露和透明度方面作了原则性规定。

第三节　发达国家公司治理模式

目前学者们对公司治理模式有不同的分类方法，但主导的分类是将治理模式分为以外部控制为主要特点的市场主导型治理结构（美国、英国）和以内部控制为主要特点的银行主导型治理结构（德国、日本）。

一、市场主导型治理模式

以美国和英国为代表的市场主导型治理结构的形成遵循这样一个逻辑：由于在美国和英国存在一个发达的股票市场，企业可以从股票市场上筹措资金，这使得企业的股权具有高度的分散性和流动性。从股权的分散性来看，这种股权的高度分散性一方面加剧了所有权与控制权的分离，另一方面由于成本太高使得更多的股东选择了搭便车的行为。所以股权分散大大削弱了股东对经理层的监控力度和意愿。从股权的流动性分析，高度的流动性使股东"用脚投票"成为可能。当股东对公司的经营业绩不满时，可以抛出持有的公司股票以保护自己的利益，股票被大量抛出时会出现股价大幅下跌，股东利益会遭到损失，使公司容易被其他企业并购，所以经理层和董事会也受到股东"用脚投票"的压力影响而努力服务于股东利益。美英这种市场主导型治理模式又被称为外部治理模式。这种公司治理模式的特点可以表现在以下几个方面：由于股权高度的分散性使股东数量众多而股东相对拥有股份较少，公司治理结构中没有股东大会作为公司的常设机构，股东大会将决策权委托给部分大股东。董事会中的董事包括内部董事和外部董事。外部董事权力较大，在必要时可对公司的人事安排做出重大调整，起到一定的作用，各个委员会协助董事会决策。董事会将部分经营管理权力转交给首席执行官（CEO）代为执行，CEO在公司政治序列中地位最高。英美公司治理模中没有监事会，公司聘请专门的审计事务所负责公司的年度审计报告，董事会内部的审计委员会只起协助监督作用。对经理层一般用股票期权等物质手段来进行激励。此模式在信息披露及公司透明度、保护个体投资者的权益等方面做得比较好，但不容易保持长期稳定的合作关系。

二、银行主导型治理模式

股权集中且稳定的是以德国和日本为代表的银行主导型治理模式。德日等国不存在美英那样发达的股票市场，企业无法从股票市场上筹措足够的资金，公司最重要的资金来源是银行贷款，股权相对集中。如果说美英等国的公司主要依靠市场提供的资金得以发展从而形成市场主导型的公司治理模式的话，那么按这样的逻辑，德日等国的公司则主要靠银行的支持发展从而形成银行主导型治理模式。一方面银行拥有企业较大的股份造成股权的集中从而导致控制力的集中；另一反面，由于股权的稳定性使股东有动力和能力去参与到公司的经营决策中，可以集中公司主要股权对经理层的经营管理实施影响。德日两国的银行处于公司治理的核心地位，这种银行主导型治理模式又被称为内部治理模式。其特点表现在：商业银行是公司的主要股东，法人相互持股是其公司股权结构的基本特征。公司中设相互分离的监事会和理事会，监事会中股东代表与雇员代表各占一半，负责监督高层决策。另外，监事会的内部控制给经理层带来压力，也保证了监事会的强约束性。公司对经理人员的激励主要通过声誉和经济的双重作用来实现。

值得注意的是，近些年来机构投资者的兴起使美英等国的市场主导型治理模式发生了变化，各种机构投资者（包括各种退休金、互助基金、保险基金等）持有的资产占企业资产总额的比例不断提高，而由于机构投资者经常是作为战略投资者对公司进行长期投资，所以机构投资者很少"用脚投票"，这样就使得以前具有高度分散性和流动性的股权变得相对集中和稳定了。这种股权结构的变化带来了公司治理结构的变化，机构投资者有动力和能力介入到公司治理中来。

第四节　中国燃气行业公司治理现状分析

中国没有像美英那样发达的股票市场，不能形成市场主导型治理模式；另外，中国的法律也规定银行与公司的治理要分离，同时银行自身也处于改革中，这样，中国也不可能有像德日那样的银行主导型治理模式。我国处于经济转轨阶段，燃气行业更是处于改革阶段，由于燃气行业区域特征及各地改革的推进程度不同，不同地区不同企业的公司治理模式存在着差异。从公司的所有权和控制权来进行分类，可以分为国家控制型（国有、国控）公司治理模式和非国家控制型（民营、外资）治理模式。

2007 年城市燃气行业数据显示，国有企业从数量上来看占下游城市燃气行业的 24.28％；从资产方面看，国有企业占有了行业全部资产的 42.37％；从亏损方面看，国有企业亏损面最大，接近一半，而且国有企业亏损额占总亏损额的比重高达 68.01％❶。显然在相同的行业背景和宏观环境中，国有企业的绩效远远落后于其他所有制的企业。按照产权——治理——绩效的传导链来分析，我们非常有必要对国家控制型产权以及国家控制型公司治理模式进行分析，找出原因和解决的办法。对于国家控制型产权的问题已经在第六章中分析过了，这里我们主要研究国家控制型公司治理模式的问题，中国燃气行业治理模式改革的主要对象也是国家控制型企业的公司治理。

---

❶ 数据来源：北京世经未来投资咨询有限公司．2008 年城市燃气行业风险分析报告．国家发展改革委中国经济导报社，第 76 页。

一、国有独资公司治理模式

燃气行业国有成分中很大比重是由国有独资公司构成的。国有独资公司治理结构的主要特点包括:(1)国有独资的单一产权结构;(2)不设股东会,由政府代行所有者权益,股东大会的职能由政府和董事会共同行使;(3)董事会、监事会成员由政府任命,经理层的人事安排也主要由政府完成;(4)董事会、经理层、党委会交叉任职,几乎是"三套班子,一套人马",监事会则在其领导之下。国有独资有限公司是在原国有企业的基础上改制而成的,其主要作用仅仅是将国有资本原本无限的责任变为有限,在公司治理方面仍存在着很多问题。

第一,《公司法》第六十六条规定:"由国家授权投资的机构或者国家授权的部门,授权公司董事会行使股东会的部分职权,决定公司的重大事项。但公司的合并、分立、解散、增减资本和发行公司债券,必须由国家授权投资的机构或者国家授权的部门决定。"也就是说,国有公司虽然有董事会行使为公司进行重大决策的职能,但是实质上公司仍然没有独立的市场竞争主体和法人主体地位[1]。

第二,选拔任用制度不合理。首先,董事长由党的组织部门或政府的人事部门直接任免或对其任免有决定性的影响力。这种选拔任用制度虽然没有违背公司制度,但却存在着严重的问题。目前并没有严格规定什么人有资格成为董事,所以上级政府主管部门的意志成为董事任免的标准,这样的选聘制度显然缺乏客观性。同样的,对经理层的选拔也是由政府控制。从委托代理关系的角度来看,经理层应由董事会委托成为其代理人,并对董事会负责。而如今经理同董事长一样由政府任命,形成了国有公司的委托代理关系的混乱,为经理层的内部人控制问题埋下了伏笔。更由于董事和经理层的"谁任命,对谁负责"的心态,这种选聘制度也导致了严重的政企不分。

第三,行政性委托代理关系和经济性委托代理关系的并存。行政性委托代理关系要求委托人以行政政绩来考核代理人,经济性委托代理关系要求委托人以经营绩效来考核代理人,这两种标准的指向显然不同,对代理人行为产生的影响也会不同。然而国有公司实际上就是处于这样一个矛盾中。一方面,国企经营者除了对国资委负责外,同时还要受很多政府部门的管理,国企经营者的任命权也掌握在国家机关手中,这样就难免形成对国企经营者考核标准的官员化,政府的意志影响着国企经营者的行为。另一方面,作为企业的负责人,要以经济效益作为企业追求的目标和评价其经营业绩的标准,也就必然会形成经济性的考核标准。两种考核标准的共同作用,两种委托代理关系的并存,显然要使经营者的经济行为受到影响。事实上,行政性委托代理关系形成了对经济性委托代理关系的弱化,导致了企业经营效率低下。

---

❶ 谢地,高光勇.城市公用事业运作方式转变与公司治理结构.城市燃气,2004,(4).350.

第四，我国传统国有企业的治理结构是实行党委领导下的厂长、经理负责制，另外还设有党委领导下的职工代表大会和工会作为民主监督与管理的机构。可以说"老三会"（党委会、职工代表大会、工会）在传统企业制度中起着至关重要的作用。而现代企业制度改革后，"老三会"与董事会、监事会的关系问题却成了一个难题。新老机构的重叠、矛盾重重，经营中容易相互掣肘，影响企业发展，同时也直接影响改革的进程。

第五，监事会的独立性问题。监事会应该是公司治理中的独立监督机构，监督董事和经理人员的行为，确保股东和员工等利益相关者的利益。然而，现实中国有企业的监事会经常由工会主席、财务负责人、职工代表组成，在行政关系上他们都是董事长或总经理的下属，让下属监督上级很明显是不可能达到监督效果的。

二、国有控股公司治理模式

国有控股公司是在公司化改革过程形成的由国家控股的多元投资主体的股份有限公司。其主要通过两种途径产生：一种是股本总额和向社会公开募集的股本额达到法定资本最低限额，股权结构分散，依法设立股份有限公司；另一种是通过引进外资或民间资本，通过合资合作的方式成立有限责任公司。

国有控股公司由于形成了多元的投资主体结构，所以与国有公司不同的是它设有股东大会。另外由于非国有投资主体的存在，政府对企业的直接影响也会相对有所收敛。国有控股公司相对于国有独资公司在治理上是一个进步，但仍然存在许多问题。

第一，国有股一股独大的问题。出于政策目标等因素的考虑，国有股仍保持着控股地位，占公司股份的大部分。在这种情况下，个人股东虽然人数众多，但股份太少，股权分散。同时机构股东很少，在我国的发展也相对不够成熟。这样，分散的小股东无法对独大的国有股形成有效地制衡，导致股东地位不平等或待遇不平等。实际上，由于交易成本较高，并且在股东大会上无法起到作用，个人股东基本上很少参加股东大会，甚至不去参加；机构投资者虽然有心参与公司治理，但苦于势单力薄，也无法起到实质性的作用。股东大会俨然处于了一种国有股把持的局面，这样的股东大会也就形同虚设。在这点上，国有控股公司与国有公司没有什么区别，没有与国有股抗衡的力量，公司显然还是处在政府的控制之下。

第二，多元投资主体的目标差异导致治理的混乱。即使在国有股一股独大的局面被打破的合资合作有限责任公司中，治理依然存在问题。燃气行业是公用事业行业的一部分，国有资本控制企业的首要目标是社会目标，其次才是经济目标，甚至为了社会目标可以牺牲经济目标。但是非国有资本的目的是要追求经济利益的最大化。这样国有投资主体的社会目标与非国有投资主体的经济目标就形成了矛盾，这种矛盾使合资合作公司的公司治理处于混乱的状态。

第五节 燃气企业完善公司治理案例分析

一、背景分析

郑州燃气是由郑州燃气集团有限公司与郑州启元投资咨询有限公司、河南拍卖行等其他四家企业法人在 2000 年底共同发起设立的，并于 2002 年 10 月在香港创业板成功上市，2003 年 10 月，郑州燃气又成为西气东输特大型工程中的第一家通气单位，这些成绩与其对公司治理改革的重视密不可分。

由于政府行政指令将郑州市天然气总公司和煤气公司合并而成郑州市燃气有限公司，即郑州燃气集团有限公司的前身。但在 2000 年以前，行政化使其公司治理呈现出以下弊端。（1）公司无决策权，政府对企业的影响是直接的控制。这种情况是政府对企业影响最强的，是最典型的政企不分。供气计划指标、员工人数等决策均是自上而下由政府直接下达给公司。（2）行政化治理取代了公司治理的作用。首先，领导由政府组织人事部门任命，这就直接影响了公司经营者的行为，使公司经营者们更趋向于行政性行为而非经济性行为，最终的结果是，由于企业领导的领导是政府，企业行为丧失独立性。（3）行政化的治理无法形成有效的制衡结构。公司治理的核心内容之一是制衡机制的建设，而行政化的治理的特点是自上而下的等级式管理，显然无法形成权利制衡。

总之，在 2000 年以前的郑州燃气集团有限公司治理有名无实，结构不合理，功能不健全。因为看到了这一点，郑州燃气在 2000 年成立伊始就把完善公司治理结构作为一个重点来进行改革，重建了一个科学的公司治理架构，实现了有效的制衡和约束机制，为公司此后的加速发展奠定了坚实的内部基础。

二、完善公司治理结构的实践

郑州燃气对公司治理结构的改革借鉴了 1999 年经济合作与发展组织（OECD）理事会的《OECD 公司的治理原则》（关于《OECD 公司的治理原则》的五方面内容详见本章第二部分公司治理原则中的相关阐述），同时结合了《公司法》的相关要求，在实践中不断摸索，从而形成了适合本公司和行业特点的有效的公司治理机制，主要体现在以下几个方面。

（一）产权多元化与国有资产的出资人到位

2000 年以前，郑州燃气行业为国有独资把持，其弊端已经显露无遗。2000 年郑州燃气实行了大刀阔斧的产权改革，除保证燃气城市管网由国家控股之外，将产权主体扩展到其他的国有、民营、外资股份，并吸纳了内部员工出资，进而实现了郑州燃气的产权多元化。郑州燃气集团公司既是公司控股股东，同时它也履行了国有资产出资人的角色，对郑州燃气派出董事、监事，从而行使了所有者职能并保证了国有资产的出资人到位。

（二）构建公司治理框架

郑州燃气搭建起了公司治理框架，包括股东大会、董事会、监事会和经理层。其中董事会下又分设了战略决策委员会、提名委员会、薪酬与考核委员会、审核委员会和技术创新委员会，分别承担战略管理、董事会组建、绩效评价和薪酬改革以及管理、财务审核控制和技术创新等决策咨询职能。同时公司也起草制定了《公司章程》和《公司法人治理纲要》，在更高层面上明确了权力机构、决策机构、监督机构和执行机构各自的职权范围。

（三）企业上市带动公司治理深化改革

2002年10月，郑州燃气在香港创业板上市，此举不仅使公司构建起了国际融资平台，另一方面也带动了郑州燃气公司治理改革的进一步深化，促使其治理更加规范。公司严格遵守香港联交所监管规定，并根据《公司法》、《证券法》、《上市公司治理准则》、《香港创业板上市规则》、《香港公司条例》及其他法律法规的相关内容和规定，制订和完善了《公司法人治理纲要》，积极建立公司治理制衡机制，正确处理股东大会与董事会、董事会与董事长、董事会与管理层、管理层与监事会的关系，强化监事会的监督职能，进一步深化了公司治理改革，规范了公司治理机制。

（四）建立独立董事制度

独立董事制度的建立和独立董事作用的发挥程度是衡量一个企业的公司治理结构完善程度的重要指标。郑州燃气制定的《独立董事工作制度》授予了独立董事在涉及公司股利分红、关联交易及对外投资收购等重大事项表决时拥有一票否决的权利，体现了对独立董事在公司治理中的重视程度。独立董事在董事会席位中占到了1/4。公司聘请了在法律、金融和财经管理方面具有丰富经验的专家学者，担任公司的独立董事，并分别出任审核委员会、薪酬与考核委员会的主席❶。

三、相关的启示

郑州燃气的公司治理改革实践为中国燃气行业的国有企业公司治理改革积累了十分宝贵的经验，我们可以从它的成功运作中得到重要启示。首先，公司治理是产权结构的延伸，国有独资的产权结构极易导致政企不分的结果。郑州燃气先从产权入手，在实现了产权多元化的同时，也为公司治理改革铺平了道路。第二，扎实推进、不断深化的渐进式改革是公司治理改革的一条有效的途径。科学高效的公司治理机制的建立不是一朝一夕的事情，更不可能一蹴而就。郑州燃气是在不断深化和完善中逐步将公司治理改革向前推进的，从最初的效仿到最后建成有自己特色的公

❶ 姜润宇. 城市燃气：欧盟的管理体制和中国的改革. 北京：中国市场出版社，2006：129-138.

司治理机制，郑州燃气在对公司治理的重视与不断改革中一点一滴的改出了今天的成绩。第三，上市是一个带动公司治理改革的很好的契机。企业要上市需要达到很多要求，其中表现在对企业公司治理结构完善性的高度重视。郑州燃气抓住了公司上市的这一契机，不是为了上市而做一个好看的架子，而是扎扎实实的根据《公司法》、《证券法》、《上市公司治理准则》、《香港创业板上市规则》、《香港公司条例》等相关法律法规的规定，积极完善治理结构。

第六节　中国燃气行业治理模式改革建议

一、改变政企不分现象

由于燃气行业的网络性和自然垄断性等技术经济特征以及作为能源和公用事业产业在国民经济和社会发展中的特殊意义，我国对燃气行业的国企改革目前不能采取与一般竞争性领域同样的国有资本完全退出的方式。国有经济在行业中保有一定的控制力是有理由的，但这也不能成为政企不分的借口。首先，国有控股、参股的方式相对于国有独资方式不但可以实现对国家控制力的保证，而且还可以在优化公司治理结构方面起到一定的作用。多方力量如果能够实现有效的制衡会给公司治理注入生机，避免政府的过度干预，从而实现建立政企分离的科学的企业制度。第二，政府应明确自己的职能和为实现职能可以运用的手段，从企业的具体事务中抽身出来。国家的政策目标不应该通过直接对企业的控制来实现，而应通过政府规制来实现，应该以规制方式、手段的创新为突破口，实现国家政策的有效贯彻执行。政府要在政策制定上、行业规制上下工夫，做好宏观的统筹规划和监管。

二、完善董事会建设

董事会是现代公司治理的中心，所以完善董事会建设是现阶段燃气行业国有企业公司治理改革的重中之重。首先，董事长的选拔标准急需改变，政企分开要求对企业高层的选拔决不能行政和经济两套标准同时使用。使企业成为真正独立的经济主体就要使企业的经营者成为真正意义上的"企业家"，要以经济标准为选拔标准方能实现企业经营者的经济人行为。第二，有关董事来源的问题，董事会可以扩展到高管、外部董事、债权董事等。基于国有企业内部人控制问题严重的现象的考虑，外部董事制度具有明显的优越性，内部董事倾向于"内部人群体"（企业内的决策者、管理者、劳动者组成的群体）的利益，而外部董事倾向于股东利益的最大化。显然外部董事制度可以在一定程度上对内部人控制起到抑制作用；而债权人为了自身利益会比其他人更有动机介入到公司治理中来，并且可以利用银行等债权人的专业知识来完善公司治理，提高决策质量和监督效果。为实现有效地内外制衡，内部董事不宜超过半数，外部董事的范围要广，同时要保证外部董事的独立性。第三，董事会要强化其战略决策功能，保证决策科学化和民主化，避免成为"细节董事会"。决策内含监督职能与其他监督环节在根本上并不矛盾，如董事会下的审计委员会侧重事前监督（如财务报表的审计），为董事会决策提供正确依据，这与监事会的职能并不矛盾。事先要在公司章程和各自的工作细则中将监督事项和权限予以明确，对于可能出现交叉和重叠的监督事项，通过董事会和监事会的不定期沟通机制予以解决。

三、完善监事会建设

监事会的独立性是保证其发挥作用的关键。首先就要改变监事会在董事会和经理层的领导之下的现象，使监事会真正有能力和动力去起到监督的作用。另外，发达国家 1989 年以来的利益相关者实践可以为我国的公司治理改革提供思路。例如，美国有 29 个州（即超过半数的州）修改了公司法。新的公司法要求公司经理为公司的"利益相关者"（stakeholders）服务，而不仅为股东（stoekholders）服务。换言之，股东只是"利益相关者"中的一部分，而劳动者、债权人和共同体则为另一部分"利益相关者"（S. WaHman, 1991）[1]。基于利益相关者这个思路，除了传统的股东外，党委、债权人、高管、职工、供应商、客户、社区以及其他外部主体（如女权组织）都有必要介入公司的内部治理。但如此多的利益相关者都介入公司治理势必增加公司运行成本，得不偿失。所以根据国有企业特点，最有意义也最具有可行性的是增加债权人和职工两类主体介入公司内部治理。因为根据资本理论，企业由自有资本、借入资本和人力资本这三类资本构成，自有资本出资者有控制和主导公司内部治理的一切理由和依据，对借入资本和人力资本同样成立。所以借入资本出资者——债权人和人力资本出资者——职工有足够的理由和动机介入公司治理。建议重新调整监事会结构，股东代表、职工代表、债权人、独立监事四类利益相关者各占 1/4 的席位。如果企业资产负债率超过 50%，可由最大债权人担任监事会主席。再一方面，就是要强化外派监事会的整体监督职能。鉴于内部监事会大多监督效果有限，可以考虑在中短期加强外派监事会的做法，用"高派"的方式避免现有监事会"下级监督上级"的局限性。外派监事会是对企业内部整体的监督，包括对公司党委、董事会、经理层、内部监事会等机构的监督，可以避免企业内部人的串谋和腐败，是对监督者的监督[2]。

四、完善经理层的选聘机制和经理人市场的建设

经理层的选拔和聘用理应由董事会负责，而国有企业的情况是董事长和总经理的任用都由政府一纸下达，这样就形成了总经理不直接对董事会负责，董事会聘任

---

❶ 崔之元. 美国二十九个州公司法变革的理论背景. 经济研究, 1996, (4).
❷ 戚聿东, 徐炜. 国有独资公司董事会与监事会建制度研究. 首都经济贸易大学学报, 2008, (1).

经理的权利没有落实。有的企业董事长和总经理还是一人兼任，董事会和经理层之间的独立性不强，公司治理的分权制衡机制遭到破坏。所以，完善国有企业公司治理就必须要完善经理层的选聘机制，实现董事会聘任经营管理者的治理架构标准。当然，就我国目前的经理人市场的成熟程度来看，不发达的经理人市场也制约了选聘企业经营管理者的市场化的实现，但这决不能成为政府行为阻碍科学公司治理实现的理由。从另一个角度来说，健全的经理人市场一方面有助于董事会聘任经理的实现，另一方面也可以起到对经理人的激励和约束作用。在成熟的、信息畅通的经理人市场上，经理人的表现是他们的人力资本价值的直接衡量标准，企业的绩效就是经理人的业绩。为了让自己的人力资本保值，经理人们不得不努力工作提高企业的绩效以实现自己的业绩。然而，中国人民银行总行对破产国有企业领导人安置报告显示：在所有调查的案例中，破产企业领导人当翻牌企业领导人的占36％、升官的占9％、调任别的企业继续担任领导职务的占23％、被免职或退休的只占42％。企业经营不善，经营者不仅不会受到处罚，而且还可以继续当领导甚至还能升官。所以，建立健全的经理人市场是完善国有企业公司治理的关键环节之一。

第八章
中国燃气行业改革的运营模式

传统的自然垄断行业运营模式为全业务纵向一体化模式，考虑到行业垂直一体化的产业结构，纵向一体化的运营模式可以带来范围经济效益。然而这样也使得产业中的非网络环节和网络环节（竞争性环节和自然垄断性环节）在一个企业中被一体化。由于企业拥有一体化优势，对于行业关键设施——网络掌控在在位企业手中，潜在进入者想进入行业就会受到在位企业的阻挠，如在网络接入方面更是采取歧视性政策或采取市场关闭策略。事实上，纵向一体化的运营模式在取得了范围经济效益的同时也意味着市场竞争效率的丧失。为了实现市场竞争，很多国家做了改革尝试，国际上一般采取两种方式：接入规制和结构分离。前者是允许在位者垄断企业保持一体化运营的同时，要求其在提供垄断性设施时不得对潜在进入者和其他竞争者采取歧视性政策，显然它既保留了范围经济效益又取得了市场竞争效率，但是这种方式要求政府极高的规制能力；后者一般是将企业的垄断性业务和竞争性业务进行拆分，或者是限制垄断者经营竞争性业务，即纵向拆分。这种方式带来了市场竞争效率，对政府规制能力要求相对较小，但它是以丧失范围经济效益为代价的。所以，垄断行业运营模式改革过程实际上是对范围经济和市场竞争效率的权衡取舍过程，当然其中也涉及政府规制要素。

本章正是要对中国燃气行业的运营模式改革进行一次从理论到实践的系统梳理，在总结国外改革经验和国内改革现状的基础上对中国燃气行业运营模式的选择提出相对客观和有意义的意见。由于本书研究重点是垄断行业，正如第一章在研究对象的阐述中所提及的那样，本章主要是以天然气行业作为研究对象，其他的如罐装煤气等由于已经呈现出竞争的态势，故只做简单介绍。

第一节　产业运营相关概念及理论

一、纵向一体化

纵向一体化是指企业在现有业务基础上，向其上游或下游发展，形成供产、产销或供产销一体化，以扩大现有业务的企业经济行为。表现为前向一体化和后向一体化，前者是指一体化向下游方向发展以获得分配、装配或精加工等便利，后者是指一体化向上游方向发展，即向生产要素或供给方向发展。纵向一体化将原来由市场连接的上、下游厂商纳入同一企业之中，是企业代替市场的过程，也是行政命令机制代替价格机制的过程。而燃气行业的一体化是指包括上游燃气生产、中游燃气长输和下游燃气配售的纵向一体化。

二、范围经济

范围经济是联合生产两种或两种以上产品的生产成本低于这些产品单独生产的成本总和（潘扎尔、威利格，1975）。虽然各个学者对范围经济存在原因的描述不尽相同，但基本上都认为企业对可共享的资源的共享可以为企业节约成本，减少加工费用的产生，进而实现范围经济。这里的可共享资源主要包括技术、创新能力、商标商誉、管理能力、营销网络、服务网络等。企业在产业链条上的纵向一体化可以分享业务资源和信息资源，进而使企业节省了用于获得资源而发生的交易费用，实现了范围经济。这也就是我们在本章中所讨论的纵向一体化的运营模式可以带来范围经济效益的问题。

三、交易成本理论

根据科斯定理，如果交易成本为零，则不论生产和交换活动怎样安排，资源配置的效率都相同。然而交易成本在现实生产生活中普遍存在，这就意味着市场上的各种制度安排及其变化要在交易成本的约束下进行选择。所以根据科斯的理论，企业是否进行纵向一体化取决于一体化所带来的市场交易成本的减少与企业内组织成本的增加二者的比较。如果前者大于后者，企业将进行一体化；如果后者大于前者，将采用非一体化的运营结构。威廉姆森对科斯的交易成本进行了发扬，他认为如果像传统假设的竞争性市场运行成本为零，那么一体化现象将不会存在。然而，市场中许多方面易于失效，在这些情况下，内部组织可以替代市场。市场失效的根源在于交易成本，而交易成本产生的原因应该从人的因素和环境的因素二者结合来考察，即如果环境不确定性和有限理性结合以及少数交易参与者机会主义结合起来就会阻碍市场交易，造成交易成本。威廉姆森同时也指出，内部一体化仅能起到减少有限理性和机会主义的作用，但无法消除它们。有限理性和机会主义同样会造成内部组织失效。所以是否进行一体化，取决于对市场失效与组织失效程度上的权衡❶。

四、生命周期理论

施蒂格勒认为纵向一体化向非纵向一体化的转换是与产业的生命周期有关的。

---

❶ 奥利弗·威廉姆森. 反托托斯经济学——兼并、协约和策略行为. 北京：经济科学出版社，1999：29-31.

当一个产业刚刚起步时，由于从没有过对这一行业的原料或服务供给，有一些所需的原材料和服务供给很难在现有的外部市场得到，或者无法得到稳定的供应，所以他们只能自己生产原料。另外，由于市场还没有开发和建立起来，消费者对产品的认可度还不够，想找到专门为其销售的公司也很困难，所以企业必须自己承担销售这个环节的工作，这样就形成了行业发展初期的纵向一体化运营模式。随着行业的不断发展，其行业规模在不断壮大，行业发展前景乐观。这样受利益的驱使，一些厂商就会愿意专门生产原料和设备等以期在这一行业中分取一部分利益，有些则愿意加入产品销售环节。总之，行业的各个环节都有了足够的吸引力去吸引行业外的厂商加入到这个行业中，而原来的企业随着规模的扩大，其内部费用也在不断地增长，当他们认为将一些环节交由外部配套企业经营会比纵向一体化经营成本更低时，交易的双方需求就出现了。于是非纵向一体化代替了纵向一体化。最后，当行业进入衰退期时，不断下降的需求量已经无法消化原有生产规模的产出，于是包括配套辅助企业在内的越来越多的企业退出这一行业，不得不又自己经营供产销所有环节。非纵向一体化又一次转化成纵向一体化运营模式（施蒂格勒，1989）。

第二节　自然垄断产业运营模式的演变

一、传统运营模式

在世界范围自然垄断产业大规模改革之前，多数自然垄断产业由于被认为具有规模经济和范围经济而选择全业务一体化的经营模式，并且是由国家垄断经营，其基本特征是：从网络设备制造到网络建设、运行，再到网络维护因专业性非常强而集中于某一企业，基础设施网络本身是横向一体化经营的；以网络为运营基础，基于网络的服务产品品种单一或者功能简单，所需技术专用不十分复杂，也被纳入纵向一体化经营的范围。

现在未触及产业结构改革的多数中国下游国有城市燃气企业的运营模式就是典型的传统全业务一体化。另外，如果从上中下游得整个天然气行业来看，由于中石油、中石化两大国有特大型垄断企业已经垄断了上游开采和中游长输管网，并且在下游城市燃气配送领域已经在多个地方开展起来。所以他们的运营模式也类似于这种传统全业务一体化。也就是说中国燃气行业国有企业的大部分都处于这一发展期。

二、拆分的运营模式

世界在进步，产业在发展。伴随着生产力水平、技术发展以及需求状况等多种因素的不断变化，自然垄断行业结构也在发生着变化。原来被坚信不疑的某些自然垄断环节，其自然垄断性已经遭到了质疑，事实上自然垄断性随着技术的进步在降低，例如因技术进步一些小型发电企业的发展就说明了这一问题。在这种情况下，就需要对自然垄断业务与非自然垄断业务的界限进行重新界定，作为对非自然垄断环节引入竞争的依据。

传统的全业务一体化模式对市场竞争效率的牺牲引起了许多国家的重视，大家纷纷采取改革措施。各国最普遍的做法就是对自然垄断行业进行拆分，包括纵向拆分和横向拆分两种方式，这样就形成了改革后的两种运营模式。

（一）纵向拆分运营模式

纵向拆分即将自然垄断业务与非自然垄断业务拆分开来，自然垄断业务维持垄断，对非自然垄断业务分离出来后引入竞争。这样就形成了基础网络独立、运营商、服务产品与网络分离的分业运营模式，自然垄断性的基础网络维持垄断，对非自然垄断性的运营商和服务产品引入竞争。

纵向拆分运营模式的基本特征是：网络设备制造先期从原有的完全一体化运营中分离，打破了网络设施的横向一体化经营，而其他网络建设、网络运行、网络维护仍然集中于企业内部，设施制造之外的基础设施网络还是横向一体化经营的；基于网络的服务运营商从原来的企业中分离出来，形成独立运作环节，同时引入竞争成分，所经营的业务出现双寡头竞争或者多家竞争的局面。这是世界各国自然垄断产业大规模改革过程中运营模式的一种重要形式，网络一般维持垄断经营，服务开始有限度的竞争。民营化、私有化、股份制改造渐行渐远，由于技术进步和消费需求越来越高，品种单一或者功能简单的服务产品已经不能满足市场需求，同时加上来自竞争对手的压力，企业从产品的供应商向商品的运营商转变，不但要提供服务，而且要进行服务产品的开发和市场营销，保持和增加客户数量，提高盈利能力；相互分离的各个环节需要发生交易关系，彼此间需要以贸易合同的方式来实现关联经济效应，网络资源利用率高，规模经济、范围经济明显，部分地解决了垄断经营的效率低下、服务质量差、价格高等问题。产生的新问题是拆分后的众多环节间的交易复杂、贸易合同量大，交易费用的增加抵消了竞争所带来的部分收益，使规模经济、关联经济受到影响。

（二）横向拆分运营模式

横向拆分即保持网络、运营商和服务的全业务一体化运营模式，但对原来的企业按区域或者市场需求分割为新的运营主体，通过拆分后的新的运营主体间的竞争来达到引入竞争实现市场竞争效率的改革目的。

横向拆分运营模式的基本特征是：网络设备制造也会先行分离出去，其余的网络建设、网络运行、网络维护及服务产品则被纳入纵向一体化经营的范围，分拆所形成的市场主体与分拆后或原有的市场主体之间展开竞争。激烈的竞争格局和市场需求的变化，迫使企业服务、开发、营销并重，提高了产业效率、服务质量得到改善、服务价格下降。这种模式也有明显的不足：拆分的网络间或者新旧网络间虽然存在竞争，但是实力强大的经营方压制弱小一方，排斥新进入者，或者为网络间的联通设置障碍，使得竞争并不充分。同时由于各自网络画地为牢，形成了不同网络的新的垄断。这种模式限制了范围经济和密度经济效应的发挥。

三、引入新运营商的运营模式

通过直接引入新的运营商的方式来达到引入竞争目的的情况比较少见，因为这种方式需要重新建立一个新的网络，这就意味着巨额的投资。所以相对拆分方式成本过高，目前这种模式见于英国电信改革的个案。引入新运营商的运营模式的特点与横向拆分运营模式的特点类似，这里不再赘述。

四、开放式运营模式

拆分方式最初是由政府部门制定的，必定要经过市场的考验。在经过市场机制的作用后，拆分后的企业之间往往会重新组合、兼并收购，从而形成全新的市场格局，开放式运营模式就应运而生，此时的行业市场是全面开放的，企业的运营模式进一步演变为竞争较充分条件下新的运营模式。

开放式运营模式基本特征是：自然垄断产业的改革在信息化带动下使其运营模式表现出新的趋势。网络设备制造、网络建设、网络运行、网络维护、服务供应、服务开发、服务营销因信息传递速度加快、相互间信息透明度增加而变成分工合作的关系，各自发挥各自的优势，形成差异化的既竞争又合作的态势。信息经济研究的结果显示，无边界合作正在急速改变传统经济规律，使分工进一步细化、产业链继续延伸，每一个企业都需要在产业链上找到其恰当的位置。每个环节有其市场需求和技术经济优势，各个环节之间需要合作、共赢，大多数行业经过竞争、融合形成了寡头垄断的市场结构。

以上四种类型的运营模式的演变趋势是：横向一体化运营模式、纵向一体化运营模式替代完全一体化垄断运营模式，开放式的运营模式又逐步取代简单的横向一体化运营模式和纵向一体化运营模式。不同运营模式在特定国家、特定行业是并存的或者是混合的，在时间上则是循序渐进的。不同国家、不同产业、不同发展阶段，因产权结构、规制政策、市场结构、竞争程度、技术水平和消费需求的不同而有所不同❶。

第三节　国外燃气行业运营模式改革经验

一、美国燃气行业运营模式改革

美国的天然气行业被认为是目前市场竞争效率发挥最充分的国家，其营运模式

---

❶ 本部分引用戚聿东"贯彻落实科学发展观与深化垄断行业改革研究"的课题成果，内容出自戚聿东、柳学信等著的"自然垄断产业改革：国际经验与中国实践"。

的改革效果是通过逐步放松规制而实现的。美国没有经历过大多数国家对天然气行业的一体化垄断时期，但在改革前天然气市场同样缺乏有效竞争。

美国的改革始于 1985 年，在此之前上游的生产领域已经形成了竞争性格局。但是生产者必须以管制价格在产地将天然气销售给中游的州际管道公司，州际管道公司再将天然气以管制价格销售给下游的城市燃气分销公司，然后下游城市燃气分销公司向终端用户销售天然气并收回天然气成本和运输成本。可以看出美国改革前天然气产业的传统运营模式的主要特点是天然气销售和运输捆绑在一起，其缺陷是严重限制了其他主体获得运输的能力，因而其他企业无法进入批发市场参与竞争。

FERC 于 1985 年通过的 436 号命令（Order No.436）和 1992 年通过的 636 号命令（Order No.636）对改革起到了至关重要的作用。尤其是 636 号命令要求州际天然气管道公司将天然气销售业务从管道运输服务中分离出来，州际管道公司不再具有批发职能，最终天然气作为一种商品与运输、储存和销售服务实现了分离。1992 年以后，管道公司只承担输送职能，不再购买或销售天然气，并被要求按与其子公司一样非歧视的为其他人运输天然气。州际天然气管道运输和天然气买卖的分离，使天然气批发市场进入了充分竞争状态，生产者、管道公司、独立交易商、分销公司和大用户等主体在批发市场上进行着交易。

有一点值得注意的是，美国天然气行业改革通过自由接入和用户选择权还使具有自然垄断性质的环节——州际长输管道和区域分销管网的垄断势力受到了限制，垄断地位遭到挑战。FERC 要求管道公司开放天然气传输服务，这样用户就可以绕在产地或储存地购买天然气，支付传输和分销费用，使用管道将天然气运输到消费地，绕过本地分销系统，多气源供给使用户在议价方面处于有利地位，削弱了地区配售商的垄断优势。

另外，垄断性的管道传输领域也开始出现了直接竞争，1960 年以来一直由 Nova/TCPL 的垄断经营的格局被打破。Alliance 管道公司建设的横穿加拿大阿尔伯达省到美国芝加哥南部的管道以及从芝加哥东部到加拿大安大略省的 Vector 管道都对 Nova/TCPL 的垄断地位造成强有力的威胁。

所以，美国天然气行业的运营模式是从开始的严格管制，缺乏竞争到改革后对中下游引入竞争，形成有活力的竞争性市场。其方式实际上是使天然气的生产、运输、销售相分离。由于在美国天然气上游领域，只要企业符合资质条件就有资格参与投标来获得勘探开发权，所以改革前上游领域就存在竞争机制；在这种情况下，将运输与销售的分离是改革的关键，虽然没有进行实质性的纵向分拆，但管网的公平接入规定保证了竞争者的进入，促进了运输与销售的分离。事实上正是管道运输和天然气交易的分离使美国的天然气市场发生了根本的变化，使批发和销售市场都出现了竞争，甚至竞争已经延伸到了具有自然垄断性质的环节❶。

---

❶ 刘戒骄．垄断产业改革—基于网络视角的分析．北京：经济管理出版社，2005：200-212.

二、英国燃气行业运营模式改革

英国的天然气行业改革模式是一个典型的从垄断走向竞争的模式，其运营模式的改革也是从最初的纵向一体化向非纵向一体化转变。

20世纪60年代中期至80年代中期是英国天然气一体化经营模式初步形成阶段。1967年至1978年期间英国政府基本完成了全国燃气设施转换、沿海天然气中转码头建设和天然气长距离高压运输管线的铺设等关键性基础设施工程，为天然气顺利进入下游市场铺平了道路。由原燃气理事会改建的英国天然气公司（BG）负责全国天然气下游领域的运输、配售业务。英国天然气行业上游开采领域在1986年以前就已经基本形成了竞争格局，有多家跨国石油公司持有在英国从事勘探开发和生产的许可证。而中游和下游领域包括天然气的长输、储存和配送等业务则由国有公司BG实行纵向一体化的垄断经营。

"1986年天然气法案"部分地放开了对天然气市场供应的管制，改革将英国的天然气市场分为批发市场、合同市场和收费市场三部分。在批发市场的批量购气方中除了BG之外，新增加了天然气托运交易商和独立供气商等新的市场参与者；在合同市场中，年用气量在25000英热单位以上的大用户可以与天然气生产企业直接协议签订供需合同，也可以选择BG、天然气托运商或独立供气商中的任何一家作为自己的合同供气方。这些举措削弱了BG的市场垄断地位，扩大了用户灵活选择批量供气商的范围，引入了竞争。同时为了使新竞争者便于展开市场竞争，法律还规定BG在履行已生效供气合同和完成政府规定的供气义务的前提下，允许第三方使用其管网系统的剩余能力运输质量符合管道设计要求的天然气，这样就为新进入者创造了参与竞争的条件。

1995年，为了进一步促进行业有序竞争，规范企业经营行为，政府在"1986年天然气法案"的基础上，颁布了新的"1995年天然气法案"，其核心是确立以许可证为基础的行业监管框架。新法案授权监管机构为下游企业发放3种许可证：天然气公共运输企业经营许可证、天然气托运商管网使用许可证和天然气供应商供气许可证。该法案为最终在英国天然气下游领域全面引入有序市场竞争构筑了明晰的法律框架。1996年颁布的英国天然气管网准则明确界定了BG管网使用者的权利和义务，确定了管道公司的运营方式和保持管网系统平衡的手段，为管网正常运营和市场公平交易提供了有力保障。

由于预计到监管机构为实现彻底放开零售收费市场的政策目标将会有进一步的干预性措施出台，BG在预计到监管机构会进一步出台干预性措施的基础上决定对公司进行分拆以顺应改革形势。1997年2月，BG正式将其天然气交易、零售等供应业务划归新成立的上市公司Centrica。2000年10月，BGGroup（1999年更名）将天然气运输、电讯、技术服务等业务划归新成立的上市公司Lattice，仅仅保留了天然气勘探、生产、储存和国外天然气下游领域的业务。这样，英国天然气行业的主导企业 BG 实现了从纵向一体化向非一体化的运营模式改革，从而整个天然气行业实现了各个环节的全面竞争[1]。

从美国和英国的经验来看，改革起点不管是僵化的监管体制还是垄断一体化的运营模式，他们的共同点都是行业整体缺乏竞争，丧失了市场竞争效率。他们改革的目标也正是追求市场竞争，塑造竞争性的行业结构。由于两个国家改革前上游领域就都已经实现了竞争格局，所以他们的重点都是放在了中游和下游的改革。虽然改革所采用的方法不尽相同，但殊途同归，都是使天然气的生产、运输和销售相分离，上游已经形成竞争；中游长输企业与下游销售业务分离，在中游建立管网的公平接入机制，并在政府的规制下收取管输费，为新的市场竞争主体参与竞争创造有利条件；在天然气批发和零售展开充分的竞争，给消费者以选择燃气供应商的权利。

第四节　中国燃气行业运营模式现状

天然气行业大致可分为上游生产、中游长输和下游配售三大环节，如图8-1。其中网络依存度高的是中游长输管网和下游城市配送管网两部分，也就是说，在整个天然气产业中只有这两部分属于自然垄断性环节。下面我们对中国天然气行业从上到下的各个环节逐一进行审视，最终归纳出行业运营模式的现状特点。

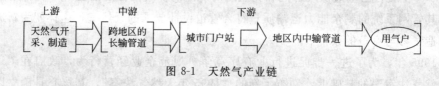

图 8-1　天然气产业链

一、上游生产领域现状

由于我国法律法规对国家天然气开采控制权的保护，目前天然气开采在国家严格的管控之下，从事上游天然气生产的企业主要是中国石油、中海油和中石化，其产量分别占国内总产量的 68%、18% 和 9%，三大国有垄断企业把持着全国天然气总产量的 95%[2]。除三大国有垄断企业之外，仅有中国燃气集团占有极少一部分的探矿采矿权，它也是唯一一家进入天然气上游生产领域的燃气分销商。另外，1999年国务院批准了我国第一个液化天然气（LNG）项目——广东进口液化天然气工程一期工程项目，这一项目以中外合资的方式建设，中方包括中国海洋石油总公

---

❶ 李晓东. 英国天然气工业的发展及对我国的启示. 国际石油经济，2001，(11).

❷ 于潇. 日本天然气市场开发及其对我国的启示. 现代日本经济，2005，(3).

司、广东省电力集团公司、广州市煤气公司等6家企业，外商由中方企业联合成立的中方项目代表委员会选择决定。

二、中游长输领域现状

中游长输就是将天然气从产地企业经过长距离运输输送到城市燃气公司门站中间运输环节。由于我国天然气产地和消费地的距离较远，天然气要经过长输管道的运输方能提供给居民和企业消费者们使用。长输管网耗资巨大，资产专用性强，安全要求高，有明显的规模经济和成本次可加性，具有强自然垄断性。

事实上，国内天然气主要长输干线管道都归中石油、中石化两大垄断商所有，两大集团拥有的油气线长度占全国管线长度的80%以上，中石油设立的中国石油天然气管道局、中石化设立的中石化管道储运公司以及四川石油局所属的输气处这些专门的管道企业运营着整个天然气行业的长输管网环节。由中国石油西气东输管道公司建设并运营的"西气东输"工程是我国最大的天然气管道项目，中国石油西气东输管道公司为中外合资。

三、下游配售领域现状

下游配售环节主要包括区域支线管网的建设运营以及天然气对终端用户的销售及相关服务，这一环节主要由各个城市燃气公司负责。这一环节所依赖的低压配送管网同样具有高自然垄断性。改革前的下游城市燃气行业同上、中游一样是国有企业一统天下的局面，实行纵向一体化的运营模式。从1998年政府开始鼓励民营企业进入基础建设领域以后，燃气行业才开始出现非国有资本。随着2001年《关于印发促进和引导民间投资的若干意见的通知》以及2002年新《外商投资产业指导目录》等各文件的相继出台，下游燃气行业一步步走向了国有、民营、外资多种资本并存的局面，打破了原来的全行业国有垄断。但就下游城市燃气行业而言，它本身也存在着自然垄断环节和非自然垄断环节，除了城市配送管网具有自然垄断性以外，城市管网的建设与维护、燃气的存储、销售、燃气具生产等均为非自然垄断业务。目前大部分的城市燃气企业依然采取纵向一体化的运营模式，但已有部分地区进行了纵向拆分的改革，如深圳对非自然垄断环节引入竞争，采取"一家经营管网，多家经营燃气销售"的方式，由几个燃气经营单位每月报价，价格低的才能获得当月通过管网销售燃气的权利；再如上海燃气进行的"X+1+X"模式（第一个X是指多气源供应，中间的1是指一张配气网，第二个X是指多个燃气销售公司）的尝试，然而这种经验并不多见。另外值得注意的是中石油等中上游的垄断企业正在将触角伸向下游地区，并已经成功运作起相关城市燃气企业，也就是说他们已经呈现出上中下游全行业一体化发展的趋势。

综上可以看出，中国燃气行业的运营模式的特点是以纵向一体化模式为主，尤其是以上游和中游的情况突出。三大垄断企业把持着中国天然气的生产和长输环节，上、中游已形成一体化，而他们正在向下游进军，形成上、中、下游全行业一体化的形势已经显现。对燃气行业改革成效相对较为明显的体现在下游配售领域，但区域垄断性也使竞争程度十分有限。

第五节 中国燃气行业运营模式改革的路径选择

运营模式的改革实际上是对范围经济效益和市场竞争效率的权衡，是建立在对垄断环节和非垄断环节的界定的基础上的。从燃气行业改革的国际经验来看，改革更趋向于对竞争效率的追求。

一、改革的相关问题探讨

结合中国的实际情况，以下几个方面值得重视。

第一，解决天然气供给问题是改革的前提。美国和英国的改革都是在上游生产领域已经实现竞争性市场，天然气供给十分充裕的情况下进行的，充分的供给是构建竞争性天然气市场的必要条件。而从近几年频发的"气荒"问题可以非常清楚地看到中国的天然气供给处于一个严重短缺时期。中国社科院预计2015年中国天然气需求缺口为500亿～600亿立方米，2020年缺口将达到900亿立方米。也就是说从对未来的预期来看，天然气短缺情况已经十分严重。而2008年，中国的天然气消费量为807亿立方米，比2007年增长15.8%，增长速度居世界第一。2008年中国天然气产量为761亿立方米，比2007年增长9.6%，可见天然气供给不足以支撑消费。天然气供给问题不管从社会生产、居民生活还是行业改革的任何一个角度来看都已是亟待解决的问题。如果要增加供给就要打开国内和国际两个渠道。现状是天然气的国际输入主要是通过液化天然气的方式通过海路运输到中国，管道方式的运输由于价格等因素的影响虽然有与俄罗斯等国的协商，但迟迟未见实质性的进展，中国中亚天然气管道虽已开通，但处于亏损状态，供气越多亏损越大。国内供给方面，上游生产领域处于三大企业的垄断之下，国有垄断就意味着计划控制，而计划与市场的不同步会使供给与需求不能协调变化（计划经济向来是与短缺经济相联系的）。另外，矿权为三大国有企业垄断，就会出现"占而不采"的现象，而有资金和技术实力并愿意进行探采的其他企业却被排除在外。所以，上游不但无法形成国内和国外两种气源的竞争，也无法形成本国生产领域的市场竞争，于是天然气供给短缺俨然成了一个制度问题。

那么如何解决天然气供给市场的改革问题？我们要有清醒地认识。首先，对于竞争效率的追求和对于范围经济的维持两者到底孰重孰轻，毕竟美英的上游竞争格局不是改革纵向拆分的结果，是在改革之前就已经形成的市场，而我们如果想通过拆分来引进竞争就要考虑付出的代价和要依赖的各种外部条件；并且如果我们要以解决天然气短缺为主要目的，那么就不应该忽略范围经济效益的作用。从目前我国对电力等垄断行业的纵向分拆结果来看，分拆只是使原来的综合垄断商变成了专业垄断商，竞争没有因为拆分而得到实现。美国经验给我们的启示是：在规制能力健全而有力的情况下，可以在保持纵向一体化的同时引入竞争，在带来市场竞争效率的同时又不至于丧失范围经济并且不必付出拆分成本。其次，要考虑的另一个问题是在天然气供应上实现哪些主体的竞争。现有的可供选择的主体包括国外气源和国内的上游垄断企业，潜在的主体是如果开放上游市场后取得开采资格的企业。那么对上游市场引入竞争就是如何将国外气源和国内潜在进入者引进到市场中的问题。

第二，其他方面的改革是运营模式改革成功的保障。燃气行业改革的任何一个方面都是与其他方面相互影响的，没有其他方面改革的有力支持，单方面的推进也无从谈起，这就是我什么所强调的系统概念。对于天然气行业运营模式的改革，首先，国际经验无一例外的告诉我们运营模式改革要以健全有力的监管改革作为保障，尤其是类似于美国的这种在保持一体化的同时放开接入、引入竞争的模式更需要相当有力的监管配合。其次，引进国外气源以构成上游市场的竞争是改革的一项措施，然而由于国际国内天然气价差的存在，国外的天然气输送到消费者处的价格要远高于国内天然气，这就使国外气源缺乏竞争力，进而没有市场。价格问题是导致国外气源迟迟不能引进的一个重要的原因，当然这里还有其他方面因素的共同影响，可以看出治理模式的改革受到价格改革的影响。再次，最直接的和运营模式相关的就是竞争模式的改革情况，可以说，如果像美国那样全行业都实现了竞争的话，运营模式的改革也就有了结论。

二、中国燃气行业运营模式改革的路径选择

根据中国的天然气行业的改革现状，下游改革已初见成效，竞争在一定程度上已经展开，所以改革的重点和难点在于上游和中游的一体化垄断运营格局的改革。在这里，我们提出对以天然气为代表的燃气行业的运营模式改革路径的选择。我们的总体思路是：权衡如果进行纵向拆分可能的成本和外部条件，以及我国其他行业和国际上的经验，暂时保留上游和中游企业的纵向一体化。但要在上游引入竞争，建立竞争性的天然气生产市场；在中游实现长输管道的公平接入，这要求政府强有力的监管和规章制度的科学缜密的设计；下游继续推进已经进行的改革，改变区域垄断的实际状况，让竞争实质化。最终的目标是实现消费者对能源供应商的自由选择。

第一，在上游天然气生产领域建立竞争性的市场。放开市场准入，让合格的有实力的企业竞标获取天然气资源的探采权，这样就可以在上游市场培育起一批有实力的天然气生产企业参与到竞争中来；另外，清除各种障碍实现国外气源的引进，使国外气源也加入竞争中，最终实现多种主体，多种气源，结构合理的天然气供给市场。

第二，在中游燃气长输领域要在允许现有企业维持一体化的同时建立公平接入

机制。政府监管部门要以科学的法律法规要求管道公司公平地处理接入管道的请求，并要求管道公司将管道的容量安排、剩余容量、收取价格等信息公开，公平接入机制保证新进入者以平等的价格使用在位垄断者的网络设施，显然这是改革的难点也是重点，建立有效的监管约束机制是这项改革得以成功的关键。另外，在条件具备的情况下逐步建立起天然气的现货交易市场。

第三，在下游配售领域要继续深化和推进现有的改革成果。下游的城市燃气行业同样是一个纵向一体化的领域，但改革已经出现如深圳的"一家经营管网，多家经营燃气销售"和上海燃气正在进行的"X＋1＋X"的拆分模式，各地可以充分考虑自己本地区的实际情况进行一体化或是纵向拆分等改革模式的选择。从范围经济与市场竞争两者的权衡以及各地区本身实际情况的考虑相结合是进行改革决策的依据，不可全国上下一个模式强制执行。这里建议规模较小的地区由于引进竞争的市场份额有限，可以维持一体化以保持范围经济，规模大的地区由于有较大的市场可以引入竞争，并且竞争带来的效益会较高，建议考虑纵向拆分的改革模式。

第四，综合运营商与寡头竞争的结合值得借鉴。当纵向一体化的运营模式与寡头竞争的市场格局相结合时，就实现了范围经济、规模经济与竞争效率一定程度的平衡。这里需要对我们所希望实现的寡头竞争做一说明。尽管如今的天然气市场上，尤其是站在控制气源和长输管网的角度上来看，中国天然气行业存在着寡头的形式，但他们之间的竞争不是实质上的竞争，而是一种"划地为王"的竞争，很难形成市场上的直接对抗。改革所要实现的是真正意义上的竞争，也就是说，当用户可以自由选择的时候（这里的用户包括上、中、下游各环节的用户），竞争才真正的实现。

以上的改革要与其他方面的改革步伐相适应，决不能急于求成。因为正如我们上面分析的那样，运营模式的改革是建立在各方面条件成熟的基础上方能实现的，可以说它的成果是整个燃气行业改革成绩的全方位展示，是对所有环节改革的集中体现。监管模式改革要为运营模式改革铺平道路，否则就会出现改革后因监管不到位而形成的混乱局面，造成高额的改革成本，得不偿失。

第九章
中国燃气行业改革的竞争模式

燃气行业改革的目标就是有序地向行业逐渐引入竞争，让竞争机制在健康、稳定的环境下发挥最大的作用。从这个意义上讲，竞争模式改革是改革的核心，是实现垄断行业改革成功的关键手段。本章就燃气行业的竞争模式展开研究，借鉴国际经验并在理论研究的基础上，深入思考中国燃气行业竞争模式的改革现状和路径选择。

第一节　市场竞争的相关概念及理论

一、竞争与市场竞争机制

竞争一般指厂商进入可获利产业（或退出不获利产业），以及现有厂商根据市场状况提高或降低价格。这一概念蕴含了两个基本要素：一是竞争主体的经济人特征，即追求利润的动机；二是竞争主体的自由，即选择进入或退出某行业，以及选择产品、产量和价格的自由，如果没有这一自由，竞争就无法展开❶。

市场竞争机制一般是指经济主体在经济自由的条件下，遵循优胜劣汰的规律，采取多种方式竞相降低成本、提高效率或取得其他方面的优势而在市场经济中立于不败之地。市场运行中最理想的状态就是实现完全的竞争，而在实践中由于信息不对称、商业欺诈等因素的存在，实现有效竞争即市场运行的良态。"有效竞争是一个由企业适度规模和适度竞争相结合的区域状态。在某一产业中，只要企业的规模达到最低适度规模（或是最小经济规模）要求，同时，在该产业中，市场竞争度能保证竞争收益大于竞争成本，即处于适度竞争范围。那么，这个产业就基本上处于有效竞争状态。"

二、自然垄断产业的竞争理论

自然垄断产业的竞争理论是伴随着放松监管而形成的，它同时也是激励规制在

---

❶ 陈振明. 竞争型政府——市场机制与工商管理技术在公共部门管理中的应用. 北京：中国人民大学出版社，2006：84.

竞争中的表现，主要有以下几个典型的理论。

（一）特许投标竞争理论

1968 年，美国经济学家哈罗德·德姆塞茨提出了特许投标（franchise bidding）理论，这一理论强调在政府管制中引进竞争机制，通过招标的形式，在某产业或业务领域中让多家企业竞争独家经营权（即特许经营权），在一定质量要求下，由提供最低报价的那家企业取得特许经营权。因此，可以把特许经营权看作是对愿意以最低价格提供产品或服务的企业的一种奖励。采用这种方式，如果在投标阶段有比较充分的竞争，那么价格可望达到平均成本水平，获得特许经营权的企业也只能得到正常利润，从而使最有效率的企业按其平均成本或近于平均成本定价，向市场提供产品或服务❶。

特许投标竞争的优点包括：第一，如果最有效率的厂商应该能在特许投标竞争中获胜的话，那就是说平均成本曲线最低的企业将会取得特许经营权。第二，特许投标竞争降低了对政府监管水平的要求，因为政府与企业之间的信息不对称（特别是有关成本等企业网内部生成的信息）往往使监管失效，而特许投标则不要求对这些信息掌握，竞争会使定价趋于平均成本水平。这个价格不是由监管者制定的，并且有可能会低于监管定价。第三，企业获得特许经营权后，其利润是由收入减成本来确定的，在价格已经通过投标竞争固定下来以后，企业只能通过努力提高经营效率，降低成本来获取更高的利润。所以，特许投标竞争避免了企业不思进取和 A—J 效应❷的发生。

特许投标是一种运用市场竞争机制的有效方法，如果运用得当，它能取得比直接管制更好的效果。但这需要政府（特许投标的组织者）正确处理特许投标中的竞争不足、特许投标后的资产转让、特许经营合同的款项与管理等问题。

（二）区域间比较竞争理论

区域间比较竞争理论是在存在区域垄断的情况下，企业不在同一个区域市场上直接竞争，而是借助政府监管的力量，促进不同区域的企业之间相互竞争。政府可以比较不同区域企业的经营绩效，以经营效率较高的企业的经营成本为基准，并考虑各个区域经营环境的差异，在此基础上制定监管价格。区域间比较竞争理论认为，即使在市场为若干区域垄断市场的情况下，如果区域市场间可以形成某种形式的竞争，也可以起到竞争带来的激励企业提高经营管理水平、降低运营成本的作用。但区域比较竞争的实现有两个约束条件：第一，垄断企业之间不能合谋。如果企业间可以合谋的话，那么他们就会商量出可以获得超额利润的作为比较基准的业

---

❶ 王俊豪. 特许投标理论及其应用. 数量经济技术经济研究，2003，(1).

❷ A—J 效应：管制机构采用客观合理收益定价模型对企业进行价格管制时，由于允许的收益直接随着资本的变化而变化，而导致被管制企业将倾向于使用过度的资本来替代劳动等其他要素的投入，导致产出是在缺乏效率的高成本下生产出来的，即 A—J 效应。

绩，这样比较竞争也就形同虚设。第二，企业之间应具有同质性。各区域垄断企业之间要在经营规模和成本结构上没有较大的差别，这样方能展开竞争并使比较竞争发挥作用；另外，如果行业内存在众多的企业，可以按一定的标准将行业内的企业分为若干个可比较的集团来展开区域间比较竞争。

（三）直接竞争理论

直接竞争理论认为，自然垄断企业的直接竞争降低了消费者的支付价格而不是提高了价格，消费者在竞争性市场得到了更好的服务质量。竞争企业比垄断企业更关心消费者利益，从而使消费者得到更大的满足。因此，消费者并没有因为竞争而遭受损失，而是从竞争中受益❶。

第二节　自然垄断产业改革的五种竞争模式

一、垂直一体化的接入规制模式

这种市场结构模式的特点是：政府实行放松进入管制与加强接入管制相结合的政策。在保持原有企业实行自然垄断性业务和竞争性业务垂直一体化经营的前提下，政府采取放松竞争性业务环节的进入管制政策，允许一部分新企业进入竞争性业务领域；同时，政府制定接入条件（如收费标准等），强制性要求原有垂直一体化企业向竞争企业公平地提供接入服务，最后，经营竞争性业务的所有企业向最终消费者提供服务（如图9-1所示）。

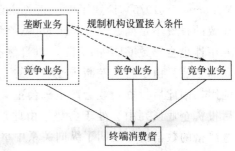

图 9-1　垂直一体化的接入规制模式

这种市场结构模式有许多优点：一是可以保持原有企业的范围经济性。二是改革阻力较小。由于这种市场结构对原有企业没有大的变动，因此不会遇到太大的阻力，实施比较容易。特别是在改革的初期，在保持原有企业不变的情况下培育新的市场进入者时经常使用这种方法。

这种市场机构模式有一个严重的缺陷，原有企业可能会不允许新的竞争者接入自己的垄断网络，产生市场关闭行为（Rey and Tirole，2006）。2000年初的"二滩事件"就是这种市场结构模式缺陷的典型的表现。

由于垄断企业的特殊地位，这种市场结构模式要求政府管制者采取有效的管制政策措施，以防垂直一体化垄断企业采取各种拒绝向竞争企业提供接入服务的

❶ 冯中越，石宏锋．城市公用事业的管制与竞争研究——以北京市燃气行业为例．北京社会科学，2005，（3）

反竞争行为。

二、纵向产权分离模式

这种市场结构模式的特点是把自然垄断环节与竞争环节进行纵向分离。在竞争环节引入竞争，由若干家企业经营竞争性业务；而在自然垄断环节仍采取垄断市场结构，由独立的企业垄断经营，并且严格受到国家规制。经营自然垄断性业务的企业不能同时经营竞争性业务（如图9-2所示）。

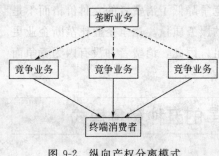

图 9-2　纵向产权分离模式

这种市场结构模式的优点是有利于消除实行第一种市场结构模式时，垂直一体化经营企业在竞争性业务领域可能采取的歧视行为，即对本企业的经营单位和其他竞争企业采取差异性行为，以排斥竞争企业。因此，这有利于促进竞争性业务领域的公平竞争。

但是这种市场结构模式也存在缺点。首先，资产专用性导致投资的无效率。Willamson（1975）论述了两个相关企业之间由于机会主义行为和资产专用性而导致的投资不足问题。Roland and Verdier（1999）也认为经济转型国家由于资产专用性也会导致 GDP 的下降。对自然垄断产业进行纵向分离后，各环节成为独立的企业。由于自然垄断产业资产的专用性，企业一旦投资，资产就很难再移作他用，因此后投资企业会产生机会主义行为（Opportunism），先投资的企业在与后投资企业谈判中会处于劣势，由此产生了事前的投资不足。Tirole（1988）通过严格的数学模型证明了纵向关系中事前投资与资产专用性负相关。即随着资产专用性的增强，事前投资会更加不足。另外 Roland and Verdier（1999）通过分析在经济转型中生产厂商与消费者可能会打破原先的、旧的合作关系网络，寻找新的合作伙伴，也会导致生产厂商的事前投资下降，最终导致产量下降。其次，纵向分离后各环节协调的难度加大。自然垄断行业各环节是高度相关、密不可分的。哪一个环节出了问题，都会导致系统的不稳定。在纵向分离改革前，产业的各个环节的协调是在组织内部完成的，因此各环节的协调成本较低，比较容易协调；而实施纵向分离后各环节都成为了独立法人，各环节间的协调成本较高，协调比较困难。因此自然垄断产业的简单纵向分离可能会导致产业系统的无政府状态。

三、纵向联合持股模式

这种市场结构模式的特点是：政府允许竞争性业务领域的企业共同拥有自然垄断性业务经营企业。首先对原有垂直一体化垄断企业实行分割政策，由一家企业经营自然垄断性业务，多家企业经营竞争性业务。但经营自然垄断性业务的这家企业由经营竞争性业务的几家企业共同所有，每一家企业都拥有一定的股份（如图 9-3 所示）。

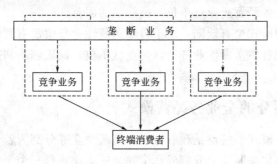

图 9-3　纵向联合持股模式

这种市场结构模式的主要优点是：有利于保持自然垄断业务与竞争性业务的高度协调性，消除自然垄断性业务经营企业和竞争性业务经营企业间的矛盾；也有利于自然垄断性业务经营企业能对最终消费者需求变化做出快速的反应。

但这种市场结构模式也存在一些明显的缺陷：一是竞争性业务领域的企业往往会联合排斥新企业占有自然垄断性业务经营企业的股份，这就要求政府管制者做出行政协调；二是这些具有共同利益的竞争性企业可能会达成某种合谋协议，利用自然垄断性业务对局外企业采取歧视政策，以排斥新的竞争企业；三是假如联合所有制中的企业数量很多，就可能导致这种联合所有制太松散，从而产生公司治理结构问题。

四、纵向运营分离模式

这种市场结构模式的特点是：政府让一个非营利性的独立机构控制自然垄断性业务。从所有权方面保持原有垂直一体化垄断企业的完整性，但其自然垄断性业务由一个非营利性的独立机构控制，即实行所有权与经营权的分离。这种模式实际上是前面三种市场结构重组模式的"混合"，其特性取决于这个对自然垄断性业务拥有控制权的独立机构的性质。如果这个独立机构受政府管制者支配，则这种市场结构重组模式就类似于"接入管制"模式，不同的是这个独立机构能比政府管制者掌握更多的有关信息，并可采取多种控制手段。假如这个独立机构由竞争性业务经营企业的代表组成，则这种市场结构重组模式就类似于"联合所有制"模式。如果这个独立机构是完全独立的，则这种市场结构重组模式就类似于"所有权分离"模式（如图 9-4 所示）。

这种市场结构模式的优点是：由于自

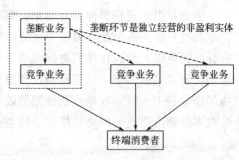

图 9-4　纵向运营分离模式

然垄断性业务由独立机构所控制，这就有利于消除自然垄断性经营企业（单位）采取反竞争行为的可能性，竞争性业务领域的经营单位和其他竞争企业一样，公平地接受自然垄断性业务经营企业（单位）所提供的服务。

这种市场结构模式也有缺陷，由于自然垄断性业务由没有利润动机的独立机构所控制，这往往使自然垄断性业务经营企业（单位）缺乏创新和努力提高生产效率的刺激。

五、横向拆分的全业务经营模式

这种市场结构模式的特点是政府将自然垄断性业务分割为若干互利的部分。政府将原有垂直一体化垄断企业分割成几个独立的企业，每一个企业在各自范围内同时经营自然垄断性业务和竞争性业务。由于存在网络的正外部性，刺激这两家企业的互利动机而主动实行联网，即每家企业的自然垄断性业务（网络性业务）不仅向本企业的竞争性业务单位开放，而且向竞争企业的竞争性业务单位开放。这种市场结构重组模式主要适用于网络正外部性比较明显的电信产业等少数自然垄断产业（如图9-5所示）。

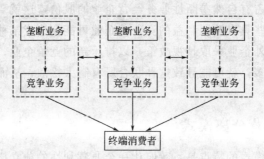

图 9-5 横向拆分的全业务经营模式

这种市场结构模式的主要优点是不仅有利于促进企业在竞争性业务领域的竞争，而且有利于打破自然垄断性业务领域由一家企业垄断经营的格局，促使企业在自然垄断性业务领域也进行竞争，从而促进整个产业的生产效率。同时，这种市场结构模式不会破坏产业各环节的协调，各环节的协调在企业内部完成，效率较高。

但是，由于这种横向拆分会把自然垄断环节也进行拆分，会失去部分规模经济性。另外，横向拆分是在原有企业之间的拆分，由于他们的长期关系，可能会形成拆分后的串谋，会弱化他们之间的竞争。最后，由于受到产业特性的限制，这种市场结构模式只适用于电信等网络正外部性相当显著的产业，同时，在各个企业的网络规模差别不大时，才能达到预期的政策目标。否则，网络规模较大的企业必然会采取多种理由拒绝与网络规模较小的企业实行联网❶。

---

❶ 戚聿东．中国垄断行业引入竞争机制的国际背景、进程和模式选择．首都经济贸易大学学报，2009，（4）．

第三节　国外燃气行业竞争模式改革经验

纵观世界各国的燃气行业竞争模式的改革大都是将整个行业分为自然垄断环节和非自然垄断环节，在自然垄断环节中保持监管，维持垄断；在非自然垄断环节中放松监管，引入竞争（表9-1列出了燃气行业的自然垄断环节和非自然垄断环节的划分）。有所不同的是，有的国家（如美国）是在维持纵向一体化经营的前提下通过监管手段引入竞争，也就是我们前面所提到的自然垄断产业改革的五种竞争模式中的第一个——垂直一体化的接入规制模式；而有的国家（如英国）是在纵向结构拆分的前提下引入竞争的，也就是我们前面所提到的自然垄断产业改革的五种竞争模式中的第二个——纵向产权分离模式。下面我们以美国和英国这两个典型的代表为例来介绍燃气行业竞争模式改革的国际经验。

表 9-1　燃气行业主要业务及机制选择

业　　务	自然垄断性	应采用的机制
设备生产、安装、维护；工程建设施工	非自然垄断性	竞争机制
生产	非自然垄断性	竞争机制
长输	自然垄断性	垄断经营
城市配送	自然垄断性	垄断经营
销售	非自然垄断性	竞争机制

一、美国燃气行业竞争模式改革

美国的燃气行业竞争模式是垂直一体化的接入规制模式，其引入竞争是伴随着放松监管改革的过程不断深化的。

（一）上游领域改革

在改革前美国的天然气行业的上游领域就已经存在着众多的生产企业，也就是说在改革前上游领域就已经存在竞争性市场的基础，但由于对生产者销售天然气价格的管制，天然气市场虽有竞争的有形基础，但无政策的支持，所以竞争性的上游领域市场没有形成。20世纪70年代，这样的井口价管制已经严重的阻碍了天然气行业的发展，造成美国天然气资源基础的薄弱，限制了输配能力。1978年美国开始实施《国家燃气政策法案》（the Natural Gas Policy Act of 1978，NGPA），这一法案标志着美国政府开始取消对天然气井口价格的控制，也标志着美国天然气上游领域竞争引入的开始，其引入竞争过程也是一个放松监管的立法过程，如表9-2所示。至1989年完全取消对生产企业销售天然气价格的控制后，天然气成为了一种自由贸易的商品，美国的天然气行业的上游领域实现了竞争。

表 9-2　美国天然气行业上游领域改革进程

时间	改革内容
1978 年	《国家燃气政策法案》开始取消对天然气井口价格的控制
1985 年	结束了对新投产的天然气井口价格的控制
1989 年	《天然气气源放松管制法》完全取消销售天然气价格的控制

（二）中游领域改革

中游长输环节是典型的自然垄断性业务环节，对这一领域要保持垄断经营，但同时，最为重要的一点，也是改革的最关键的方面，就是实现天然气运输与销售的实质性的分离，并对长输管道实现公平接入。而美国的这一改革是在维持中下游纵向一体化经营的情况下进行的，这就显然需要科学合理并有力的监管。436 号法令和 636 号法令对实现运输与销售环节的分离和长输管道公平接入起到了关键性的作用，如表 9-3 所示。这样就实现了对中游长输环节的保持监管和维持垄断经营，FERC 为制定管道运输费率的监管机构。

表 9-3　美国天然气行业中游改革进程

时间	改革内容
1985 年	436 号法令鼓励天然气管道公司提供公开接入管道服务，运输服务条款由 FERC 管制
1992 年	636 号法令要求州际天然气管道公司将天然气销售业务从管道运输服务中分离出来

（三）下游领域改革

下游领域包括城市配送和销售。首先，对于城市配送网络的监管和中游长输管道相似，但其管输价格监管机构不再是联邦 FERC，而是各个城市所在的州政府。由于城市燃气企业既是配送管网的拥有者同时也是销售者，要求它不允许以配送服务赚取超额利润，州公用事业委员会对城市燃气企业进行有效的监管。而在天然气的销售环节的情况是：自 1985 年 464 号命令通过开放州际管道传输，允许大的终端用户绕道直接从生产者处直接购买天然气开始，到 1992 年 636 号命令要求州际管道公司将管道运输与天然气销售业务分离开，使天然气的生产、运输和销售彻底的分离，天然气市场发生了巨大的变化。1985～1992 年产生了竞争性批发市场和独立交易，1992 年以后出现了现货交易市场，用户可以选择是从城市燃气公司或是独立交易商更或是从生产者处购买天然气。销售环节引入了充分的竞争，这也使美国天然气价格持续下降，惠及了广大的天然气用户。

二、英国燃气行业竞争模式改革

英国燃气行业竞争模式属纵向产权分离模式，其引入竞争是伴随着产权改革的过程不断深化的。

（一）上游领域改革

英国北海油气田的勘探采用国际招标方式进行，1986 年以前已经有多家跨国石油公司持有在英国从事勘探开发和生产的许可证，天然气上游领域的竞争局面已经基本形成。所以从形式上看，这个市场上的卖方生产企业处于竞争状态。但事实上由于1964年和1965年英国的《大陆架法》和《天然气法》明确规定了英国天然气公司为英国天然气资源唯一买主。也就是说，在这个市场上的买方是唯一的，所以生产商在无法将天然气卖给其他买家的情况下只能以低价全部卖给英国天然气公司。所以改革前的英国天然气上游市场实际上并不是一个完全意义上的竞争市场。

对这一情况的改革始于20世纪80年代。1982年的《油气企业法》和次年的《能源法》取消了英国天然气公司对新的天然气资源的有限购买权；允许石油生产商租用英国天然气公司的国家输气网，以使生产商可以直接向用户供气；并允许其他的天然气供应商每天销售300万立方米的天然气，而无需征得能源大臣的同意。与此同时，政府还迫使英国天然气公司出售它的海上和陆上的石油股份。1989年4月政府规定英国大陆架的新油气田的天然气至少10%的份额由其他的天然气销售商购买。

另外，英国通过改革税制来吸引对上游生产领域的投资，20世纪80年代初，由于税负过重英国北海的投资额下降。1983年之后，政府改革税制，主要措施包括：对于小型油气田（可采储量在1320万吨或小于1320万吨的油田），可免除支付石油收入税；对于从1982年4月后同意开发的油田免除矿区使用费；对从事油气勘探开发投资的石油公司和企业，允许把部分勘探费用于减免石油收入税。这一体制与利润的联系更为紧密，大大地减少了与利润无关的干扰因素。并且不再把矿区使用费作为租赁条件这一作法当时在世界上尚无先例。新的优惠对石油勘探投资的回升起到了促进作用。

（二）中、下游领域改革

1986年以前，英国天然气工业中、下游（长输、配送和销售）全部为国有企业英国天然气公司（BG）所垄断。对它的垄断经营的改革就成为这一领域改革的线索。表9-4列出有关对英国天然气公司的垄断地位的改革过程。

表9-4 英国天然气公司改革过程

时间	改革内容
1986年	《天然气法》对国家天然气公司进行私有化改造
1989年	90：10条例禁止英国天然气公司与任何气田签订的合同购气量高于气田产量的90%，要求生产企业将其余的10%的天然气产量出售给独立供应商和托运商
1993年	Ofgas要求英国天然气公司的管输和销售业务进行财务分离，确保管网的无歧视准入
1994年	英国天然气公司实现了输配、储气与销售业务的分离，并根据Ofgas的价格上限公式确定运输和收费市场费率，定期公布固定及可间断供气费率
1996年	管网准则明确界定了BG管网使用者的权利和义务，确定了管道公司的运营方式和保持管网系统平衡的手段
1997年	BG正式将其天然气交易、零售等供应业务划归新成立的上市公司Centrica
1999年	内部财务重组，并把公司更名为英国天然气集团公司（BG Group）
2000年	BG Group再次一分为二，将天然气运输、电讯、技术服务等业务划归新成立的上市公司Lattice，仅保留天然气勘探、生产、储存和国外天然气下游领域的业务

80 年代末，英国石油、壳牌等一些石油公司也相继进入英国天然气中、下游，他们不但租用英国天然气公司的管网，同时还自己建立新的管网，形成了一定程度的中游竞争，另外，他们也参与到销售市场的竞争中来。

1996 年 4 月，Ofgas 启动了对于 50 万零售市场小用户开展供气竞争的试点，他们可以在 9 家供气商中自由选择。1997 年 4 月，零售市场竞争试点范围进一步扩大到了 150 万户❶。

经过改革，截至 2001 年的报告显示：（1）上游领域共有 7 家大型和 100 多家中小型勘探、开发和生产企业；（2）在批发、合同和零售市场除 Centrica 公司之外，还有大约 40 多家持有专门许可证的天然气托运商和独立供应商；（3）Lattice 作为英国天然气长输管道和绝大部分地方配气管网的主营公司，与另外 6 家地方配气管道公司一起也形成了竞争。综上，英国的天然气市场已经实现了充分的竞争❷。

第四节　中国燃气行业改革的竞争模式现状

一、上游领域

1998 年的重组形成了中石油、中海油和中石化三大国有石油公司，他们之间形成了一定程度的竞争。但在上游领域，三大国有石油公司"划地而治"，同时对外合作的专营权以及矿产许可证的非招标方式的发放，使中国天然气行业的上游领域实质上还处于垄断状态。中石油、中海油和中石化的产量分别占国内总产量的68％、18％和 9％，其中，中石油掌握了中国绝大部分天然气资源，拥有全部的天然气批发市场❸。中国燃气集团是唯一一个进入这个领域的燃气分销商，但所占市场份额微乎其微。2010 年 5 月发布的《关于鼓励和引导民间投资健康发展的若干意见》支持民间资本进入油气勘探开发领域，与国有石油企业合作开展油气勘探开发。这一政策开启了民间资本进入天然气上游领域以构建上游竞争格局的大门。但目前来看，改革刚刚起步，还没有实质性的进展，改革效果还有待观察。

二、中游领域

中国天然气行业的中游领域也是处于国有垄断状态。目前存在于市场上的天然气长输管道企业主要是中石油、中石化，油气管线长度共占全国的 80％以上，其中尤以中石油占有绝对的垄断地位，另外四川石油局所属的输气处也是这一环节中

---

❶ 洪波，钎红. 欧美的天然气定价机制及价格监管对我国的启示. 石油规划设计，2009，20（1）.
❷ 李晓东. 英国天然气工业的改革发展及对我国的启示. 国际石油经济，2001，9（11）.
❸ 迟国敬，闫锋. 关于解决城市燃气企业与上游供气企业供气范围矛盾的几点建议. 城市燃气，2003，（5）.

的一员。三个企业基本上把持着中游长输领域的业务。由于长输管网为以中石油为首的国企所垄断，并且没有开放传输业务实现公平接入，这使得竞争性市场无法形成。可以说，中游领域的接入改革是整个行业改革的关键环节。

三、下游领域

中国燃气行业下游城市燃气的竞争模式改革大体上可以认为是从 1995 年开始的，表 9-5 列出了从 1995 年起的城市燃气行业改革的相关法规，随着这些法规的不断出台，改革也不断地走向了深入。每个法规的相关内容在前面已经多次提到，这里不再赘述。

表 9-5　下游城市燃气行业改革相关法规

时间	相　关　法　规
1995 年	《市政公用事业建立现代企业制度试点指导意见》
1998 年	政府出台了鼓励民营企业进军基础建设的政策
2001 年	《关于印发促进和引导民间投资的若干意见的通知》
2002 年	《"十五"期间加快发展服务业若干政策措施的意见》、新的《外商投资产业指导目录》、《关于加快市政公用行业市场化进程的意见》
2004 年	《市政公用事业特许经营管理办法》

到目前，下游城市燃气行业形成了初步的竞争局面。主要有以下几个特点。

（一）进入市场的竞争已经形成

从 2004 年开始的特许经营制度使包括国有、民营、外国等多种资本在城市燃气行业市场准入的战场上展开了激烈的竞争，行业内称之为"跑马圈地"。同时由于中国经济的发展，城市化进程的加快，城市燃气行业的市场日益广阔，使得对新市场的争夺也日趋激烈，在这里尤其突出的是民营和外商资本对于竞争局面形成的推动作用。可见，市场准入的改革成效已经十分明显。

这一竞争制度对现有城市燃气企业有较好的激励作用。一方面，对于在位企业，其经营权受到了威胁，在其经营不好的情况下，政府可以通过招投标方式选择更有效率的企业为本地区服务，所以在位企业需要提高自己的管理、服务等水平来争取有利的竞争地位。另一方面，在开拓市场的过程中，企业必须有足够的实力方能与其他各路企业竞争，尤其是对于国有企业而言，长期以来的垄断地位已经使他们的经营管理能力不佳。如果不努力改革自身，改善经营能力，在对新市场的开拓上，他们将无法与那些优秀的民营和外资企业抗衡。例如，民营企业新奥燃气通过不断的跨区域市场开拓，市场扩张能力十分突出；而作为中国香港中华煤气在大陆有城市管道燃气项目 80 多个❶。另外，从跨区域市场开拓竞争的角度上看，进入

---

❶ 资料来源：http://www.towngas.com/Chi/Corp/AbtTG/MainlandBus/Index.aspx.

竞争制度也会在一定程度上促进城市燃气企业自身的改革与发展。

（二）市场内竞争有待深入

企业参与竞争的方式不仅包括进入市场的竞争，更包括市场内竞争。我国已经通过实行特许经营制度实现了进入市场的竞争，但市场内竞争尚未展开。

市场内竞争主要包括市场内企业间竞争和替代品间竞争，下面我们对这两个方面的竞争情况加以分析。

（1）市场内企业间竞争。由于目前我国大部分城市燃气行业实行的还是纵向一体化的运营模式，即燃气的城市配送和燃气的销售集成在同一城市燃气企业。另外，由于城市管道燃气配送环节的自然垄断性，每个城市或区域只有一个企业，也就是说，我国目前的城市管道燃气行业是纵向一体化下的区域垄断。在这种模式下，企业在得到特许经营权后相当长的一段时间内（特许经营期限）实际上是没有竞争对手的，无法形成企业间的竞争。需要指出的是，这里我们提倡的企业间竞争指的是燃气销售企业之间的竞争，但在一体化下，燃气销售业务也只能由一家垄断。

值得注意的是，在实践中已经有企业做出了改革的尝试，如深圳燃气实行的"一家经营管网，多家经营燃气销售"和上海燃气实行的"多气源供应，一张配气网，多个销售公司"的模式都是非常好的经验积累，为今后的改革探索了道路。

（2）替代品间竞争。对于工业用户来说，天然气的替代能源包括原油、煤炭。发达国家的天然气价格由市场机制形成，或是直接与替代能源价格挂钩，或是与替代能源的价格呈相同趋势变化，天然气可以和替代能源形成很好的竞争。但我国的情况是，价格市场化尚未形成，根据 2006 年和 2007 年两年的天然气、原油、煤炭（采用动力煤的价格）的平均出厂价，并根据等热值等价原则进行换算，天然气的价格是原油价格的 26%。这种情况下，天然气价格与替代能源价格关系的扭曲使替代能源之间的竞争无法开展。

第五节　中国燃气行业改革的竞争模式选择

（一）建立纵向一体化下的竞争模式

诚然，纵向一体化的运营模式不利于竞争的引入，但纵向一体化同样可以带来范围经济、规模经济等效应，使企业保持雄厚的实力。在纵向一体化和纵向拆分之间，根据中国现阶段的国情，我们选择前者，这一点在本书中多次提到。加入 WTO 后，在燃气行业领域的竞争将日趋激烈，具有竞争性的环节也将陆续开放，对于能源这一重要领域，国外资本过大比重的进入将无法保障国家能源安全；而如果进行拆分，那么拆分后的各个小企业将无法与国际上那些巨型能源公司相抗衡，最后势必会在竞争中退出燃气行业。英国的实际情况表明，虽然拆分对引入竞争产生了积极的作用，但是，英国的企业也同样由于拆分而丧失了原有的竞争力，使英国的大部分市场被外国资本占领。

美国的实践证明，在纵向一体化下同样可以成功地引入竞争。美国的燃气行业改革为在纵向一体化下引入竞争提供了很好的经验。在保持中下游一体化的同时，通过科学合理的监管体系的建立，美国实现了长输管道和城市配气网络的"第三方准入"，并对这两个环节的管输价格实施严格的监管，同时对其他非自然垄断环节全面开放。通过不断的竞争，美国形成了天然气行业非自然垄断环节的有序竞争，而且随着行业的发展，行业规模的不断扩大，长输环节也开始出现了竞争，并且这一竞争不是建立在资源浪费的基础上。

所以考虑我国现阶段国情，我们建议在维持纵向一体化结构的基础上，通过科学有力的监管，实现对自然垄断环节的自由接入，进而实现对其他非自然垄断环节引入竞争，最终提高整个燃气行业的效率，服务于广大用户。

（二）在没有引入下游销售领域的直接竞争之前采用区域间竞争和推进替代品竞争模式

中国的燃气行业竞争模式改革才刚刚起步，其竞争的引入范围只是下游城市燃气行业的进入竞争部分，可以说，现在的行业竞争状况离改革的最终目标还相去甚远。但改革更不能急于求成，坚持走渐进式的改革发展道路，这是我们科学合理的改革路径。所以，如何在现状下更好地发挥竞争的作用，就是我们要解决的问题。在这里，我们建议，在没有引入下游销售领域的直接竞争之前采用区域间竞争和推进替代品竞争。

由于不同地区的燃气行业都是区域垄断，又因为燃气行业目前的改革还不成熟，所以很难在本区域引入直接竞争。但是可以通过区域间塑造竞争主体的办法，即利用区域间比较竞争，来实现区域间竞争。这一做法在日本燃气行业已经得到验证，并且取得了一定的效果。当几个地区的燃气市场规模、经营规模、成本结构等方面相似（具有同质性）的时候，就可以将这几个地区的燃气企业放在一个竞争群体里。以经营效率较高的企业的经营成本为基准，考虑各个区域经营环境的差异，来制定监管价格，这样可以通过相似企业之间的竞争来起到激励企业提高管理效率，降低成本的效果，但监管部门要注意防止企业间的串通合谋。

替代品之间的竞争是市场竞争中最基本的一种类型，能源之间的竞争可以促使形成合理的能源价格，促进能源的合理优化配置。一般来说，能源价格不管是通过参考可替代能源价格来确定还是由市场机制来确定，各种可替代能源之间的价格都具有强相关性，如欧洲和美国的天然气价格。这一点我们在本书中已经论证过多次，这里不再赘述。所以，在目前我国燃气行业在无法实现直接竞争的情况下，可替代能源之间的竞争显得尤为重要。在这里我们强调的一点是就目前的情况来看，中国的天然气与其可替代能源相比价格明显偏低，天然气的价格是原油价格的26％，致使无法形成竞争。这一点我们将在第十章价格模式改革中进行详细的阐述。所以目前形成替代能源间竞争的改革关键就是使天然气的价格的合理化，另外要实现用户在各种能源之间自由选择的机制。

（三）引进多种气源，实现多气源竞争

多种气源之间的竞争是实现上游竞争的办法之一。从目前的形式来看，在没有开放上游生产领域的市场准入之前，上游还是垄断市场结构，无法实现直接竞争。在这里，我们认为可以通过引入多种气源的方式来实现竞争。多种气源包括进口液化天然气、进口管道天然气等，而其中更能实现竞争影响的是管道天然气的引入。目前由于国内外管道天然气的价差等因素的影响，进口管道天然气项目除中国中亚天然气项目以外还没有实现，而以实现的项目由于价格等原因正处于亏损状态。另外，从我国自身资源丰沛程度和保护国家资源的战略方面考虑，引进国外管道天然气也是势在必行。

（四）逐步放开上游生产领域市场

从美英的改革过程来看，在进行放松监管或是私有化改革之前，他们的天然气行业上游领域就已经是竞争性的市场结构，有多家企业经营天然气的勘探和开发，开放上游市场对整个行业改革的影响至关重要。所以，对于中国燃气行业的改革应逐步放开上游生产领域市场。（1）放开市场准入。让有资质的企业可以参与到上游领域的竞争，鼓励民营和外资企业参与到天然气的勘探开发中来，进而形成数量和性质两方面的多竞争主体的市场格局；（2）改革矿产许可证的管理方式。引入招标的方式对其进行分配；对到期的矿产许可证到期的区块应重新审查，完善勘探许可证发放和延长的有关规定，如未通过考核，可通过招标将这部分许可证重新分配出去；增加以产品分成合同方式招标的勘探区块数量。

（五）逐步实现对中游长输管道和下游城市配送管网两大垄断环节的自由接入

这一项改革是整个改革中最重要的环节。首先，它是促进行业竞争形成的条件。如果无法实现垄断企业与非垄断企业的公平竞争，则竞争性的市场就从根本上无法建立起来。第二，管道燃气的网络依赖性是其行业的基本特点，所以只有网络使用公平、畅通，才能使燃气在公平竞争的环境下顺利从产地送到用户终端。

（六）最终开放用户选择权

用户选择权的开放程度是市场竞争程度高低最直观的衡量指标，改革的最终目的可以看成是使社会利益、行业效率、企业效率、用户利益达到类似于帕累托最佳的效果。竞争模式改革的不断深入就会实现用户对供气商的自由选择，而用户选择权的实现又会反过来促使企业间竞争的进一步深化，这在美国和英国已经实现。中国的燃气行业改革也要朝着这个方向发展，使改革成果惠及最终的企业和个人消费者，并形成良性循环的竞争机制。

第十章
中国燃气行业改革的价格模式

在中国燃气行业市场化进程不断加快的过程中，价格这一要素将起到越来越重要的作用。价格可以反映出多方面的市场信息，健康灵敏的价格机制可以起到优化资源配置，使燃气行业以公平合理的价格服务于消费者。本章将对中国燃气行业改革的价格模式做深入的分析。

第一节　定价方法

由于其他已处于充分市场竞争状态的燃气基本上是由市场决定价格，在这里我们以天然气作为研究对象，阐述实践中的几种主要的天然气定价方法。

一、成本加成定价法

成本加成是最常用的定价方法，它以变动成本加固定成本得到的全部成本作为定价的基础，在全部成本的基础上乘以目标利润率得到利润额，将全部成本加利润额之和分摊到单位产品上即得到天然气价格。

它的定价模型是：$P=(F+V+T+R)/Q+\beta$（其中，P 是价格，F 是固定成本，V 是变动成本，T 是应缴的各项价内税费，R 是预计的利润指标，Q 是产品的标准产量，β 是调整因素）。

成本加成定价法的缺点是：企业所获的利润与企业的经营绩效无关，无论企业经营的好坏，它的利润都是其成本加上以成本为基础算出的利润，这就意味着企业可以不考虑成本，不用像竞争环境中的企业那样通过不断改进管理，提高绩效来降低成本。另外，由于政府和企业之间的信息不对称，企业是信息优势一方，他们可以夸大成本，特别是经营成本，进而取得更高的利润，从而取得超额利润。

二、投资回报率定价方法

与成本加成定价法一样，投资回报率定价方法也是在全部成本的基础上加一定的利润，但两者不同的是，前者的利润是按成本利润率来计算的，而后者的利润则按目标投资收益率来计算。

也就是说，投资回报率定价模型与成本加成定价法相似，只是对预计的利润的计算依据有所不同。

投资回报率定价法的缺点是：它和成本加成定价法一样，都是在成本基础上加上预计的利润，其计算利润的基数是投资额，所以企业若想提高利润，就可以通过加大投资的方法来获得，这就会引起资本存量的过度投资，也就是 A—J 效应。企业会将资本的投入扩大到最小成本水平之上，因为投资可以带来相对较高的利润（Averch and Johnson，1962）。同时，企业为了增加利润还会把无用或多余的资产投入使用，在加大投资的同时还会导致较高的运营成本，因为企业的运营成本能够收回，所以企业没有提高管理水平和进行创新以降低成本的激励，而其运营成本上升所带来的风险则由消费者承担。

另外，不管是成本加成还是投资回报率定价法的使用者都可以通过和政府的讨价还价甚至是通过寻租行为来获得更高的预计利润率，这些成本也同样会转嫁到消费者身上。

三、市场净回值法

这是一种以市场为基础的定价方法，它是一种以天然气的市场价格为基础推出上游供气价格的方法。

市场净回值法的实施步骤如下。首先，由天然气的市场价格来确定最终用户价格。市场价格通常是以可替代能源（主要有煤炭、人工煤气、液化石油气、电力）的价格基于热当量来确定，另外不同类用户的天然气市场价值要分别予以确认，并注意在确定具体某一类用户的天然气市场价格时，应选用该类用户最廉价的替代能源作为参照对象。第二，由最终用户价格来确定城市门站价格。城市门站价格等于前一步的最终用户价格减去地方配气公司的配气成本。第三，由城市门站价格确定上游供气价格。上游供气价格等于城市门站价格减去长输管道运输成本，这也就是天然气的市场净回值。

这种方法的优点是：和成本加成定价法相比，它的价格是以天然气的市场价格为基础而不再是企业的生产成本，这就规避了成本加成法的一系列缺点，使企业有动力去改革创新、提高生产率以降低自己的成本来取得更高的收益，同时也利于企业间展开竞争。另外，由于市场价格的传递性和灵敏性，上游生产企业通过价格这一市场信号可以有效调节自己的生产，有利于鼓励企业开发生产，扩大供应。但是这种方法是基于市场的，所以它无法规避变化的市场所带来的影响，如大的经济政治环境等的影响，而这些影响又是与企业自身的努力程度无关的因素，所以它对价格稳定性的控制程度较弱。

四、差别定价法

差别定价法是指厂商在相同时间内以相同产品向不同的购买者索取不同的价

格，或在充分考虑生产、销售以及风险的变动后，相同产品的销售价格与其边际成本不相称。

差别定价法包括根据顾客、产品、时间、地点的不同而进行差别定价。其成立条件包括企业对价格有一定的控制能力；产品有两个或两个以上被分割的市场；不同市场的价格弹性不同。根据这三个条件，天然气行业可以实施差别定价。首先，天然气行业属自然垄断性行业，垄断厂商有一定的市场控制力量可以在一定程度上控制价格；其次，由于天然气的网络型基础设施的技术障碍使消费者之间无法自由转售，使得各个细分市场被分割开来；最后，不同消费者的价格弹性、偏好和承受能力存在差异，并且不同消费者可以在一定程度上较好的加以区分。

针对不同的用户，如城市燃气用户（包括居民、商业、公建用户）、电力行业用户、工业燃料用户、化工原料用户，天然气实行差别定价在世界上也是通行的做法，这就是依据顾客不同的差别定价。另外，基本上在天然气市场建立初期各个国家均采取低气价策略，使天然气与替代能源相比更具价格竞争优势；在天然气市场发展期和成熟期，随着市场的扩大和用户对价格承受力的提高，又会逐步提高价格，向替代能源的价格靠拢，这就是按时间不同的差别定价。此外，一线一价等方法均是差别定价的应用。

确定最优的差别价格的方法是：假设 MRA 是企业在 A 市场的边际收益，MRB 为企业在 B 市场的边际收益，MC 为企业产品的边际成本，则最优的差别定价条件是：$MRA = MRB = MC$。

五、特许经营投标定价法

特许经营制度实行招投标制，中标企业是那些提供最高质量价格比的企业，也就是说企业的价格越低同时质量越高，就越容易获得特许经营权。在提供质量相似的情况下，企业报价越低，中标的机会就越大，所以企业的报价在这里显得尤为重要，报价越高，未来利润就会越大，但中标的机会也就越小；相反，报价越低，未来利润相应就会越小，但中标概率会增大。在这种机制下，企业一方面会为了获得特许经营权而尽量降低报价，另一方面又必须保证质量，所以获得特许经营权的企业在一定程度上可以看成是对消费者来说最有利的选择。同时对于中标企业来说，他要在保证质量和既定价格的前提下获得最大的收益就必须努力提高企业自身的效率，改善经营，锐意创新，以降低成本。

事实上，在各国的实践中经常采用多种定价方式混合使用的方法，多种定价方法的结合可以克服单一定价方法的不足。

目前世界各国的天然气定价方法也存在着差异。如：美国天然气价格由井口价、管输费和配气费构成，其中井口价市场化，管输费和配气费按成本加合理回报而定；俄罗斯的天然气实行低气价策略；英国天然气价格采取政府指导协调价，按用户规模进行定价；荷兰按价值原则定价，以稍超过可替代能源的价格为宜；印度天然气价格与燃料油价格挂钩；日本和韩国按成本加合理回报定价❶。

各国应根据自身天然气行业情况的特点，按照市场规律，科学合理地制定天然气价格。天然气的定价既要有利于行业和企业的健康发展，又要让消费者享受公平合理的价格。而在中国，天然气定价的非经济影响因素过多，已经背离了市场经济规律，价格也成为影响整个行业发展的重要环节。

第二节　天然气行业的价格特征

在市场经济中，价格机制的重要性不言而喻。在天然气行业，由于其产业结构的特殊性也使其价格具有一定的特征。

（1）波动性。充分引入竞争的成熟的天然气行业，其天然气产品作为一种商品，价格被市场供求、成本变化、储量变化、甚至是整个经济环境所影响，所以天然气商品的价格对市场反应的灵敏度很高；长途管输和城市管网配送的服务价格由于实行受管制的费率，其波动性相对较低。所以，在这里我们所说的价格波动性是指竞争性市场上天然气商品价格随市场变化而变化。

（2）竞争性。首先，自由接入和传输网络的联通以及用户选择权的普及使燃气商品的价格也实现了竞争，顾客可以选择相对价格较低的供应商的产品，于是各个燃气供应商之间产生了价格竞争。其次，不仅是一个区域之内可以形成竞争，区域之间的比较竞争也可以使某些具有相似市场情况的区域之间形成价格的联动。一个区域的价格变动会影响别的区域的价格变动，也就是说这种区域间价格的比较竞争可以在更广泛的地域里产生影响。最后，作为一种能源，天然气的替代产品很多，如电、煤、石油、其他人造煤气等，替代品的竞争对天然气价格的影响十分明显。不论是直接与可替代能源的价格指数挂钩的欧洲和亚洲的天然气定价模式，还是与现货市场价格挂钩的美英天然气定价模式，都直接或间接的反应了替代能源在天然气价格生成中发挥的作用。前者是对替代能源价格的直接反应，而后者则是由于能源之间的替代关系将偏离的天然气价格调整回到石油产品的价格范围。

（3）优化性。一方面，竞争性市场所生成的价格承载着大量的信息，这些信息向市场参与者们提供了决策的条件，并有助于价格机制更好地发挥作用，改进市场结构，从而实现行业内资源的优化配置；另一方面竞争性的价格使每个市场参与者都要提高效率、降低成本，以免在激烈的竞争中惨遭淘汰，所以这又使企业内的资源配置得到优化；最后，竞争性的价格机制会导致天然气产品价格的下降，而又由于天然气作为一种能源其基础性地位的重要性，它的变化可以影响到居民生活、工商企业生产等社会的方方面面，所以，竞争性的价格所产生的价格下降也可以产生

---

❶ 城市天然气价格及价格机制的探讨．http://hi.baidu.com/beyondvolvo/blog/item/59bad1c4d676dac238db49ee.html.

社会层面的资源优化的效果。

一、美国天然气行业价格改革

美国燃气行业改革后形成了自然垄断环节与非自然垄断环节的分离，自然垄断环节保持垄断，非自然垄断环节引入竞争。美国的长输管道运输由 FERC 负责监管，而对城市管网配送则由各州相关监管机构负责。由于区域分销公司不能依靠天然气买卖赚取利润，因此，只能通过管道服务获利。

（一）美国天然气行业的定价机制

1. 开放市场、引入竞争

美国的上游市场已经实现开放。只要有能力的企业都可以参与到竞争中来，在这里是一个竞争性的市场，价格完全由市场竞争决定。

·中游管道建设和运营也已经实现开放。所有中游长输管网公司必须实行"第三方准入"，即国家以法规形式强制管道开放，所有管道必须面向供气商和用户开放，在公平费率基础上提供无歧视准入。这样就形成了供气方争夺用户的竞争。

2. 不同性质的环节不同定价原则

长输管道运输和城市管网配送作为自然垄断环节，以成本加成法定价（即实际运营成本加上法定的固定回报率，城市管网的运营费用根据固定成本和变动成本在客户预定的容量和实际用量之间分担，从而细分为容量价格和用量价格两个部分）；而天然气的生产和销售作为非自然垄断环节采取由竞争性市场决定价格。对长输管道运输和城市管网配送实行监管，而对天然气商品价格则没有监管。

3. 发展天然气现货交易市场中心

现货交易市场是美国天然气行业的一个重要的组成部分。天然气交易价格通过现货市场交易中心（hub）由众多的买方和卖方竞争形成，主要受到供需、替代品价格、气候变化等因素影响，这里形成的现货价格对整个天然气行业的价格形成起着至关重要的作用。其重要性体现在：首先，这一价格是天然气产业链中各环节价格关系的连接点。第二，长期合同的天然气价格也主要与市场交易中心的现货或期货价格挂钩。第三，由于进口 LNG 的竞争对象是管道天然气，所以其价格要以市场交易中心的价格为基础倒推。管道气和 LNG 的到岸价变化都与现货市场交易价趋同。

（二）美国天然气行业价格监管

1. 上游监管改革

历史上美国对天然气井口价格的严格控制造成了 20 世纪 70 年代的天然气危机，当石油价格上升时，天然气价格偏低，引发了天然气供求失衡。从 1978 年

《天然气法》开始，美国逐步放开井口价格，并对 1985 年 1 月 1 日以后新井的井口价格不再控制，1989 年《天然气气源放松管制法》标志着天然气井口价格管制的结束，规定取消所有对天然气井口价格的控制，从 1993 年 1 月 1 日起，允许井口价格由市场定价。

2. 中游监管改革

美国天然气行业对中游的改革主要是要求管道公司的管输和销售业务分离，并强制要求实行"第三方准入"。1985 年联邦能源管制委员会（FERC）通过的 436 号令鼓励管道公司无歧视地提供公开准入，1992 年 FERC 又通过 636 号令强制管道公司提供公开准入运输服务。

二、英国天然气行业价格改革

英国同样是对上游供气价格和下游终端用户价格实行市场竞争定价机制，并不对这两个价格进行监管；对中游长输管道和下游城市配送管道价格实行价格帽定价法，这两个价格受到政府管制。

（一）英国天然气行业的定价机制

1. 完全竞争市场决定价格

在英国的天然气市场上的所有天然气用户（小至居民用户）均已实现自主选择天然气供应商，可见，英国已经形成了完全竞争的天然气市场。在这一完全竞争的市场上，天然气价格以英国 NBP（The National Balancing Point，UK）天然气现货价以及 IPE（英国国际石油交易所）的标准报价为基础，由市场供需形成。

原本英国与欧洲的天然气价格是相互独立的，但随着英国进口天然气的增加及英国与欧洲大陆之间的天然气管道的运行，英国天然气价格也逐渐受到欧洲天然气价格的影响；同时，由于天然气与石油之间的替代关系，天然气现货价格从长期看还间接的受到石油价格的影响，与其变化趋同。

2. 管输价格的确定

英国管网已经完成了"第三方准入"，英国管道运价的确定方法为价格帽定价法，是在服务成本法基础上的一种改进。管道公司对一定时期内（一般为 5 年）的价格变化用价格帽公式进行调节。价格帽方法的原理是管输价格的增长等于预期增长的年度运行成本减去预期增长的生产率。在确定管道公司初始运价时，仍采用服务成本法，但用价格帽来限制一定时期的管道运价水平。价格帽方法是对管道公司提高效率和降低成本的一种激励机制。管输费率主要采用"入口/出口"的费率结构，即托运方需要分别支付入口容量费、出口容量费以及从入口到出口两地的管道容量费或使用费❶。

---

❶ 城市天然气价格及价格机制的探讨．http://hi.baidu.com/beyondvolvo/blog/item/59bad1c4d676dac238db49ee.html，2009 年 7 月 16 日．

（二）英国天然气行业价格监管

1. 市场建设

1986 年颁布的《天然气法》可以看成是英国天然气私有化改革和竞争性市场建设的开始。首先，对国家天然气公司私有化改造为形成竞争性市场提供了基础；同时，部分放开了天然气供应的管制，并引入了管网"第三方准入"制度。

为了建立竞争性市场，制止市场垄断行为，英国制定了多种改革措施。第一，1989 年天然气供应办公室（ofgas）针对英国天然气公司实际垄断与操纵批发市场与合同市场的情况，颁布了 90：10 条例。条例禁止英国天然气公司与任何气田签订的合同购气量高于气田产量的 90％，要求生产企业将其余的 10％的天然气产量出售给独立供应商和托运商。第二，下调合同市场准入门槛。原来英国政府规定年用气量 25000 百万英热单位者为大用户，有权进入合同市场；1992 年，ofgas 把这一市场准入门槛降低为 2500 百万英热单位。第三，根据政府规定的定价办法，英国天然气公司必须定期公布固定及可中断供气费率[1]。

2. 业务分离

1993 年，ofgas 要求英国天然气公司的管输和销售业务进行财务分离，确保管网的无歧视准入。英国天然气公司经过内部重组，在 1994 年实现了输配、储气与销售业务的分离。1996 年，英国天然气"管网准则"生效。该准则是英国天然气行业监管框架的关键组成部分。"管网准则"明确规定了英国天然气管网使用者的权利和义务，确定了管道公司的运营方式和保持管网系统平衡的手段，为管网正常运营和市场公平交易提供了有力保障，成为管网第三方准入的基础。

3. 形成全面竞争

1995 年颁布《天然气法》，其核心是确立以许可证为基础的行业监管框架。监管机构可以发放天然气公共运输企业经营、托运商管网使用和供应商供气等 3 种许可证。凡是符合国家法定资质要求的经营者都有权申请许可证。1995《天然气法》为最终在英国天然气下游领域全面引入有序竞争构筑了明晰的法律框架。

1996 年 4 月，ofgas 开始在英国启动了在 50 万零售市场小用户范围内进行的供气竞争试点，这些用户有权在 9 家供气商中进行自由选择。1997 年 4 月，零售市场竞争试点范围又扩大到 150 万零售市场小用户。

国际经验证明：引入竞争后的价格机制促进了天然气价格的下降。1985 年以来，美国天然气名义价格下降或保持稳定，这意味着实际价格下降。1988～1995 年间，美国天然气井口价格下降了 26％；城市门站价格下降了 24％；电力和工业大用户的天然气需求的 75％来自竞争性批发市场，实际价格下降了 26％～31％；

---

❶ 曹建军. 英国天然气产业的发展及其启示. 中国物价，2004，（1）.

商业用户的天然气需求只有 25％ 直接来自批发市场，居民和商业用户天然气实际价格下降了 12％[1]。改革后的英国同样取得了良好的效果，根据英国的贸易和产业局统计的资料显示，通过对燃气行业放松监管，在 1986～1995 年间，英国的燃气价格有较大幅度的下调，居民用户的燃气价格下降了 24％，工业用气下降了 47％，而其中电力生产企业用电下降了 54％。与此同时，燃气的消费水平则上升了 38％[2]。

第四节　中国燃气行业价格机制现状和成因

一、中国燃气行业价格机制现状

中国现行的天然气价格机制是在计划经济时期形成的，实行政府统一定价，即天然气价格是一种政府行为而非市场行为的产物。

从定价方法来看，除海上天然气价格实行市场定价以外，陆上天然气定价方法主要采用成本加成法，也就是以天然气的全部成本作为定价基础，按照一定的加成比例计算确定单位产品的利润，再考虑单位产品的税金来确定产品价格。制定的价格要在生产、运输、配气等成本的基础上保证企业的合理利润率，企业上报的成本是政府制定价格的主要依据。从价格构成来看，天然气价格包括出厂价（从气田开采出来的成本价格）、管输价（管道运输费用）、门站价（进入城市管网前的价格，相当于出厂价＋管输价）、城市管网价（终端消费价格）。目前，天然气出厂价和管输价由发改委确定，根据开采成本和运输距离，实行一线一价。这也形成了各地不同的天然气价格。从定价过程上看，现行的天然气定价是一个企业与政府的谈判过程，从结果上看，天然气价格是一种政府行为的产物。这种价格机制已经引起诸多的影响，暴露出它的弊端。

（一）一体化的定价制度

中国的燃气行业的定价制度现状是：除了燃气设备的生产、安装、维修以及燃气工程的建设等明显非垄断性业务存在一定程度的市场竞争性定价以外，燃气产品的生产、长输和区域配送管网输送、燃气的销售实行的都是生产、输送和销售一体化的定价制度。这一定价机制一方面使可以由竞争性的市场机制来调节的生产和销售环节没有分离出来，无法在这两个环节形成市场价格，另一方面使燃气价格构成一体化、内部化和不清晰化。显然这一定价制度是与目前燃气行业的纵向一体化的行业结构和竞争机制的引进程度相一致的。纵向一体化的结构必然倾向于纵向一体化的价格制度，低市场竞争环境更无法生成竞争性的市场价格机制。对于纵向一体

---

[1] 刘戒骄. 垄断产业改革—基于网络视角的分析. 北京：经济管理出版社，2005：204.

[2] 仇保兴，王俊豪. 中国市政公用事业监管体制研究. 北京：中国社会科学出版社，2006：97.

化的结构需要说明的是，结构上的纵向一体化并不是产生不良影响的关键，关键是实质上的纵向一体化所产生的影响。从美国在一体化结构下的监管所取得的成果可以看出这一点，可以保持纵向一体化的结构，但不能保持纵向一体化的行为，这才是改革的思路。所以将自然垄断的网络输送环节和非自然垄断的生产和销售环节通过监管实现实质性的分离，对生产和销售环节引进充分的竞争，进而在这两个环节实现竞争性的价格机制，同时对网络输送环节实行管制的价格机制才是解决一体化定价制度的途径。

（二）不合理的计价方式

我国天然气的现有定价制度存在着诸多的不合理性，从大方面说，纵向一体化的定价机制的缺陷在前面已经讨论过，这里不再重复。另外即使是现有的计价方式上也存在着许多问题。首先，由于燃气的消费的时段性特点，它在不同季节甚至是一天的不同时段的消费量都有明显的差距，如北京燃气的季节消费峰谷差为 6～8 倍。而我国实行的是燃气价格淡旺季一个价不变，这样就造成了资源的严重浪费，使燃气生产总是被动地适应需求变化，消费的波动性影响了生产调度，造成设备闲置，进而增加成本，加剧价格矛盾。其次，燃气行业实行的对不同类型消费者的差别定价也显然有悖经济原理的客观性。现行的收费标准是对企业等团体用气大户收费高于居民用户收费，而居民消费的峰谷差是最为明显的，其供气成本也是最高的。国际上普遍的计价是居民燃气价格高于企业等大用户的燃气价格。

（三）天然气价格与供求关系脱钩

一般情况下，产品价格应该是由市场的供求关系决定的，但在某些特殊的情况下，如果出了特殊的需要，政府可以实行价格干预，目前的天然气价格正是这种政府干预行为的结果。但是，干预价格是有其前提条件的。就目前天然气的情况而言，必须保证有足够的天然气供给才能够支持这一干预价格的正常运转，否则就会出现今天的"气荒"问题。目前中国天然气价格的现状是，在现行的定价机制的作用下，产品价格与供求关系严重脱钩，价格无法准确反应市场供求，甚至过低的价格成为了一个逆市场供求的反向信号。在供给严重小于需求的同时，低价依然刺激着消费者继续拉大供求缺口，并在供不应求的同时助长浪费，价格的平衡供求的作用无法得到发挥，进而影响了天然气市场的健康发展。

（四）天然气价格无法反映稀缺关系

中国虽然地大物博，某些资源储量丰富，但就天然气而言，从表 10-1 和表 10-2 的已有数据分析，可见天然气资源在中国的相对稀缺性。同时考虑到目前中国是世界第一的天然气消费国，消费增速、工业化和城镇化发展进程的加快以及人口的增加，天然气的消费量还将迅速增加，势必加剧这种稀缺性。在市场经济运行中，价格应该反映产品的稀缺性，与产品的稀缺程度成正比。从表 10-2 中可以看出，石油与天然气的稀缺程度差不多，煤炭则比天然气的储量丰富 10 倍（从占世界总量的角度比较）。然而，作为天然气的替代能源，煤炭的价格已经放开，石油的价格也与国际接轨，只有天然气的价格改革问题迟迟得不到解决，一直处于低价状态。过低的天然气价格无法正确反映其稀缺程度。

表 10-1　2008 年天然气探明储量对比表

项目	探明储量（万亿立方米）	占总量比例	储产比
中国	2.46	1.3%	32.3
世界	185.02	100%	60.4

注：数据根据《BP 世界能源统计 2009》相关数据整理所得。

表 10-2　资源稀缺度对比表

项目	2008 年底中国探明的储量	占世界总储量的比例	储产比（中国）	储产比（世界）
石油	155 亿桶	1.20%	11.1	42
煤炭	1145 亿吨	13.90%	41	122
天然气	2.46 万亿立方米	1.30%	32.3	60.4

注：数据根据《BP 世界能源统计 2009》相关数据整理所得。

　　天然气的低价造成的后果之一是相对稀缺资源对非稀缺资源的替代。在相同产出效果的情况下，低价的天然气替代了煤炭等相对非稀缺的能源，从稀缺性角度造成能源使用结构的不合理。其二，从赫克歇尔和俄林的要素禀赋理论分析，要素资源的相对稀缺程度是国际贸易产生的基础。由此看来，中国作为天然气资源相对匮乏的国家，应通过国际贸易进口天然气资源，然而价格问题又成为天然气进口的阻碍。

（五）天然气价格与替代能源价格关系不合理

　　目前的国际天然气市场上基本存在着两种市场形式和与之相配套的两种定价模式，一种是欧洲和亚洲的垄断市场模式，另一种是美国和英国的取消管制市场模式。前者直接与可替代能源的价格指数挂钩，后者与现货市场价格挂钩。值得说明的是，虽然后者是天然气独立定价的方法，但是天然气的价格和石油价格存在着紧密的联系，因为能源之间的相互替代关系会把偏离的天然气价格拉回到石油产品的价格范围。事实上，美国天然气的月度价格维持在以家用取暖油价格为上限和以重质燃料油价格为下限的范围内。也就是说，天然气的价格与其替代能源的价格是存在合理的比例关系的。

　　根据 2006 年和 2007 年两年的天然气、原油、煤炭（采用动力煤的价格）的平均出厂价，并根据等热值等价原则进行换算，天然气的价格是原油价格的 26%。虽然能源价格在等热值条件下存在差异在国际上是一种普遍现象，但是美国作为天然气价格形成机制相对市场化的国家，其天然气价格是原油价格的 73%。从这一点上可以看出，中国的天然气价格与替代能源价格关系的不合理性，天然气价格被低估，而这会引起用户在能源选择方向上的扭曲，同时还会阻碍各种能源之间的竞争关系的发展，进而影响通过替代品竞争来促进天然气垄断行业的改革效果。

（六）天然气价格影响国家资源战略的实现

中国是天然气资源相对不足的国家。对于这种不可再生同时又相对稀缺的资源，出于国家能源安全的考虑，应该保护本国资源，否则一旦国内储量消耗殆尽，我国的能源供给将会受制于他国，届时"气荒"将成为一个更加棘手的问题。

然而现实情况是，一方面，因为相对低廉的天然气价格成为助长企业过度使用天然气的动力，同时已经导致某些领域能源的浪费和产能过剩，国内天然气资源正在被大量的加速消耗。另一方面，除一部分液化天然气的进口外，国外的管道天然气渠道因价格等原因尚未被打通，国外资源对国内资源消耗的补给十分有限。这样，保护本国资源的战略虽然长期影响深远，但从目前的情况来看，依然很难实施。

（七）天然气价格影响垄断行业改革进程

燃气行业是一个典型的自然垄断行业，在垄断行业改革的过程中，价格改革是一个关键环节。而现阶段天然气的价格机制还处于政府主导价格制定的阶段，也就是说，价格改革没有实质性的进展。

垄断行业改革是一个系统工程，它涉及多个方面，而每个方面都是相互联系、相互影响的，天然气价格改革作为改革系统的一部分，其滞后会影响其他方面改革。例如，燃气行业改革的模式之一是引入竞争，可以通过引入外部竞争者和替代品来实现。然而，基于现在的天然气价格，首先，由于国内天然气的低价导致国外天然气无法形成有效地竞争优势而止步于国门之外，从而阻碍了国外竞争者的培育；其次，天然气价格与替代能源价格关系的不合理使替代能源与天然气相比无法形成有效地竞争优势，从而阻碍了替代品竞争的形成。这样，天然气价格成为改革的阻碍，影响了整个燃气行业改革的进程。

现行天然气价格体制的多方面弊端已经充分暴露，已经在深层次上影响着整个燃气行业、其他能源行业以及国家资源战略等中国社会的多个层面。

二、现行价格机制成因

（一）历史原因

我国是从计划经济过渡到市场经济的国家，社会的各个方面在不同程度上还会受到计划经济的影响。商品价格，特别是作为城市公用事业范畴的天然气价格更会受其影响。与西方市场经济国家不同，由于中国的终端用户长期以来适应了燃气的持续低价并且对其价格敏感程度很高，所以天然气价格持续在低位运行。

（二）根本原因

垄断必然需要政府监管，价格监管是一个重要的方面。燃气行业目前在中国仍处于垄断地位，其价格必然要受到政府的监管，而政府监管的弊端就势必会体现在价格上，同时燃气行业改革的不完善使这一弊端更为凸显，从而造成天然气价格机制的不合理性。所以，其自身的行业特点和行业发展的现状是其现行价格机制产生的根本原因。

中国的天然气价格机制已经呈现出严重的改革落后态势，价格改革的滞后所造成的负面影响正在显露，天然气价格问题已经成为一个急需解决的难题，价格改革势在必行。

第五节　价格改革的进展、方向及改革建议

一、目前价格改革的进展和改革方向

国家发展改革委员会于 2010 年 5 月 31 日下发了《关于提高国产陆上天然气出厂基准价格的通知》（发改电〔2010〕211 号）文件，规定各油气田出厂（或首站）基准价格每立方米提高 0.23 元，并将出厂基准价格允许浮动的幅度统一改为上浮10％。这使停滞多年的价格改革有了一个实质性的突破。另外，西气东输二线和其他引进国外气源的项目也会推动天然气价格改革。西气东输二线一张管网里有不同气源，与当前西气东输一线、陕京线向居民供气实行同一个价格的矛盾，这也会迫使天然气价格改革。西气东输二线与中亚天然气管道联为一体，主供气源来自土库曼斯坦，补充气源来自哈萨克斯坦和乌兹别克斯坦。按照国际市场价格进口的中亚天然气严重亏损，长此以往会严重影响企业的积极性。按照西气东输二线与国际油价挂钩的定价公式，当国际石油价格为 80 美元/桶时，天然气在霍尔果斯的边境完税价格为 2.20 元/立方米，进口天然气价格远远高于国产天然气价格。以北京为例，国内终端用气价格为 2.05 元/立方。而中亚气源加上 0.7～0.8 元的管网费，到北京门站就要 2.9～3 元/立方，即终端用气价格要低于供气价格。天然气价格改革的方向是市场定价的价格机制，从政府定价到市场定价，其中提价是一个必须经历的过程。

二、推进燃气行业价格改革的建议

（一）推进价格改革

1. 天然气价格改革的目的

天然气价格改革的目的是建立一种长效的价格市场形成机制，以市场行为取代政府行为，使天然气价格能够有效地反映供求关系、稀缺关系以及与替代能源价格等之间的关系，成为现时的价格而非滞后的调节价格，从一个低层次的均衡上升到一个高层次的均衡。同时，天然气价格改革也应进一步推动燃气行业整体的改革进程。

2. 提高天然气价格在价格改革中的作用

首先应该明确的是提高天然气价格只是调节价格机制过程中的一个短期行为，是价格改革的手段和途径，它仍然是一种政府行为。也就是说，调高天然气的价格并不是价格改革的目的，建立长效的价格市场形成机制才是价格改革的根本目的。而提高天然气价格是为了避免低价所造成的种种不良影响，扫清价格改革过程中的障碍，保证价格改革的最终目的的达成。

3. 逐步引入"两部制"定价方法

对于长输和城市配气管道的定价，由于其自然垄断的特征，只有以价格监管的方式采取成本加成法进行严格管理，对于管输价格应逐步引入国际上通行的"两部制"定价方法，即管输价格由"管道容量费"和"管道使用费"两部分构成。"管道容量费"是为回收管道固定成本，按用户的高峰期需求来进行定价的。它的收费原则是：管输用户必须按合同预定的管输容量支付管道容量费，不管是否实际使用该容量或实际输量是否达到预定容量。但如果是因管输公司的原因不能按合同规定的要求向用户提供服务，管输公司也要向用户赔偿由此带来的损失。"管道使用费"是为回收管道变动成本而按用户的实际提气量收取的费用，其费率水平与天然气管输中的变动成本和相关变动费用有关。这一价格机制一方面保证了管网投资者合理的投资回报，也起到了引导用户在不同季节均衡管网运输负荷从而降低单位输气量成本的目的。

4. 价格改革需要多方面的支撑条件

前面已经分析，燃气行业改革是一个系统工程，它涉及产权、治理、竞争、监管等多个方面。作为系统工程中的一个方面，价格改革不仅自身会影响其他方面的改革，同时也会受到其他方面改革进程的影响。换句话说，天然气价格改革需要产权、治理、竞争、监管等多方面的深化改革作为其制度保障。同时，系统多方面良性循环的建立也是整个燃气行业改革的更高层次的需要和希望达到的效果。

（二）天然气价格改革中应注意的问题

价格作为一个在经济生活中十分敏感的指标，其变化会对社会经济运行产生诸多影响。所以，在进行价格改革的过程中，要从多角度分析预测，以避免产生重大的负面影响，破坏经济和社会的稳定。

（1）建立与消费者的有效沟通。在中国，水、电、气等公共产品的价格在一轮一轮的涨价，在大多数消费者的眼里，价格改革就等于涨价。这显然是向消费者传递了一个错误的信号，也使得改革受到了来自终端的不满甚至可能是抵制。所以，政府应向消费者传递一个明确的信号：价格改革的目的并不是涨价，而是建立合理的价格形成机制，通过更健全的机制更好地服务于大众，涨价只是手段而不是目的。同时，最为重要的是要切实的实现目标，不能只见涨价，不见效果。

（2）价格改革要与竞争、监管等其他改革模式配合推进，系统发展。天然气的价格改革需要其他方面改革配合，所以政府在制定价格改革政策的过程中要充分考虑其他方面改革的情况，进而制定一套系统性的改革战略，使各个改革子系统能够得到有效的整合，以期最终完成整个行业的改革目标。

（3）应以价格改革为契机，优化能源消费结构，实现粗放型经济向集约型经济的转化。我国的天然气消费在某些领域是典型的粗放型生产行为，价格可以调节企业行为。当价格上涨以后，一些企业会因为市场与成本的问题而退出，进而优化天然气的消费结构。所以政府应有针对性地制定相应的政策以实现天然气消耗向集约型经济的转化。

（4）要有效管理由于涨价而形成的垄断行业的超额所得。调高天然气价格势必会导致相关垄断行业利润的增加，如何控制这部分超额利润是价格改革过程中需要十分重视的问题。任何改革都应该切实保障人民群众的利益，随着天然气价格的上涨，群众消费的负担也会加重，但是垄断行业却会因此获利。所以，政府应采取相应措施来避免这种影响的产生。例如，可以通过对资源税的调整做到利益的合理分配。随着天然气价格的上涨，目前的资源税税率也应相应的予以上调，政府可以将由于价格上涨所产生的超额利润收回，进行二次分配，并将其补贴给终端因价格调整而利益受损的天然气用户，以期达到更加合理的改革效果。

（5）不应造成大面积的工业企业退出而产生资源浪费。天然气价格的上涨势必会造成以天然气为主要能源的企业的成本的上升，如果价格上涨的幅度超过了企业所能承受的范围，即使是因为某些资产的专用性使得其转换能源的成本很高，企业也只能退出，从而将导致已有的固定资产投入的浪费。所以，在政策允许发展、特别是鼓励发展范围之内的企业，政府应予以相应的补贴，以促进其发展，并达到产业结构优化调整的效果。

第十一章
中国燃气行业改革的监管模式

首先需要说明的是，对于英文中的"regulation"有多种翻译，日本经济学家将其翻译为"规制"，在我国它也常被译为"管制"或"监管"，在本书中"监管"与"管制"和"规制"均为同义。

国际上的主要发达国家对燃气行业的规制模式经历了从监管（regulation）到放松监管（deregulation）的过程。20世纪70年代以来，在美、英、日等国出现了放松规制的趋势，并一直持续到现在。

放松监管以向行业内引进竞争机制为目的，能够强化企业间的竞争，竞争性市场机制起作用的领域也就相应扩大，这也意味着要由直接监管的制度框架向竞争性市场机制的框架作全面或部分过渡。本章从理论和实践两方面入手，在对燃气行业监管模式改革的国际经验和国内现状研究的基础上，对中国燃气行业监管模式改革提出意见。

第一节　规 制 理 论

维斯库斯等认为，政府规制理论的发展经历了三个阶段，即实证理论的规范分析、规制俘获理论和规制的经济理论。

（一）实证理论的规范分析（normative analysis as a positive Theory，NPT）

实证理论的规范分析又被称为"公共利益理论"，由自然垄断、外部性等导致的市场失灵使政府规制具有合理性，政府规制发生在存在市场失灵的产业。一方面自然垄断的范围经济性使一个行业在只有一个企业生产时效率最高，另一方面垄断企业会利用自己的垄断地位制定垄断高价而侵害消费者利益，降低了分配效率。这样，对自然垄断行业，通过进入规制和价格规制就可以达到同时符合生产效率和分配效率的目的。所以，理论上规制可以提高社会福利水平。然而对实证理论的规范分析的反对意见表明：首先，理论和实证研究表明规制并不必然与外部经济或外部不经济以及垄断的市场结构有关（Richard A. Posner，1974）[1]。其次，规制对限制

---

[1] Richard A Posner. Theories of economic regulation. Bell Journal of Economics and Management Science，1974（5）：58-335.

垄断企业的定价行为并不总是有效，如斯蒂格勒（George Stigler）和弗里德兰德（Claire Friedland）对美国 1912～1937 年间电力价格的研究表明，规制对于电力价格的影响很小[1]。

（二）规制俘获理论（capture theory，CT）

经过对美国的规制史的研究，经济学家发现 19 世纪以来规制总是有利于厂商并且趋向于提高产业利润，而与市场失灵并没有很强的相关性，规制俘获理论由此产生。规制俘获理论认为，政府规制是为了满足产业对规制的需要而产生的（即立法者被产业所俘获），而规制机构最终会被产业所控制（即执法者被产业所俘获）。但现实生活中却存在着诸多厂商所愿意接受的规制，这又使规制俘获理论不具有很好的对现实的解释性。另外，规制俘获理论的三个假设（利益各方都是纯粹"经济人"，利益各方都具有理性的预期，规制是没有成本的）使规制俘获理论成为比较极端的推导而离现实更远。

（三）规制的经济理论（economic theory of regulation，ET）

实证理论的规范分析和规制俘获理论的解释能力都十分有限，所以经济学家们在寻找一种能够解释所有这些现象的理论。由乔治·斯蒂格勒（George J Stigler）[2] 在 1971 年提出后又经萨姆·佩尔斯曼（Sam Peltzman）[3] 加以系统化的规制的经济理论认为，由于规制立法机构可以起到重新分配社会财富的作用，而立法机构中的立法者趋向于追求最大的政治支持以谋求继续在位，利益集团可以利用政治支持来换取对立法的影响。所以他们的出的结论是，由于那些组织良好的利益集团能为立法者提供有效的政治支持，所以他们能够从规制立法中受益；规制倾向于有明显偏好的小利益集团，却牺牲偏好不甚明朗的大利益集团（对于单个企业和整个消费者两个利益集团来说，规制带给单个企业的人均受益要远高于带给单个消费者的人均损失，小利益集团比大利益集团对规制的偏好更强）。这在一定程度上解释了为什么总是使企业受益。加里·贝克尔（Gary Becker）[4] 认为，利益集团之间存在竞争，规制倾向于增加具有较大影响力的利益集团的福利，决定规制立法结果的是利益集团之间相对影响力。同时他指出，有利于增加福利的规制政策更容易被执行，长期处于市场失灵的行业更可能被规制。但是，规制的经济理论的不足在于假定利益集团可以直接影响规制，但事实上立法者不是利益集团的傀儡，并且

---

[1] George J Stigler, Claire Friedland. What can regulators regulate? The case of electricity. Journal of Law and Economices，1962（7）：1-16.

[2] George J Stigler. The theory of economic regulation. Bell Journal of Economics and Management Science，1971，2（1）：3-21.

[3] Sam Peltzman. Toward a more general theory of regulation. The Journal of Law and Economics，1976，19（2）：211-240.

[4] Gary S Becker. A theory of competition among pressure groups for political influence. The Quarterly Journal of Economics，1983，98（4）：374-400.

参与规制过程的人很多，如司法部门等，他们也没有研究利益集团如何影响司法判决。

（四）可竞争市场理论（theory of contestable markets）

可竞争市场理论是在美国等要求放松规制的背景下出现的。20 世纪 80 年代，由鲍莫尔（W. J. Baumol）、威利格（R. D. Willing）和帕恩查（J. C. Panzar）一起出版的《可竞争市场与产业结构理论》一书标志着可竞争市场理论的形成。可竞争市场理论假设：企业可以自由地进入或退出市场（行业），其沉没成本为零，潜在进入者与现有企业相比在知识、技术、质量、成本等方面不存在劣势。他们能够根据现有企业的价格水平预测进入市场的赢利性，他们能够采取"打了就跑"（Hit and Run）的策略，一个短暂的赢利机会都会吸引他们进入市场，并且在撤出市场时没有沉没成本。可竞争市场理论包括以下三个方面：在可竞争市场上不存在超额利润，对垄断产业和寡头垄断产业也不例外；在可竞争市场上不存在任何形式的生产低效率和企业内部的 X 非效率；在可竞争市场上无论是现有厂商还是新进入者都不存在绝对成本优势。所以，可竞争市场理论解释了在可竞争市场上潜在进入者的进入压力可以自动实现社会福利最大化，无需价格和进入管制。但真正符合可竞争市场理论假定条件的行业在现实中很少，所以该理论也存在着很大的适用局限性。

（五）激励规制理论（incentive theory of regulation）

20 世纪 90 年代以后在博弈论、信息经济学等前沿理论和分析方法的运用的基础上产生了激励规制理论。激励规制理论认为：规制问题实质上是一个委托——代理问题，规制者与被规制者之间进行着信息不对称条件下的非对称信息博弈。解决规制问题的关键是设计出既能充分激励被规制企业，又能有效约束其利用信息优势谋取不正当利益的激励规制机制（合同）。同时，在设计激励机制时，要考虑被规制企业的成本类型、产品或服务的质量及种类、绩效评估的依据等重要因素。激励规制理论在实际政策制定中的应用主要有：特许投标制度（franchise bidding）、区域间竞争（yardstick competition）、价格上限规制（price cap regulation）、社会契约制度（social contract）等。尽管这些激励规制方式各有利弊，但相比传统规制方式，激励性规制更适应于放松监管的实践，表现出了一定的优越性[1]。

第二节　监管模式的国际经验

放松监管的实质就是如何保证引入竞争机制后的经济运转的有效性，传统监管体制和放松监管后的监管体制的差别实质上就是在没有竞争和存在竞争两种环境下的监管设计的差别，不同的市场结构环境与不同的监管模式配合方能使经济有效运

---

[1] 张会恒. 我国公用事业政府规制的有效性研究. 北京：中国科学技术大学出版社，2007：12-18.

作起来。

在放松监管之前，世界上燃气行业除美国以外普遍是国有垄断，并且保持着纵向一体化经营。美国虽然没有采取国有垄断的方式，但就其市场的实质来看，也是一个缺乏竞争的市场，并且也采取纵向一体化的经营方式。那么与之相配合的监管方式就是国家对燃气行业的包括市场进入和价格制定等方面的严格监管。即缺乏竞争的市场结构对应着严格监管的监管模式。随着20世纪70年代以来的放松管制改革，各国不断在燃气行业的不同环节引入竞争，这样就出现了现在的竞争性的市场结构与放松监管的监管模式的对应。放松监管改革的方法主要有两种。第一种是纵向拆分、打破原有的一体化经营，使燃气生产、长输和配售各个环节彻底分离。由不同企业经营，在非垄断环节引入竞争，对垄断的网络环节采取较为严格的监管，这一方法的典型案例是英国。第二种是保持原有的纵向一体化，对非垄断环节放松监管的同时要求垄断网络对自己的关联企业和其他新进入企业提供相同的、无歧视的、公平的管输服务，提供潜在的竞争性服务。相比而言，第二种方法的监管难度要更大，这一方法的典型案例是美国。

一、英国燃气行业监管模式改革

英国的原BG公司是一个集天然气生产、进口、传输、分配、销售为一体的垄断公司。为了在燃气行业引入竞争，1994年英国实行了对BG公司的纵向拆分，打破原来公司的一体化经营，拆分后BG公司被分为负责经营传输配气管网的BG plc和负责销售的CENTRICA plc两个公司，并同时成立了其他多家销售公司；另外废除原输气管网公司对气田产品的垄断购买权，各销售公司、大的终端用户可以从生产商处直接购买天然气；输气网络与销售业务分离，传输配气公司不再从事销售业务，每个用户购气后都有权接入传输配气网络；区域销售公司不能进行区域垄断，即使像家庭这样的小的最终用户也可以自主选择销售商。

英国燃气行业的监管体系的设置如下：工业与贸易部是燃气行业的政府管理部门，工贸部设立天然气供应委员会（DGSS）负责对天然气产业的管理，工贸大臣具有最终的决定权；公平贸易局（OFT）负责监督BG的贸易政策，确保天然气贸易的公平公正；天然气消费者协会（GCC）是保护消费者利益的组织，负责向政府和各监管部门反映消费者的意见；垄断和兼并委员会（MMC）监督BG的行为是否损害公共利益，对BG损害公共利益的行为进行处罚，必要时向工贸大臣建议修改法案对BG的授权；天然气监管委员会（OFGES，现在已和电力监管委员会合并，称OFGEM）是监管天然气产业的核心机构，制定BG向小用户销售天然气的价格，落实市场准入政策，发放经营许可证，实行安全监管。英国的天然气法律给了OFGEM、MMC、OFT等监管机构以相当权利来执行这些法律。

在将生产、长输和配售三大环节分拆后，英国政府主要利用许可证制度来对燃气行业进行监管。1986年的燃气法案，设计了基于许可证制度的管理手段。在市场准入方面，许可证制度保留了特许经营制度对要求进入市场的企业资格的审核，但放弃了不必要的市场垄断，同时它还是对企业经营行为进行全面监管的手段。许可证中规定了被许可企业的权利和义务，企业的行为不能违反许可证规定的标准和非标准条件。许可证中的标准条件是必要的、行之有效的和各方都愿意接受的行为规范。许可证由 OFGEM 签发和吊销，向所有愿意遵守条件并有经营能力的法人和自然人开放，条件在网上公开发布，对所有申请者一致。OFGEM 定期召开会议，听取各方意见以完善许可证标准。OFGEM、OFT、MMC、GCC 等机构发挥各自的监管职责，对违犯标准条件的经营者予以处罚。许可证分为三类：运输商许可证、承运商许可证和供应商许可证。(1) 运输商许可证。运输商许可证的持有人不能同时持有供应商许可证，运输许可证持有人不具有地域性的垄断权，唯一允许垄断的领域是城市配气，燃气法规定在配气干线 23 米以内不能另建配气管线；(2) 承运商许可证。承运商许可证持有人购入天然气后，委托运输商把天然气输往其要求的供应区域，承运商许可证持有者可以同时是供应商许可证的持有者；(3) 供应商许可证。供应商向消费者供气，供应商之间也可以相互供气，供应商许可证往往具有区域性，但同一区域内有多个供应商❶。

二、美国燃气行业监管模式改革

引入竞争同样是美国燃气行业改革的重点，改革方法是对自然垄断环节严格监管和对非自然垄断环节引入竞争。美国的改革是在保持原有的纵向一体化下的放松管制，这种模式对监管能力的要求高。由于纵向一体化的结构仍然存在，燃气网络运营商就有动机"偏袒"自己的关联单位，甚至对其他企业的接入实施限制，这样就需要对网络部分加以足够的监管力度。

美国的放松监管过程大致经历了以下几个重要阶段。1989 年的《天然气气源放松管制法》完全取消了销售天然气价格的控制，天然气成为了一种自由贸易的商品与天然气运输服务相分离。1985 年联邦能源管制委员会（FERC）通过的 436 号法令通过开放州际管道传输，限制长期合同，允许本地分销公司和大的终端用户绕过州际管道公司，从生产者处直接购买天然气再经由州际管道输送到消费地，构建了一个开放接入、非歧视性的运输服务，开始将管道公司的中间商职能与运输商职能相分离。1992 年的 636 号法令要求州际天然气管道公司将天然气销售业务从管道运输服务中分离出来，并由不同的机构处理。州际管道公司不再具有批发职能，使天然气作为一种商品与运输、储存和销售服务彻底分离，消除了州际管道公司通过限制接入来扭曲供给竞争的基础。1995 年，美国燃气行业第一个居民消费者选择权计划开始实行，消费者可以自主选择自己的供气商。到 2000 年已有 60% 的美国商业客户通过行使消费者选择权购买燃气。

❶ 姜润宇. 城市燃气—欧盟的管理体制和中国的改革. 北京：中国市场出版社，2006：63-72.

美国的燃气行业在十几年间通过开放州际管道传输、天然气传输与天然气交易相分离、促进批发市场的竞争、扩大终端用户选择天然气供给者等方面的改革使美国的燃气行业成为世界上竞争度最高的市场。

美国天然气行业在开放竞争的同时形成了比较完善的联邦和州两级管制体制。联邦政府则建立了一整套专业化的、独立于行政和立法部门的委员会之外的监管机构，从联邦这一水平上负责管制公用事业行业，联邦能源管制委员会（FERC）是联邦的天然气产业监管机构。FERC为了能以有效地监管实现以可靠和买得起的能源支持强大、稳定的国民经济的职责，确立了三个目标。充分的基础设施，促进安全、高质量和对环境负责的基础设施；竞争性能源市场，通过推进竞争性市场制度，建立平衡、自主实施的市场规则，创立和保持竞争性能源市场；警觉的市场监督，通过警觉和公正的能源市场监督，保护用户和市场参与者。FERC通过预先确保市场结构和运营的竞争性以及在必要时矫正个别市场参与者的行为来确保上述目标的实现。目前，FERC由5名委员组成，委员任期交错排列，委员产生由总统提名、参议院批准。每位委员拥有相等的投票权，来自同一政党的委员不能超过3名。总统任命其中一位委员为主席和行政负责人。在州一级的层面，许多州政府设一个公用事业委员会管制所有公用事业行业。

三、监管模式的国际经验总结

（一）监管改革的关键是网络环节与其他环节的分离

不管是像英国一样采取纵向拆分，使各个环节分离的方式，还是像美国一样保持纵向一体化下的对各个环节以监管为手段的业务上的拆分，各个国家对燃气行业改革的关键环节都是在实质上使网络环节与其他环节的分离。诚然，以纵向一体化拆分后的市场结构来作为监管基础对于监管难度的降低有一定的帮助，但我们也要看到，美国在保持了纵向一体化的结构的同时同样实现了为行业中的可竞争环节引入充分竞争和对具有自然垄断性的网络环节实施严格监管的目的。所以，不管采取什么样的监管模式，重点是在实质上让行业中的网络环节与其他环节的分离。当然，不同的模式所遇到的监管方面的阻力和难度各有不同，居于垄断地位的网络运营者一定会利用自己的在位优势以各种手段排挤竞争者，所以，只有通过政府的监管才能真正地达到网络环节与其他环节分离的目的。

（二）开放用户选择权的意义

从英美等国的经验可以看出，开放用户选择权在引入直接竞争中的重要作用。在改革前一体化的情况下，用户没有任何选择权，只能被动的接受由一家垄断企业所提供的服务，也就是说消费者没有择价、议价权，与之相对应的就是企业没有任何竞争。价格上涨和质量下降都不会使顾客流向其他企业，最多顾客可能会选择其他替代能源，所以在放松监管之前企业没有任何同业竞争压力。20世纪80年代，美国首先通过向用户开放选择权实现了改革的一个突破，这样用户可以绕过区域燃气公司直接向天然气生产者或经纪商购买天然气，也就形成了竞争性的市场，在竞争条件下出现了天然气价格和成本的降低及需求的扩大。

（三）相关法律法规的重要性

可以非常清晰地看到，英美两国的燃气行业改革自始至终都与法律法规的出台和完善相结合，每一个措施的出台都有相应的法律法规做支撑，每一次改革的关键性进展都是在法律法规的不断完善中体现出来。可以说从国际经验来看，一部燃气行业改革史就是一部燃气行业立法史。法律法规的意义不仅在于其对改革活动的指导意义，同时它还可以起到在改革过程中减小外界阻力、减少企业寻租行为、减少改革过程中腐败发生的作用，以明确的法规来保障改革的顺利进行。

（四）监管机构独立性的重要意义

监管机构的设置要保证国家和地方两级机构的科学设置，避免重复交叉，另外更要注意到监管机构的独立性的重要意义。对于改革的成功，监管机构的独立性起到了重要的作用，一方面监管机构要与被监管企业间相独立，这是作为监管主体和监管客体之间应有的关系，否则制衡将无法实现。另一方面监管机构要与政府相独立，监管机构的工作不应受到政治家们的影响，从世界范围的各个规制机构来看基本上很少有国家除法院外可以推翻独立监管机构的决策的情况。

第三节 中国燃气行业监管模式的现状

随着国际上放松监管浪潮的不断推进，中国燃气行业的监管模式改革也朝着放松监管的方向发展。但由于起步较晚，并且监管改革需要产权、竞争等方面改革的支持，多因素协调推进方能完成，所以目前中国燃气行业监管还处于改革的初期阶段。

一、下游改革已见成效，中上游改革刚刚起步

目前我国燃气行业的监管改革还只是在下游的城市燃气行业领域展开，上游和中游领域虽有相关政策出台，指出了放松监管的方向，但还没有实质性的进展。1995 年的《市政公用事业建立现代企业制度试点指导意见》、2001 年的《关于印发促进和引导民间投资的若干意见的通知》、2002 年的《"十五"期间加快发展服务业若干政策措施的意见》、《外商投资产业指导目录》和《关于加快市政公用行业市场化进程的意见》以及 2004 年的《市政公用事业特许经营管理办法》等一系列的政府政策的出台逐步将中国燃气行业的下游城市燃气行业的大门对外打开，除国有资本以外的民营和外国资本开始进入下游市场，在下游领域已经呈现出了不同经济类型主体的行业层面竞争格局。放松监管的一个重要方面就是进入监管的放松，中国下游城市燃气行业的进入监管已经放松。为履行加入世贸组织的承诺，同时也适应垄断行业改革的发展，政府相继出台了一系列政策使中国下游城市燃气行业的大

门已逐步打开。鼓励外国资本采取独资、合资、合作等多种形式参与城镇燃气建设，并允许跨地区、跨行业参与城镇燃气经营，城市燃气行业全面开放。中国香港中华煤气、百江燃气、新奥燃气等非国有资本以控股、收购、参股等方式大举进入城市燃气领域。这些现象都说明了中国燃气行业下游领域的放松进入监管改革已经取得相当的成效。

目前，中国天然气中游和上游还是国有企业纵向一体化的垄断格局。2010 年 5 月 13 日，国务院发布《关于鼓励和引导民间投资健康发展的若干意见》可以成为中、上游领域放松监管改革起步的一个信号，"支持民间资本进入油气勘探开发领域，与国有石油企业合作开展油气勘探开发。支持民间资本参股建设原油、天然气、成品油的储运和管道输送设施及网络"。表明上、中游的进入管制有望朝着宽松的方向发展。

二、主导模式仍是纵向一体化下的监管

不论是从已经开放的下游市场，还是从未被改革触动的上游和中游，中国燃气行业基本上仍采用纵向一体化的组织结构，这就意味着对于行业的监管也是以纵向一体化下的监管为主导模式。纵向一体化使燃气的生产、长输到城市配售各个环节均由国有企业垄断经营，各环节之间属于企业内部的交易，最终消费者得到的是燃气产品和服务的捆绑式销售。

在这种纵向一体化组织结构下，政府为了控制国有垄断企业的垄断行为，对燃气行业的产品和服务价格实行了严格的监管，和放松监管改革前的英美模式十分接近。这种监管模式出现的不利影响是，企业没有提高生产率和进行技术革新的动力；成本结构不透明和定价方法的缺陷使燃气行业的价格改革落后，进而产生很多负面影响；在纵向一体化同时没有竞争的情况下，企业成本居高不下，远高于国外企业的平均水平。显然，中国的纵向一体化下的监管模式和美国有着明显的不同。中国的监管是低效率监管，而美国的监管则是高效率的；中国的纵向一体化是保持垄断、拒绝竞争、产输销各环节没有分离的一体化，而美国则是在允许一体化的同时将各个环节在实质上相分离，在非自然垄断环节积极引入竞争。所以说，虽然从形式上看，中美都是纵向一体化下的监管，但从实质上看，中国的监管模式的改革仅处于改革的起步阶段。

三、部分地区纵向拆分的放松监管尝试——以上海为例

虽然我国燃气行业基本上处于纵向一体化的结构，但还是有部分地区做出了纵向结构分离（纵向拆分）的改革尝试。纵向结构分离就是基于燃气生产的竞争性和管网传输的自然垄断性，将生产和管网传输相分离。一方面开放燃气的生产（供应）市场，实行竞价上网；另一方面对燃气管网传输等自然垄断性业务实行严格监管。上海燃气行业改革就是应用了纵向结构分离的思路，使改革取得了成效。

2000 年 10 月，上海燃气企业正式进行重组，分别组建了市南、市北、浦东三家独立核算、自负盈亏的地区性销售有限公司。三个销售公司分别负责区域内燃气输配、销售、服务，包括燃气用户的申请、安装，输配管网的管理、抢修和日常养护，以及抄表、账款回收等业务。同时还组建了吴淞、浦东、石洞口三个自主经营、独立核算的燃气制气有限公司；将原来燃气第一、第二两个管线工程公司和燃气设计院划入城建（集团）公司，面向市场，通过竞标取得市场份额；因燃气结构调整而停产的扬树浦煤气厂改制为主要生产环保产品的全绿实业公司；改制成立多元投资的石油液化气经营有限公司，与上海申能公司共同组建上海天然气高压输配有限公司，负责上海天然气高压管网的建设、管理、运营，准备迎接"西气东输"；表具、灶具生产企业脱离母体，独立经营，公平竞争。上海燃气裂变重组后，新组建了燃气调度监测中心，负责全市燃气年、季峰谷调度和应急指挥调度，监控供气压力和气质，组织制气、销售企业竞价上网，组织实施天然气转换。从 2000 年底开始，在上海全市燃气销售总量中拿出一定的比例，让制气企业竞价组织生产、上网销售。竞价部分燃气供应量的价格将低于政府规定的出厂价格。实施人工燃气制气的竞价上网，将降低燃气制气企业的生产成本，减少政府补贴❶。

目前上海天然气市场中的供应环节由 2 家企业负责，属于寡头垄断。输送环节由 1 家企业负责，属于完全垄断。配送和销售环节由 8 家企业负责，属于区域性垄断经营。上海市燃气行业改革的主要特点是：纵向结构拆分，即将燃气生产与输送相分离，制气企业竞价上网，网络输送维持垄断并严格监管；另外销售公司分区经营，独立核算、自负盈亏，虽然形成分区垄断，竞争并不充分，但已形成了比较竞争状态；另外将其他竞争环节引入竞争，如燃气的施工、安装、设计、设备生产等领域实行完全的市场化竞争。

四、监管机构改革正在推进

2010 年 7 月 30～31 日，国家能源局召开成立大会，它是新组建的能源行业管理机构。此前，国务院已正式批准中央编制委员会办公室拟订的国家能源局主要职责、内设机构和人员编制，并对外公布，这标志着能源监管机构的改革正在向前推进。国家能源局主要职责包括划入原国家能源领导小组办公室职责、国家发展和改革委员会的能源行业管理有关职责，以及原国防科学技术工业委员会的核电管理职责等。具体包括：拟订能源发展战略、规划和政策，提出相关体制改革建议；实施对石油、天然气、煤炭、电力等能源的管理；管理国家石油储备；提出发展新能源和能源行业节能的政策措施；开展能源国际合作。关于能源价格的管理，国家能源局提出调整能源产品价格的建议，报国家发改委审批或审核后报国务院审批；国家发改委调整涉及能源产品的价格，应征求国家能源局意见。职责明确要求国家能源

❶ 冯颖. 体制创新裂变重组——上海燃气行业改革始末. 城市煤气，2001，(4).

局加强对能源问题的前瞻性、综合性、战略性研究，拟订能源发展规划、重大政策和标准并组织落实，提高国家能源安全的保障能力。国家能源局还承担国家能源委员会的具体工作，该委员会主要负责研究拟订国家能源发展战略、审议能源安全和能源发展重大问题，是我国能源战略决策和统筹协调的高层次议事协调机构。国家能源局共设综合、政策法规、发展规划、能源节约和科技装备、电力、煤炭、石油天然气、新能源和可再生能源、国际合作司九个司。

成立国家能源局是国务院机构调整方案中的一项重要内容，目的在于加强对能源行业的集中统一管理，应对日益严峻的国际国内能源问题，保障国民经济持续稳定健康发展。

第四节 中国燃气行业监管模式改革

一、放松监管，引入竞争是大势所趋

政府行为与市场行为对资源的配置作用的实现都需要成本，并会产生不同的结果，是选择政府监管还是选择市场竞争，要看两者成本和结果的比较。首先，从成本上看，实证分析的结果显示：美国通过进入和退出规制的解除以及定价的自由化，一年的总福利增加 350 亿～460 亿美元（1990 年价格）。其中，消费者从价格的降低和服务质量的提高中获得了 320 亿～430 亿美元，而生产者从效率的提高和成本的降低中一年获得大约 30 亿美元。若排除现仍存在的市场扭曲，每年还可获得 200 多亿美元的收益。这其中还不包括解除规制对创新的积极影响（这种创新可以使各产业运营成本降低 1/4～1/2)[1]。其次，从结果上看，1992 年以后，美国燃气行业放松管制使州际天然气管道运输和天然气买卖相分离，这样天然气批发市场实现了充分竞争，天然气批发零售价格的自由化惠及了批发市场参与者和终端用户。1985 年以来，美国天然气名义价格下降或保持稳定，这意味着实际价格下降。1988～1995 年间，美国天然气井口价格下降了 26%；城市门站价格下降了 24%；电力和工业大用户的天然气需求的 75% 来自竞争性批发市场，实际价格下降了 26%～31%；商业用户的天然气需求只有 25% 直接来自批发市场，居民和商业用户天然气实际价格下降了 12%[2]。从以上实践数据可以清楚地看到无论是从成本还是结果的比较分析来看，放松监管、引入竞争都是对市场和消费者的有利选择。中国的燃气行业监管改革应该顺应放松监管的国际趋势，逐步从目前严格监管的政府行为中转变过来，积极引入竞争，实现上游和下游的竞争性市场，从而惠及社会的各个方面。

---

[1] 戚聿东，柳学信. 深化垄断行业改革的模式与路径：整体渐进改革观. 中国工业经济，2008，（6）.

[2] 刘戒骄. 垄断产业改革——基于网络视角的分析. 北京：经济管理出版社，2005：204.

二、选择纵向一体化下的监管模式

纵向一体化和纵向拆分两种监管模式各有利弊，对监管模式要依据实际国情和行业情况谨慎地做出选择。纵向拆分的益处体现在它可以从根本上杜绝网络垄断企业对接入者实施不公平待遇的动力，对实现开放接入、非歧视服务是很有效的支持；但同时，纵向拆分牺牲了企业一体化的范围优势和规模经济，像燃气这样的网络型产业需要全程全网联合作业和统一兼容性，由于交易费用的存在，纵向一体化往往具有更大的经济效益；另外对于需要大规模投资的基础设施网络型行业而言，企业规模是保证其竞争力的重要条件。纵向一体化监管模式和纵向拆分模式正好相反，它的优点是保持了企业范围优势和规模经济，保证了全程全网的联合作业和统一兼容性，保存了企业的规模和实力，进而保证了企业的竞争力；同时它的缺点在于纵向一体化运营商会利用自己的市场力量和网络优势对新进入者实施歧视性待遇，阻碍自由接入的顺利进行，使改革最重要的环节受阻，进而影响整个改革进程。

两种模式各有利弊，采取何种模式要根据中国自身的情况来做考虑。在这里，我们建议采取纵向一体化的监管模式。其理由如下：第一，中国加入WTO后，各个行业面临着激烈的国际竞争，燃气行业也不例外。2002年《外商投资产业指导目录》的出台就是对加入WTO关于放开市场承诺的兑现，以后会有越来越多的外资进入中国的燃气行业，并且随着改革的不断深入，燃气行业上游领域也会逐步打开，今后的竞争将日趋激烈。同时燃气作为能源产业对国家的能源安全影响是至关重要的，即使是在完全开放的竞争性市场上，保有一定比例的国有企业，从国家政策上看也是必要的。保持纵向一体化就意味着为企业保有一定的竞争实力来参加未来激烈的市场竞争。第二，从美国经验来看引入竞争不一定要拆分。美国燃气行业改革的宝贵经验之一就是在保持了中下游企业的纵向一体化的同时仍然实现了竞争性市场的建立，在不拆分的情况下，监管的重要性就尤为突出。如何避免一体化的企业利用自己的网络优势对关联企业和其他企业进行差别对待，是监管内容的重点。美国已经在纵向一体化的监管下建立起了目前世界上市场化水平最高的燃气行业，这就足以说明这一监管模式的可行性。

三、放松经济性监管，加强社会性监管

经济性管制是指在自然垄断和存在信息不对称的领域，为了防止资源配置低效率和确保利用者的公平利用，政府机关用法律权限，通过许可和认可等手段，对企业的进入和退出、价格、服务的数量和质量、投资、财务会计等有关行为进行管制。经济性管制的最主要的两个方面是价格管制和进入管制。价格管制主要是指在自然垄断产业中，管制者从资源有效配置和服务公平供给观点出发，以限制垄断企业确定垄断价格为目的，对价格水平和价格体系进行的管制。进入管制则是指在具

有自然垄断性质的产业中，从提高生产效率的观点出发，允许特定一家或少数几家企业进入某一行业，而限制其他企业进入，以获得产业的成本次加性。社会性管制主要指在存在外部性和信息偏在的领域，以保障劳动者和消费者的安全、健康、卫生以及保护环境、防止灾害为目的，对物品和服务的质量和伴随着提供它们而产生的各种活动制定一定的标准或禁止、限制特定行为的管制❶。对于经济性监管和社会性监管要说明的有如下两点。

第一，放松监管改革实际上指的是放松经济性监管，特别是价格监管和进入监管。有关价格模式改革的内容我们在第十章中已经有详细的说明，这里不再赘述。我国燃气行业的垄断是一个历史遗留问题，它是一种政府指令性的垄断。目前我们已经对下游的城市燃气行业放松了进入监管，民营和外资企业纷纷进入，这是改革所取得的成绩；但上游领域还处于国企垄断状态，对此应继续推进进入监管的改革，上游领域也要在适当的时候放开市场，打破行政性垄断的局面。总之，放松经济性监管是改革的方向。

第二，社会性监管涉及环境、健康、安全、质量等方面的问题，这些问题是无论何时都要加强监管的。尤其是燃气行业的外部效应明显，对其安全、质量、环保等方面的要求都十分高，一旦出现事故其影响巨大，且波及面可能很广，所以对于社会性监管我们必须常抓不放。

四、监管改革要与其他改革相互协调推进

行业改革是由多股力量共同推动的工程，当然这其中的一股力量是监管模式的改革。我们一直在强调行业改革是一个系统工程，不是单一方面改革努力就可以实现的，所以在进行监管改革的时候我们要清楚这一点，并注意同竞争、产权、治理、运营等多方面改革的协调。价格监管是经济性监管的一个重要组成部分，它的作用对于监管模式的改革来说十分重要；引入竞争是与监管紧密联系的过程，有效地监管可以保证引入竞争过程中的市场稳定和竞争公平，可以使竞争机制充分发挥作用；要做到保证监管的独立性就必须做到政企分开，显然目前的燃气行业的产权状况是国有股占绝大比例，政企不分现象十分严重，所以产权改革的推进对于监管改革的成效起着重要作用；现在的国有企业无法实现真正的内部公司治理制衡，企业经营者由政府任命，这是一个典型的影响政企分离的高管选拔机制，企业听从政府指令和尊重市场规律之间，企业更倾向于前者，这样没有竞争性的市场主体却放松规制以让市场更多的发挥作用的改革，就如同没有演员却还要搭台唱戏一样；我们将燃气行业监管改革分为两种模式（纵向拆分和纵向一体化下的两种监管模式），显然这与行业运营模式是相联系的，我们认为中国燃气行业适宜选择一体化的运营

---

❶ 冯中越，石宏锋．城市公用事业的管制与竞争研究——以北京市燃气行业为例．北京社会科学，2005，(3)．

模式和一体化下的监管模式。总之，各个方面的改革是交织在一起的，没有任何一个改革可以脱离于其他支持而独立成功，监管改革也是一样。

五、注重监管机构的专业性和独立性

监管政策的效果与其制定和实施这两个环节密不可分。第一，从制定环节来看，科学合理的监管政策需要专业性的监管机构来制定，所以专业技术人员和在燃气领域内的监管知识及经验是一个专业性监管机构的必要条件。专业性的燃气行业监管机构需要燃气行业的专家、经济学家以及法律专家等行业监管所需的专业人才。而我国燃气行业的监管机构的人员构成中有相当一部分人是政府直接任命的行政官员，其专业性的工作能力绝非一朝一夕可以提高的，而他们所做出的决策却在影响着整个燃气行业的运作。第二，监管机构的独立性体现在两个方面，一是对被监管者的独立，二是对政府其他部门的独立。首先，只有和被监管者保持独立性才能防止监管者与被监管者合谋侵害公众利益情况的发生，也只有监管者与被监管对象相互独立才能实现真正有效的制衡。道理虽十分明了，但在中国的现实情况却是政企不分普遍存在，监管者与被监管者之间存在着千丝万缕的联系，所以要实现政企分离方能实现监管者与被监管者之间的独立。其次，监管部门与其他政府部门之间的独立性也十分必要，可以防止政治家和相关行业利益者的游说和干扰，政府制定完政策后，监管部门就负责监管执行。国际经验表明，发达国家都采取了不同形式的独立监管模式。如美国的 FERC 的所有 5 名委员都是由总统提名，参议院批准，来自同一政党的委员不能超过 3 人，总统直接任命主席和负责人，政府不能随意任免委员，不受政府换届的影响。而我国的燃气行业的监管部门或受国家部门管辖，或受地方政府管辖，它们并不是独立的管制机构。综合以上的分析可知，如果没有专业和独立的监管机构，燃气行业的改革将很难取得成效，所以，在我国建立专业的、独立的监管机构是燃气行业监管改革的一个重要方面。

六、监管改革的关键是各环节实质上的分离

我们始终在强调的一点是，对于燃气行业的非自然垄断环节和自然垄断环节的分离。在非自然垄断环节中进入竞争、放松监管，在自然垄断环节保持垄断、严格监管，是我们改革的思路。但同时我们更强调的一点是，各个环节的分离是实质上的分离而非一定要有形式上的分离。介于这一点，我们选择更适合我国国情和燃气行业情况的纵向一体化的监管模式。这一模式虽然没有形式上的拆分，但它利用有力的、科学的、行之有效的监管可以实现各个环节实质上的分离。这样就可以避免纵向分拆所带来的负面影响，同时保持一体化所带来的范围经济、规模经济、关联经济、企业竞争优势等多方面的正面效应。所以，改革的实质不在于形式上的分拆，而在于利用监管做到从实质上使各环节相分离。

第十二章
中国燃气行业改革的路径选择

前面几章我们已经对燃气行业改革的六大模式逐一进行了详细地分析。垄断行业的改革是多方面改革系统作用的结果，中国燃气行业应如何选择其改革的基本路径，是渐进式或是激进式改革，是单一的或是系统的改革。改革如何向前推进，中国燃气行业改革的路径选择问题将是本章要探讨的内容。

对于中国燃气行业的改革，我们主张渐进的、系统的改革观。党的十六大政治报告指出："要把改革的力度、发展的速度和社会的可承受程度统一起来，把不断改善人民生活作为处理改革发展稳定关系的重要结合点。"还指出："必须坚定不移地推进各方面改革。改革要从实际出发，整体推进，重点突破，循序渐进，注重制度建设和创新。坚持社会主义市场经济的改革方向，使市场在国家宏观调控下对资源配置起基础性作用。"可见，渐进的、系统的改革观也是政策制定的依据，是政府所倡导的改革经验。

第一节 渐进、系统的改革观

一、渐进式改革

在 20 世纪的经济体制转型改革过程中，各个国家选择了不同的改革道路——激进式改革之路和渐进式改革之路。苏联和东欧国家选择了前者，而中国选择了后者。世界银行统计的实践结果显示：激进式改革使转型国家的经济严重衰退，1998年 28 个转型国家的 GDP 只达到转型之前的 67%，中东欧国家和独联体国家的平均产出连续下降年数分别是 3.8 年和 6.5 年，乌克兰更是经历了 10 年的衰退期，俄罗斯到 2010 年才能恢复到 1990 年的国民经济的绝对值❶。而一度不被主流学界所看好的中国渐进式改革之路却走的有声有色，1978 年至 2007 年中国经济年均增长 9.88%，同期经济增速居世界第一❷。显然，实践证明渐进式改革有其合理性和

---

❶ EBRD. Transition Report 1998. 北京：社会科学文献出版社，2000.
❷ 中国统计年鉴（2008）. 北京：中国统计出版社，2008.

科学性，中国应继续坚持渐进式的改革道路。

渐进式改革能取得成功的一个重要的原因就是它与改革的特点相适应，是根据改革的特点而不断总结摸索出来的经验。首先，改革绝不是一蹴而就的事情，它是一个长期而艰巨的过程，在这个过程中各方面力量交织作用，使改革的过程充满了细微复杂的变化。一次成型的设计无法考虑到众多因素的影响，而且一些被忽略的因素往往可以左右改革的进程甚至是成败。显然摸着石头过河是一个不断发现问题、解决问题的过程，是对各种因素、各股力量不断分析和控制的过程，这样可以及时纠偏，减少犯重大错误的概率。其次，改革是一个系统工程，具有内外影响性和时序性，任何一部分改革的效果都会影响其他部分改革的进展，同时它也受到其他部分的影响。这种子模块相关性极高的系统改革绝不是一个一次性的设计就可以将改革时序完全锁定的。不仅系统内部的相互影响，来自系统外的影响对改革各子模块的进程以及整体的进程都会起到重要的作用。所以，渐进式的改革给了我们不断协调各个子模块之间的关系、调整局部与整体的关系、安排改革进程的空间和时间的机会，这样可以减少系统改革的风险。总之，中国的渐进式改革是先易后难、由点到面、探索中不断深入的改革过程，是一个注重时序性和层次性的改革过程。

虽然渐进式改革的经验是在对竞争性领域的改革过程中总结出来的，但就以上的分析来看，渐进式改革的优点在垄断行业改革中同样适用，同样可以为中国燃气行业改革所采用。

二、系统改革

对于自然垄断行业的改革思路，各经济学家莫衷一是，各国的改革实践也存在着路径选择上的差别。在理论界，对何种改革模式优先的争论始终没有停止，产权、竞争亦或是规制？吴敬琏、厉以宁、何炼成、刘伟、张维迎等学者倡导产权优先；林毅夫、杨小凯、田国强、徐滇庆、江小涓、刘芍佳等学者主张竞争优先；而大多数产业经济学家则提倡规制优先。一方面，经济学家对改革思路的争论还在继续，另一方面，各国的改革实践也选择了不同的指导思想和路径。美国的燃气行业的改革走的是放松规制以实现竞争的道路，而英国的燃气行业改革则是以产权改革作为其改革的开幕式和主战场。这样看来，就改革思路本身也在经历着变革，后人在不断总结前人的经验教训的同时也在不断地发展和创新，以使改革的成本更低，效果更好，长期效应更显著。

系统改革思路是我们相对于产权优先、竞争优先和规制优先等理论而提出的，在前面的章节中，我们已经对产权、治理、运营、竞争、价格、监管六大模式的改革进行了详尽的阐述。我们认为，自然垄断行业改革是作为一个系统涉及多种模式改革的协调推进，同时它涉及从宏观、中观到微观的社会多个层面的多个主体，系统的外部环境也具有复杂性，所以我们要站在全局的、系统的高度审视自然垄断行业改革。

从英国燃气行业改革的教训中我们可以对燃气行业的系统改革有更直观的了解。1986年英国政府颁布《煤气法》对英国煤气公司进行私有化，英国燃气行业改革推崇的是产权改革模式，但显然它没有对产权改革配套以其他方面的改革措施。其中的一个重点是他们没有让市场竞争发挥作用，这就出现了私有化后的煤气公司在煤气采购业务、储运业务、零售市场上均具有垄断地位；在煤气批发市场上也几乎不受政府约束，同时其反竞争行为也未受到相应的规制。产权改革是为竞争性的市场培养竞争性的主体，但如果没有竞争环境，即使产权改革完成，也不会有后续的进展，只是由"公有垄断"转为"私有垄断"，无异于"换汤不换药"。所以英国燃气行业的私有化改革没有塑造起竞争性的市场，而且英国也为以后的重塑竞争的体制改革付出了巨大代价。由英国改革的教训中我们可以看出单纯追求一种模式的改革是不彻底的改革，其隐患重重，势必制约改革长远利益的实现。

第二节　国外燃气行业改革路径经验借鉴

一、英国燃气行业改革路径

英国燃气行业选择的是一个以产权改革为核心，以打破传统国有资本垄断经营来实现竞争的改革路径，私有化在英国燃气行业改革中得到了全程体现。

英国燃气行业的产权改革发展经历了从私人产权阶段到国有化阶段，再到私有化再次引入竞争阶段，我们所指的英国燃气行业产权改革是从国有化向再次私有化的这一改革过程。从1948年到1969年，英国实现了从燃气行业以大批的小规模企业为主到一个国有企业对全国天然气行业垄断的转变，直至1979年，英国的燃气行业始终是在政府直接控制下的国有企业垄断经营。1979年撒切尔政府上台后，英国开始了私有化改革，打破了国有垄断的局面，在燃气行业中引进了竞争。英国燃气行业的运营模式随着产权和监管改革的不断深入而从最初的纵向一体化转变为非纵向一体化，这同时也是一个不断引入竞争、加强竞争的过程。在将生产、长输和配售三大环节分拆后，英国政府主要利用许可证制度对燃气行业进行监管，逐步实现了上中下游的充分竞争格局。在整个改革过程中，英国一方面始终以法律法规为框架，出台一系列法律，另一方面也通过建立起了一个监管机构体系以保障改革的顺利实现。

英国燃气行业改革的成功之处在于其实现了从低效率的国有垄断经营向高效率市场竞争的转变。在它的影响和带领下，欧洲国家纷纷对本国实行了以私有化为主要形式的改革。可以说，英国的改革路径是一个垄断行业改革的先行示范，也有其成功之处。它使大家意识到了原来被大家理所当然认为的垄断行业是可以通过产权改革和引入竞争来实现行业的高效率运转和消费者福利提高的，并为国家减轻了很大的负担。但是，在英国如火如荼的私有化改革背后隐藏着一定的危机，由于纵向拆分和私有化的贯彻，使英国没有一个可以影响燃气行业的本国企业，甚至其存在着很大的天然气行业被外国资本控制的危险，这对一个国家的能源安全来说是十分不利的。

二、美国燃气行业改革路径

美国燃气行业选择的是一个以放松规制为主线，随着放松规制逐步加强竞争的改革路径。在过去约 70 年的时间里，美国经历了从自由竞争到严格监管再到放松监管的过程，放松监管伴随着对着相关法律法规的不断出台和调整。

美国没有经历过国有化的阶段，所以其产权改革是以"私人所有＋政府规制"的模式，通过放松进入管制以增加潜在进入者和替代威胁，从而加强产权的流动性。其产权改革的着眼点是增强产权的分散性和流动性，从而提高企业和行业的效率。在运营模式改革上，美国的做法是从实际上使天然气的生产、运输、销售相分离，虽然没有进行纵向分拆，但它在允许一体化的情况下实现了管网的公平接入，既保证了竞争者的进入，也促进了运输与交易的分离。而天然气运输和交易的分离成为美国的天然气市场转变的关键，它使批发和销售市场出现了竞争，并且竞争已然延伸到了自然垄断环节。伴随着放松监管的过程，竞争模式改革也在不断深化，改革方法同样是对自然垄断环节严格监管和对非自然垄断环节引入竞争。1978 年《国家燃气政策法案》开始取消对天然气井口价格的控制，使美国天然气上游领域开始引入竞争；1989 年完全取消对生产企业销售天然气价格的控制后，天然气成为了一种自由贸易的商品，美国的天然气行业的上游领域实现了竞争。在有利的监管体制的保障下，436 和 636 号法令促进了运输与销售环节的分离和长输管道公平接入。这就为纵向一体化下的竞争的实现奠定了基础。1985～1992 年产生了竞争性批发市场和独立交易，1992 年以后出现了现货交易市场，用户可以在城市燃气公司、独立交易商、生产者中选择购买天然气，实现了下游的竞争。美国天然气行业在开放竞争的同时形成了比较完善的联邦和州两级的监管体制。以上的整个改革路径中都贯穿着监管模式改革，即放松监管的过程。

美国的燃气行业改革实现了在允许一体化经营的情况下的全行业全面引入竞争，这与其放松规制的改革主线是分不开的。另外，在改革的每个阶段都以法律以及专业的联邦和州两级监管体制为保证是其成功的另一个关键。可以说，美国的选择是一个兼顾了规模经济、范围经济和竞争效率的选择。

第三节　中国燃气行业改革路径发展与现状

20 世纪 90 年代以来，中国燃气行业改革在摸索中不断前进。一方面，虽历经阻碍，仍然取得了一系列的成绩。但另一方面，在改革路径发展中也暴露出了诸多问题。以下我们将回顾中国燃气行业改革所走过的道路，最新进展，以及存在的问题。

一、中国燃气行业改革发展历程

中国的燃气行业从 1865 年出现到如今，先后经历了缓慢发展、较快发展到变革式发展的过程，表 12-1 展现了中国燃气行业的发展历程和各个阶段的特点与相关改革政策。

表 12-1　中国燃气行业发展历程表

时期	发展特点	行业特征	相关改革政策
1869～1979 年	缓慢发展	典型行政垄断	较少出台相关改革政策
1979～1995 年	较快发展		
1995 年至今	变革式发展	在改革中不断变化，下游已出现竞争，上、中游垄断	《市政公用事业建立现代企业制度试点指导意见》(1995 年)
			鼓励民营企业进军基础建设的政策(1998 年)
			《关于印发促进和引导民间投资的若干意见的通知》(2001 年)
			《"十五"期间加快发展服务业若干政策措施的意见》(2002 年 1 月)
			新的《外商投资产业指导目录》(2002 年 3 月)
			《关于加快市政公用行业市场化进程的意见》(2002 年 12 月)
			《市政公用事业特许经营管理办法》(2004 年)
			《国务院关于鼓励和引导民间投资健康发展的若干意见》(2010 年)

我们所探讨的燃气行业改革之路也就是从 1995 年开始的中国燃气行业变革式发展道路，也是从这时起，燃气行业才加入到垄断行业改革的浪潮中来。

二、改革路径发展与现状

一方面，我们从产权、治理、运营、竞争、价格、监管这六大模式各自的角度，另一方面，我们也从系统的角度来梳理一下中国燃气行业的改革路径发展与现状。

（一）产权改革的路径发展与现状

产权改革是在燃气行业政企高度合一、国有绝对控股的背景下开始的。1998 年，政府通过出台鼓励民营企业进军基础建设的政策，开启了产权改革的大门，使非国有资本开始进入燃气行业。2001 年《关于印发促进和引导民间投资的若干意见的通知》进一步促进了民营企业投资在燃气行业中的普遍渗透，合股、独资、买断等不同投资方式在民营独资企业投资于区域燃气行业的基础上更实现了民营企业与国有企业共同投资的进步。2002年3月4日公布的新的《外商投资产业指导目录》向外资敞开了投资中国燃气行业的大门。2002年5月，深圳燃气集团通过国际招标招募引进了中国香港中华煤气和四川新希望集团有限公司两个战略投资者，两个公司分别持有深圳燃气集团30％和10％的股权，实现了国有控股下的产权多元化（表12-2）。

表 12-2　中国燃气行业产权改革路径概况

时 间	事 件	内 容	意 义
1998 年	出台鼓励民营企业进军基础建设的政策	允许并鼓励民营企业投资于基础设施领域	拉开了中国燃气行业改革的序幕
2001 年	《关于印发促进和引导民间投资的若干意见的通知》	鼓励和引导民间投资以独资、合作、联营、参股、特许经营等方式，参与经营性的基础设施和公益事业项目建设	行业和企业两个层面的产权改革取得了进步
2002 年 3 月	新的《外商投资产业指导目录》	允许外商投资于电信、燃气、热力、供排水等城市管网领域	外商产权进入下游城市燃气行业
2002 年 5 月	深圳燃气集团国际招标招募	引进中国香港中华煤气和四川新希望集团有限公司两个战略投资者，二者分别持有深圳燃气集团30％和10％的股权	实现了燃气企业国有控股下的产权多元化，是中国燃气企业在股权转让方式上的重大突破
2010 年 5 月	《国务院关于鼓励和引导民间投资健康发展的若干意见》	鼓励民间资本参与石油天然气建设。支持民间资本进入油气勘探开发领域，与国有石油企业合作开展油气勘探开发。支持民间资本参股建设原油、天然气、成品油的储运和管道输送设施及网络	鼓励民营产权布局垄断行业，特别是在上游领域的突破

到目前为止，从整体上看，下游城市燃气行业产权多元化的局面已经出现，中游管网建设正在引入非国有资本，但中石油、中石化两大集团仍然控制着全国油气线长度的80％以上，而上游领域目前还处于几家国有企业垄断的局面。上、中、下游的产权改革都有待深入。

（二）治理改革的路径发展与现状

治理模式改革的路径发展一方面是与产权模式改革发展进程相协调的，另一方面它也是在建立现代企业制度的要求下进行的，规范的公司治理结构是现代企业制度的核心公司治理是产权的延伸，治理模式随着产权模式的改革而不断变化，其已走过的道路经历了从改革前的政企高度合一的状态，逐步向政企分离的国有独资，再到产权多元化的公司治理模式的不断转变。

目前，由于燃气行业区域特征及各地改革的推进程度不同，中国燃气行业企业在不同地区的不同企业，其公司治理模式也存在着差异。国家控制型（国有、国控）公司治理模式和非国家控制型（民营、外资）治理模式在燃气企业中均有体现。但领导选拔任用制度问题、行政性委托代理关系问题、监事会独立性问题、新老三会问题、国有股一股独大问题、多元投资主体目标差异导致治理混乱问题等一系列问题仍没有得到解决。可以说，治理模式是一个相对滞后的改革环节。

（三）运营改革的路径发展与现状

中国燃气行业运营模式改革从上中下游全行业的运营模式来看，改革选择的是一条允许纵向一体化运营下引入竞争的模式，即在引入竞争的同时不对原纵向一体化企业进行强制纵向拆分；而单从下游城市燃气部分来看，一些城市进行了纵向业务分割的尝试。

目前，我国最大的天然气生产商中国石油天然气股份有限公司正加速推进其天然气业务上中下游一体化的进程。2010 年，中石油股份公司间接持股 50.74％的昆仑能源宣布收购中石油股份公司持有的江苏液化天然气公司 55％的股权，这家在香港上市的公司，于 2010 年 3 月由"中油香港"改名为"昆仑能源"。目前，中石油股份公司以昆仑燃气为主要平台开展城市燃气业务，昆仑燃气已于 2009 年收购了母公司中国石油天然气集团公司持有的城市燃气业务股权。这使中石油天然气上中下游纵向一体化的运营模式更加明显。

值得注意的是，目前上游领域仍被中石油、中海油和中石化三大国有垄断企业把持着，对这一领域的改革尚未启动。

（四）竞争改革的路径发展与现状

垄断行业改革虽然可以选择不同的途径去实现（不管是英国通过产权的途径还是美国通过监管的途径），其核心始终是引入竞争。竞争改革是垄断行业改革的核心。

中国燃气行业竞争改革是从下游的城市燃气开始的。这一领域除城市管网具有一定的自然垄断性外，其余业务均属非自然垄断，这一领域成为了竞争改革的第一突破口。1998 年出台的鼓励民营企业进军基础建设的政策，2001 年发布的《关于印发促进和引导民间投资的若干意见的通知》和 2002 年公布的新的《外商投资产业指导目录》和《关于加快市政公用行业市场化进程的意见》等政策，既是产权改革的开始，同时也为竞争改革吹响了前进的号角。从改革伊始，竞争就开始被引进到下游领域，进入市场的竞争已经形成，但是，市场内的竞争尚未实现。目前，中国燃气行业竞争模式改革的现状是，下游领域已经实现了相对充分的进入竞争机制，国有、民营、外国等资本在下游市场准入上竞争越发激烈。但企业进入一个市场后其后续的市场内竞争还没有形成，所以下游竞争改革虽有发展，但还不够充分。并且进入竞争改革相对较为容易贯彻，毕竟中国在改革之初还有很多城市天然气的空白地域，而要真正实现区域市场内的竞争，结束"军阀割据"的状态，达到真正意义上的竞争，其改革之路就会复杂许多。

在 2010 年以前，上游的竞争改革始终没有启动，国家相关政策使中石油、中海油和中石化三大国有公司占据了绝对的市场份额，其中尤为中石油掌握了中国绝大部分天然气资源（约全国的 70％），拥有全部的天然气批发市场。目前这一状况依然持续。不论是从上游非自然垄断性质还是从已有的国际经验来看，上游市场的开放是一个燃气行业改革的必经之路，中国连续出现全国大面积"气荒"现象，这与上游市场供给能力不无关系，上游完全可以通过竞争来提升市场效率。

中游的竞争改革也没有像下游那样如火如荼地进行。但是，通过管网建设不断对非国有资本开放，虽然是通过与国有企业合作的方式开展，我们似乎可以看到中游竞争改革推进的可能。不过目前为止中石油、中石化仍然掌控着全国80％以上的油气管线，中石油同样占据着绝对垄断地位。

2010年5月13日，国务院发布《关于鼓励和引导民间投资健康发展的若干意见》，鼓励民间资本参与石油天然气建设。支持民间资本进入油气勘探开发领域，与国有石油企业合作开展油气勘探开发。支持民间资本参股建设原油、天然气、成品油的储运和管道输送设施及网络。这一政策表明，在上游民间资本的进入有望实现，中游的多元产权合作也有望继续发展。

当对上游和下游实现了充分的竞争，并对中游实现了适度竞争、公平接入，燃气行业竞争模式改革也就全面铺开了。

（五）价格改革的路径发展与现状

中国天然气价格问题由来已久也备受争论，天然气价格改革在2010年以前基本上处于一个停滞的状态，也就是说，燃气行业改革在价格方面缺少进步。中国天然气实行政府统一定价（海上天然气价格实行市场定价），这一价格机制在计划经济时期形成并始终没有改变。随着中国天然气市场的发展，天然气消费量的快速增长，燃气行业改革的推进，这一计划价格机制与市场机制的矛盾也日益凸显。天然气价格与供求关系脱钩、无法反映资源稀缺性、与替代能源价格关系不合理、影响燃气行业改革进程、影响其他能源行业、甚至影响国家资源战略的实现，它在整个燃气行业、其他能源行业以及国家资源战略等层面的深层次和扩散性的影响逐渐暴露。从目前最现实的情况看，国外进口管道天然气始终阻力重重，而价格就是最主要的一方面。从与俄罗斯的马拉松式的谈判可见一斑，另外，即使是已经实现引进的中亚天然气管道项目由于国内天然气价格较国际价格过低而处于赔钱状态。天然气价格机制的种种弊端告诉我们，价格改革已箭在弦上，不得不发。

2010年也许可以成为天然气价格改革的关键一年。2010年5月，国家发改委发出《关于提高国产陆上天然气出厂基准价格的通知》，通知将天然气出厂（或首站）基准价格每立方米提高0.23元，并将出厂基准价格允许浮动的幅度统一改为上浮10％。这是自2007年11月以来国内首次调整天然气价格。虽然是一小步，但却是一个改革进步的信号，价格改革已经被提到了燃气行业改革乃至中国资源价格改革的日程上来。

资源税改革与天然气价格改革关系紧密，与价格改革目的具有一致性。资源税以自然资源为征税对象，目的是调节资源级差收入，体现资源有偿开采，促进资源节约使用。但是，从我们已经做出的分析中（详见第十章）就可以看出天然气消费增长与资源稀缺性的矛盾，而其他资源也同样面临这样的问题。现行普遍实行的1993年《中华人民共和国资源税暂行条例》采取从量征收办法，资源税税额标准明显偏低，不利于资源的合理开发和节约使用；从量定额征税方式使资源税税额标准不能随着产品价格的变化及时调整，不利于发挥税收对社会分配的调节作用，这些都体现了资源税税改的必要性。2010年6月1日，财政部和国家税务总局下发《新疆原油天然气资源税改革若干问题的规定的通知》成为中国资源税改革的揭幕战，拥有丰富油气等矿产资源的新疆成为资源税改革的试点，也将为资源税改革的全面推行提供经验和借鉴。资源税改革可以抑制企业浪费资源的行为，使部分耗费资源较多的最终产品价格上涨，从而影响消费者的消费行为，达到调节行业结构、节约资源的目的。

（六）监管改革的路径发展与现状

中国燃气行业的监管模式改革走的是从放松进入监管入手，以下游领域的改革开始，逐步向上、中游过度的路径。事实上，中国也在走一条渐进的放松监管道路。但到目前为止，只有下游改革初见成效，上、中游改革才刚刚起步。

从1995年的《市政公用事业建立现代企业制度试点指导意见》、2001年的《关于印发促进和引导民间投资的若干意见的通知》、2002年的《"十五"期间加快发展服务业若干政策措施的意见》、《外商投资产业指导目录》和《关于加快市政公用行业市场化进程的意见》以及2004年的《市政公用事业特许经营管理办法》一系列政策逐步放开了对下游进入的限制，下游城市燃气行业放松监管之势逐步形成。到目前为止，下游的中国香港中华煤气、新奥燃气等非国有资本大举进入城市燃气领域说明了中国燃气行业下游领域的放松进入监管改革已初见成效。2010年5月13日，国务院发布《关于鼓励和引导民间投资健康发展的若干意见》，支持民间资本进入油气勘探开发领域，与国有石油企业合作开展油气勘探开发。支持民间资本参股建设原油、天然气、成品油的储运和管道输送设施及网络。这可以看作是对上中游改革的开始。另外值得关注的一点是2010年7月国家能源局的成立，加强了对能源行业的集中统一管理。作为中国新的能源行业管理机构，它的成立标志着能源监管机构的改革正在向前推进。

总之，放松监管之路十分重要，监管模式的改革在中国燃气行业的系统改革中占有举足轻重的地位，渐进放松的监管改革之路是一个科学的选择。从开始对下游城市燃气领域的放松进入监管，到现在开始就上、中游领域推出新的政策，都顺应另外改革的发展。同时我们在改革中还需要配套政策、法律和监管机构的建设，以及和其他方面改革的配合推进。

（七）系统改革的路径发展与现状

产权、治理、运营、竞争、价格、监管六大模式是燃气行业改革的六个重要支柱，系统改革就是要让各模式之间协调有序地推进。从系统的角度来看，中国燃气行业改革走的是一条由易到难的渐进改革之路，首先从下游城市燃气领域入手，出台政策放松进入监管，引入了非国有产权，同时也引入了竞争。治理方面的改革是和现代企业制度的建立以及国有企业改革的大背景密不可分的，当然产权结构的变化会对治理模式产生重要的影响。行业运营模式的效果是改革的一个综合体现，它不仅与改革设计有关，同时也受其他多方面因素的影响和制约，我们选择的是允许纵向一体化，同时引入竞争的道路。但最终若要实现行业高效运营，还是要靠科学、协调、系统的发展各个模式，方能实现。价格改革是一个敏感的领域，也是改革难度较高的领域，从燃气行业开始改革到现在，天然气价格机制没有实质性的变化，即便是一次提价都会成为改革的一个门槛。中国天然气不合理的价格机制已经带来了诸多严重影响，成为了燃气行业改革的一个瓶颈。

改革到目前为止取得了显著的成绩，但改革的不均衡现象已经体现。首先，价格改革严重落后。价格机制制约了燃气行业整体改革的发展，制约了行业的发展，甚至影响的了消费者的正常生产生活，造成资源浪费，影响国家资源战略。第二，产权、竞争模式改革有待深入。不论是已经显现改革效果的下游领域，还是尚未展开改革的上、中游领域，改革都有待深入，目前的改革效果只是初级的，没有形成真正的产权多元化和充分竞争的效果。第三，治理模式改革是随着国有企业改革的大潮而开展的，但显然改革中存在诸多问题且进展缓慢，应该引起重视，否则企业层面的改革将难以实现。第四，运营模式目前还在逐步地形成中，其方向是允许纵向一体化并积极引入竞争。第五，监管模式改革选择了放松监管的道路。下游放松进入监管从改革伊始就已经实施并且效果明显，上、中游的放松进入监管在2010年也有相关政策出台，其效果有待观察。

第四节　中国燃气行业改革路径选择的目标

垄断行业改革是一场攻坚战。既然是"难啃的硬骨头"，其过程势必是艰辛且复杂的，其中有可能还会经历反复的成功与失败。正如我们一再强调的那样，作为一个复杂的系统，垄断行业改革不是一个计划就能完美解决的。我们所要做的，也是我们改革路径选择要达成的目标：尊重客观事实，借鉴已有经验，制定科学合理的路径计划；同时坚持渐进、系统的改革观，尽可能地用最小的代价得到最成功的结果；寻找到规模经济、范围经济与竞争效率的平衡点，实现资源合理配置、行业高效运作、企业高效经营、终端消费者受益，最终实现整个行业科学可持续的发展。

燃气行业改革是整个垄断行业改革的一部分，所以其改革的路径选择目标同样遵循上述原则。同时燃气行业也是改革步伐相对缓慢和滞后的行业，其改革特点既有中国垄断行业改革的共性特征，同时也存在其自身的特点。所以具体到中国燃气行业自身的改革路径选择目标，还应包括以下几方面的改革目标。

第一，充分考虑中国的能源环境特点、能源战略方向以及其他能源行业的改革情况，以期达到燃气行业的改革与整个宏观环境相协调和适应。

第二，明确中国天然气资源相对匮乏的事实，积极考虑国内外各个替代能源行业的改革现状和特点，以期实现整个行业的长远持续发展。

第三，由于中国燃气行业的改革相对其他能源行业已明显滞后，对于中国能源产业协调发展十分不利，所以在不违背渐进改革的指导思想和不出现"冒进"改革的情况下，燃气行业改革的步伐应尽量加快。

第四，具体到燃气行业改革系统的六个子系统上来说，我们的目标是：产权上实现从国有独资到国有绝对控股再到国有相对控股；公司治理作为产权结构的延伸实现真正意义上的政企分开，构建科学的公司治理框架，完善董事会、监事会、经理层的建设，建立和完善独立董事制度，实现科学合理的人事制度，特别是企业领导人的选聘是一个关键；中国燃气行业改革在运营模式上应充分借鉴国内外已有的经验教训，对于生硬的纵向拆分我们持谨慎态度，认为运营模式改革要与竞争模式改革、规制模式改革相结合，允许企业实现纵向一体化经营，逐步形成行业内几家综合运营商之间的寡头竞争的格局，同时以规制实现自由接入、公平竞争的行业环境；竞争模式改革的目标是在非自然垄断的上游积极引入竞争，而已经在改革过程中先行一步的下游应继续深化竞争，改变现在的区域垄断形式，实现最终的具有用户实际选择权的真正意义上的竞争，同时允许几家一体化的综合运营商之间的竞争。需要强调的是，真正意义上的竞争不是"画地为王"，而是上中下游各个环节的用户都有自由选择上家的权利；监管模式改革的改革方向是放松监管，放松经济性监管，加强社会性监管，对于非垄断的上、下游实现自由进入，对中游实现开放接入和非歧视服务，为竞争和运营模式改革目标的实现奠定基础。价格一方面是资源配置影响最广泛和最灵敏的手段，它的效果可以深入影响到整个经济体的每个细胞中，另一方面它也是公众反应最敏感的问题，燃气的基础能源地位决定了其价格的变动牵动着终端个人和企业消费者最敏感的神经。本书重点研究的是天然气行业目前的价格机制存在诸多不合理性，改革目标是实现价格对资源的稀缺性、能源间的替代性的合理反映和体现，保证国家资源战略的实现，消除价格因素对整个燃气行业改革的影响，为改革铺平道路。

第五节　中国燃气行业改革的路径选择

一、改革的时序选择

中国燃气行业改革一方面是中国特色的改革的一部分，另一方面也是具体到中国垄断行业改革的一个重要环节，同时它又有其自身的特点，并且伴随着国际国内环境和时事变化的影响，中国燃气行业面临着外界环境带来的各种机遇和挑战。所以，对于改革时序性这一问题，燃气行业改革应遵循以下的原则：一要坚持中国的渐进式的特色改革之路，二要充分考虑其作为垄断行业改革的特点以及中国燃气行业与其他垄断行业改革的区别，三要考虑到国际国内的能源环境、行业发展等环境方面的因素，抓住机遇，应对挑战。基于以上的原则，我们对中国燃气行业改革的时序选择提出以下建议。

（一）中国燃气行业改革应遵循由易到难的渐进改革思路

垄断行业改革涉及产权模式、治理模式、竞争模式、运营模式、价格模式、规制模式等多方面的改革，那么从哪里起步，从哪个骨头开始啃起，这是改革路径选择中的关键问题。中国改革的成功经验一再证明了从易到难的循序渐进的改革思路是一条有效的改革之路。中国燃气行业改革的时序也应遵循这一改革思路。所以，根据改革难易程度的不同，将六大模式改革的难易程度进行划分，然后按照由易到难的顺序推进改革进程是中国燃气行业改革的时序选择。

戚聿东教授（2008）根据改革的难易程度将中国垄断行业改革由易到难依次划分为：竞争模式和运营模式改革、产权模式和治理模式改革、价格模式和监管模式改革。这样划分有以下依据。

从改革所涉及的层次上看，竞争模式和运营模式改革属于中观行业环境层面的改革，产权模式和治理模式改革属于微观企业层面的改革，价格模式和监管模式改革属于宏观政策方面的改革。而从改革的客体上看，竞争模式和运营模式改革的客体是行业，产权模式和治理模式改革的客体是企业，价格模式和监管模式改革的客体是政府政策。

（1）对于行业层面的改革涉及的是一个行业的游戏规则，是一个对企业群体的游戏规则的改革。首先，就自然垄断行业而言，行业中的绝大多数企业是国有企业，这样对国有企业群体组成的行业游戏规则的改革对于政府来说会相对容易些，毕竟政府是国企的老板，同时行业改革也是政府的权力。另外，行业改革的一个特点就是它不是触动单一个体的利益，而是对一群零散独立个体的整体改革。人们对公共利益改革的接受阈限往往比对个体利益改革的接受阈限高，特别是在中国的行业组织普遍形骸化的情况下。所以从这个角度上看，改革也相对容易。

（2）对于企业层面的改革涉及的是特定企业的切身利益，是具有针对性的对特定企业甚至是特定企业中的个人的改革。首先，包括燃气企业在内的自然垄断行业企业都是既得利益的占有者，他们可以凭借垄断地位获得超过其他行业的报酬率，可以取得超额剩余价值，或者可以通过拿到政府补贴的方式而不用在竞争的市场上疲于奔命，可以坐享其成。而改革或多或少的改变了他们的既得利益，任何人都不愿意丧失自己已有的利益，垄断企业也不例外，所以当改革涉及具体企业之时，改革的难度就会加大。其次，人们对个体利益改革的接受阈限相对较低，同时，当改革涉及企业之时就势必会涉及企业中的具体个人。这样又出现了比企业个体利益改革接受阈限更低的企业中的个人，所以改革不管是对企业而言，还是对企业中的个人而言都是不易被接受的，改革的难度也就相对增大了。

（3）对于政策层面的改革，涉及的一方面是政府本身，另一方面是整个社会的无数利益主体。首先，改革的主体是政府，而改革客体所涉及的两个方面，不管是政府还是广大消费者，都是最为艰难的环节。第一，对政府的改革是一个"自己革自己命"的过程，革命向来都是一个利益集团向另一个利益集团发起的，没有人愿意革自己的命。而中国燃气行业改革要想取得最后的胜利，政府势必要在自身的改革上下一番工夫。第二，对于燃气行业这个涉及千家万户的基础能源行业来说，其细微的变动都会牵动广大终端用户的敏感神经，对整个社会经济造成大范围的影响。所以，这一层面的改革是整个改革过程中的最为艰难的环节，是"攻坚中的攻坚"。

（二）中国燃气行业改革的渐进性与并行性要相协调

战略上我们需要坚持由易到难的渐进改革思路，但具体到各个模式的改革上，他们又是相互影响的。我们不可能严格地按照从前到后的顺序，等到一个改革已经完美完成后再依次对下一个模式进行改革。它们有的是可以并行或在时间上相对错后并行实现的，有的在一定程度上还需要其他方面改革成果的支持，所以在整个改革的过程之中我们要遵循客观规律和改革需要，合理安排改革的进程。例如，价格改革是三阶段中最难的环节，我们将其放在第三阶段，但同时它对产权、竞争、运营模式改革都有很大的影响，可以说理顺价格机制已成为天然气改革的当务之急（其重要性和对其他方面的影响在本书第十章中已有陈述，这里不再赘述）。所以，在前面两个环节的改革没有完全实现的情况下，启动价格改革是合理且必要的。同样，监管模式的改革虽然是难点，但它更是一个关键和制度保障。从美国经验来看，科学的放松监管是其改革成功的保障，而从其发展历程上，我们可以清楚地看到放松监管贯穿于改革的始终，所以监管模式的改革虽相对其他方面改革有所错后，但要抓紧提到改革日程上来。

（三）中国燃气行业改革要抓住时机，合理加快改革步伐

（1）现在我国的天然气消费目前在整个能源消费中的比重还不是很高，所占比例仅为4％（中国国家能源管理局），也就是说目前它的变动所带来的影响相对来说虽然广泛，但还不是很强烈。而随着天然气的高速发展，其在能源消费中所占比重会不断提高，从而导致其对社会经济、政治等各方面影响力的不断加大，而到那时再对其进行改革就会形成"船大难掉头"之势。如果从这个角度来看改革的时间紧迫性，以下数据将为我们敲响警钟：国际能源署（International Energy Agency，IEA）发布的2010年《中期石油与天然气市场报告》显示，2015年的中国天然气需求量将是2007年的两倍，达到1400亿立方米，成为世界第二大天然气消费国。而中国国家能源局2010年7月20日也指出，"十二五"期间中国国家能源结构优化调整工作将逐步推进，预计到2015年中国天然气占一次能源比重提高4.4％，相比而言，水电和核电占一次能源比重仅提高1.5％左右，风电、太阳能、生物质能等新能源占一次能源比重也仅提高1.8％，煤炭占一次能源消费比重将由2009

年的 70％以上下降为 63％左右。这些预测和计划数据带给我们的信息是，随着时间的推移天然气消费比重将快速提高，改革的阻力也将不断加大。所以改革的步伐应当加快，尤其是在涉及广大受众的价格和监管改革这两个方面，更要在现在影响程度相对较弱的形势下择机推进，在科学合理计划的前提下加快步伐。

（2）国际形势有利于改革。目前国际上天然气供大于求，为我们大幅度增加天然气使用提供了一个非常好的机会。就迟迟没有得到最终成果的中俄管道天然气输送项目来说，中国同样面临着较好的形式。由于俄罗斯面对欧洲经济不景气、能源消费波动较大、液化与现货天然气竞争等不利因素，对欧洲出口需求减少。这样，俄罗斯就急需开拓新的天然气出口市场。显然，中国作为世界天然气消费量增速第一且发展潜力巨大的快速发展中国家，是俄罗斯的理想选择。所以基于自身压力和中国的优质市场，与俄罗斯的天然气项目将有望实现，这对改革是一个有利的国际形势。

二、中国燃气行业未来改革之路

从目前的情况看，中国燃气行业的改革已经完成了初级阶段的任务，实现了下游的放松监管，取得了一定成效。但可以预见改革之路将会越走越难，中国燃气行业改革任重而道远。

第一，未来的改革之路必须坚持系统渐进的改革观，要抓住时机，尽量加快改革速度，坚持放松监管，积极引入竞争，实现产权多元化。这些都是我们改革所要坚持的原则。

第二，继续深化 2010 年已经推出的价格改革和上、中游的放松进入监管改革。这两方面改革都涉及了整个行业改革的重点，同时更是难点，尤其是价格改革，是一个涉及面广且敏感的问题，也是中国燃气行业改革必须突破的瓶颈问题。不管是从国内形势还是国际形势来看，价格改革都需要加快步伐，但又不能操之过急，这对矛盾十分突出，需要妥善处理。未来我国天然气价格改革的方向是从政府定价走向市场定价机制，形成能够反映市场供需关系情况、资源稀缺性、替代能源间关系等众多因素的动态市场价格，但诚如我们所分析的价格改革的影响广泛性和敏感性等特点，价格改革必然要经历一个过程。国际经验告诉我们，上游的充分竞争是整个行业改革的前提。各国改革的经验也告诉我们，不论是从国有垄断向市场竞争转变，还是继续激活已经存在的竞争市场，燃气行业上游都应处于竞争而非垄断的状态，所以中国在实现了对下游的放松监管、引入竞争之时，改革应该触及上游领域了。同时，针对于中国能源规划的未来方向和目前频发的"气荒"，对天然气供给来源的改革更显出了紧迫性。中游是具有典型自然垄断性质的领域，从国际经验上来看，对这一领域的改革要求是严格监管，实现非歧视公平接入，这样才能保证公平竞争的实现。当然，随着改革的不断推进和行业内竞争环境的日趋成熟，中游也会出现管网与管网间的竞争，如果这种竞争是有效的，这将标志着改革进入到了高级阶段。目前中国还不具备实现中游长输管网间的竞争，但引入非国有资本来参与到管网建设中也是改革的进步，可以很好的加快中国天然气基础设施建设的步伐，有利于改革的发展。

第三，对于行业运营模式，我们首先应明确这样一个思路，就是改革的核心目的是竞争，自然垄断产业有效竞争的目标应该是寡头竞争结构。运营模式的选择是为实现竞争而提供的手段，不管是放松进入、纵向拆分、还是允许一体化的综合运营商模式都可以实现目的。也就是说，不论是纵向一体化还是纵向拆分所要达到的目的是一致的，但手段要因时、因事、因主体条件的不同而适当选择，不同国家也在这方面选择了不同的改革之路。现阶段，我国电信、电力、民航、有线电视、邮政、铁路等全国性垄断行业选择的运营模式是通过横向纵向双向拆分重组以形成3～5家综合运营商，从而形成寡头竞争的竞争格局。从国际经验以及国内其他垄断行业改革的已有经验以及我国天然气行业的现状来看，上面的综合运营商运营模式改革经验值得借鉴。我们应在允许纵向一体化下的情况下尽可能引入竞争，争取达到规模经济、范围经济、关联经济、网络经济等经济效益与市场效率的平衡。这样还可以达到保存本国能源企业实力的目的，使中国企业在WTO框架下在同国外大公司的竞争中处于有利的地位，同时也有利于技术进入，有利于提高应对国际能源环境变化的能力，保证国家能源安全。改革中我们还必须重视的一点是，运营模式的选择与监管模式改革是密不可分的，纵向一体化的运营模式意味着对监管能力的高要求，所以，中国燃气行业的另一个重点和难点就是监管改革。

第四，放松监管是大势所趋，我们已经在放松进入监管中取得了阶段性的成绩，事实上，进入监管对于创造公平竞争环境，实现公平接入来说，难度要小的多。中国燃气行业监管模式改革的难点是像美国那样建立一个独立的、专业化的、完善的监管体系，建立科学的、强有力的法律体系，保证行业竞争性市场制度，通过警觉和公正的能源市场监督，保护用户和市场参与者。所以，中国监管改革，不论是从市场环境建设、机构建设、法律建设、还是监督能力提升上都还有很长的路要走。监管能力是对整个改革的保障，如果不能建立起有效的监管体制，中国燃气行业改革就只能是一个美好的设计，而不能成为现实。

第五，治理模式改革是产权改革的延伸，产权改革是随着引入竞争这一改革主线展开的。他们虽自成体系，但也彼此紧密相连，相互影响。随着未来竞争的不断引入和深化，产权及治理模式的改革也要随之不断跟进，否则将无法形成与竞争性市场相适应的有效率的竞争主体，企业层面的改革需要跟上整体改革的进程，不断深化。

总之，燃气行业改革是一个系统渐进改革的过程，在已取得的成绩的基础上，我们也必须看到时间的紧迫性和未来任务的艰巨性。如果说垄断行业改革是中国改革的攻坚战，那么燃气行业今后的改革势必要踏上这场攻坚战中更加艰难的攻坚之路。随着改革的不断向前迈进，燃气行业未来必然走向竞争性市场，以市场机制配置资源，提升整个行业的效率，最终使广大消费者受益。

第十三章
中国燃气行业改革中的风险及控制

虽然有以往的经验作支撑，有科学的计划作保证，但是，在过程中也会遇到各种各样的问题。积极预测在改革中可能遇到的风险并对其加以防范和控制是改革成功通往胜利彼岸的必要保障。本章将针对中国燃气行业改革中可能遇到的风险从宏观层面、行业层面、企业层面分别进行风险分析，并给出关于燃气行业改革风险控制的建议。

第一节　中国燃气行业改革中的风险

一、宏观层面改革中的风险

（一）社会责任风险

燃气行业是一个公共事业型行业，影响面十分广泛，对于这一类型行业的改革也要格外谨慎。对可能造成的社会影响要提前准备、积极预防。例如对低收入者的关照问题，价格改革继续下去必要时要适当提高天然气价格。在这个过程中天然气价格的变化对于低收入者来说就成了一个影响其生活的重要因素。对于这样的问题如果不预先推出有效的预防措施，很可能会加重低收入阶层居民的生活负担，甚至会动摇改革的群众基础，造成负面的社会影响。又如供气安全问题，引入竞争如果不与合理监管相结合就会出现企业良莠不齐的局面。而燃气行业对安全的要求十分高，资质不够的企业加入到行业中来势必会带来安全隐患，如果出现险情，后果不堪设想。正是由于这样特殊的行业类型使燃气行业肩负了更多的社会责任，改革的各个细节都要充分考虑到对社会的影响，预防风险的发生。

（二）相关行业影响风险

燃气行业是一个能源行业，以其作为能源或原料的行业很多，所以燃气行业的改革势必会对相关行业造成影响。在工业上天然气主要用于发电、天然气甲醇、化肥生产。以化肥行业为例，目前化肥用天然气价格大大低于其他燃气用户，天然气低价也是众多企业当初投资于天然气化工的原因。由于原料占成本比重超过50%，原料价格对企业的生存事关重要，价格对行业的影响可见一斑。2007年出台的

《天然气利用政策》将天然气化工列入禁止类行业，将来对化工用气价格优惠也将逐步取消，这类企业的生产成本将逐步加大。有关资料显示：每消耗 600 立方米左右天然气，可以制成 1 吨尿素。如果天然气价格每立方米涨幅 0.2～0.4 元，尿素生产企业生产 1 吨化肥的成本将增加 120～240 元。据中国石化协会测算，如果天然气价格上调 0.2 元/立方米，天然气化肥将面临全行业亏损，而我国氮肥生产企业中 26％是以天然气为原料的气头企业。所以，在改革中考虑到相关行业对改革的承受力也成为改革需要解决的问题之一。

（三）监管体制配套风险

监管是垄断行业改革的一个关键点，监管模式改革的效果直接影响改革的最终成果，这一点不管是对于以纵向拆分为主要特点的英国模式，还是对以允许纵向一体化为主要特点的美国模式，都是毋庸置疑的。但是监管模式改革在这两种模式下的难度是不同的，允许纵向一体化意味着对监管模式改革更高的要求。根据我们的分析，中国燃气行业改革更适合纵向一体化的模式，所以监管体系的配套风向也就凸显出来。目前中国燃气行业的监管改革还刚刚起步，对于进入监管的改革已经取得了一定的成效，并且也在逐步开放对上游领域进入。但是，进入监管只是监管模式改革中难度较小的部分，相对而言，如何实现有效的价格监管、公平接入的监管、社会监管、放松管制后企业行为的监管以及监管机构的改革等问题才是改革的难度所在，这些部分都存在很大难度，同时又至关重要。对于中国燃气行业改革，监管模式改革的质量在很大程度上决定了整个改革的成败，我们必须高度重视监管体制科学合理的配套跟进，方能确保改革的成功。

（四）法律法规配套风险

法律法规的配套建设是改革战略方针得以实现的必要保证。不论是美国还是英国，不管改革思路上的不同，他们的相同点是以完善的法律法规为改革的成功推进和有效运行保驾护航。改革是一个除旧迎新的过程，旧的势力不会妥协，新的势力相对弱小，没有人会心甘情愿被改革，只有有了强有力的、权威的武器才能破除重重阻碍，这一强有力的武器就是法律。如果没有法律的制约，各个利益集团为了保护或扩大自己的利益，势必会通过各种方式和手段阻碍改革的发展，或将改革引到为自己利益服务的方向上去。千里之堤可毁于蚁穴，改革之堤更需要法律法规为其设起防线。然而，目前中国燃气行业改革法律法规不健全的情况十分严峻，天然气行业急需建立一个科学、完善、有力的法律环境。加快立法进程将会推动天然气行业的健康发展和改革的顺利进行。

（五）公平风险

我们改革的最终目的是用更有效率的市场机制取代低效率的计划协调，最终使整个社会、整个行业和整个终端消费者群体受益。然而在改革的过程中，会出现一部分主体受益，而一部分主体受损的情况，这一公平问题如果处理不当，将会为改革增添极大的阻碍。只有合理预估改革中可能出现的利益矛盾问题并提前制定配套政策措施加以预防才能有效地防范风险，为改革的顺利进行保驾护航。诚然，要做到绝对的公平是很难的，但应做到将矛盾水平保持在可接受的范围内以保证改革向前推进。另外，一次分配注重效率，二次分配就要注重公平，切不可使改革富了企业，穷了消费者，或富了一部分企业却穷了另一部分企业。

（六）政府行为风险

地方政府在出于本地区利益驱使，同时又对相关的法规、规则，尤其是国际规则不了解的情况下，会出现各种不合理甚至违规行为，这样的例子在地方上并不少见。改革过程中已经发生了多起政府违规担保、越权许诺减免税、给予外资超国民待遇、假合资等情况。由于地方政府的急功近利的心态和行为造成了严重的社会经济损失，对建立健康的行业环境和秩序造成了恶劣的影响，也为未来留下了诸多商业纠纷隐患。另一方面，由于现在燃气行业政企不分的情况依然严重，地方保护主义也是改革中要重视的政府行为风险。政府可以通过种种方式在地方在位企业和其他竞争企业的竞争过程中让本地区企业处于有利地位，从而破坏公平竞争环境，影响行业竞争秩序。

（七）外部依存度提高风险

改革后燃气行业的未来是以市场机制作为主导机制起到调节资源和市场的作用，国内外市场将成为一个整体，中国天然气行业将会和世界天然气市场紧密相连。一方面，我们可以更多的利用国外的天然气资源以供给本国能源需求，但另一方面我们也必须意识到，这样的连接也提高了我国天然气行业的外部依存度。政治、经济等各方面的变化都会对本国天然气行业造成影响，所以外部依存度提高所带来的负面影响是我们必须要考虑和防范的风险之一。

（八）资源条件风险

"十二五"能源规划的一项重要内容是将天然气消费比重从目前的3.9%提高至8.3%。中央提出了非化石能源比重增加和碳减排两个目标，而从"十二五"能源规划的增气减煤两个目标来看，天然气和煤炭行业的变化将最为明显。中国未来要实现能源结构转型必须要面对自身资源条件的事实。中国客观的资源条件是煤多气少，这一客观条件也决定了过去长期以来我国主要以煤炭能源为主的历史，同时也限制了对低碳能源的选择和利用。根据《BP世界能源统计2009》数据显示，2008年底中国天然气探明储量为2.46万亿立方米，占世界总储量的1.3%，照目前的开发速度继续下去可以维持约32年。而煤炭资源占世界总储量的比例是13.9%。可以看出中国天然气资源相对匮乏，所以我们必须面对和处理资源条件这一风险因素。

二、行业层面改革中的风险

（一）自然垄断环节垄断风险

燃气行业中的自然垄断环节是指网络性强的输配环节，特别是中游的长输管网环节。对于这一环节，一方面因其具有较强的自然垄断性而不适宜积极引入竞争，另一方面就目前中国燃气行业的现状来看还不适宜引入竞争（但美国在发达的市场环境和完善的行业条件下已经实现了天然气中游环节的竞争）。在纵向一体化运营模式下，拥有网络的企业不但拥有中游的垄断地位，同时还在产业链的各个环节经营业务，他可以通过这种对关键网络传输环节的垄断力量延伸至其他竞争性环节，这样就造成了自然垄断环节的垄断风险。纵向一体化企业会为了自身利益而利用网络环节垄断优势，利用诸如价格歧视、价格挤压等手段凭借其垄断优势实施垄断行为，目的是将竞争对手，特别是新进入的竞争对手排挤出去。所以，燃气行业监管改革的重要目的之一就是建立健全对垄断环节的监管制度和机制，防范自然垄断环节的垄断风险是监管改革面临的一个重大挑战。

（二）相关行业投资过度和资源浪费风险

目前一些用气行业已经出现了投资过度的情况，而且对于低价天然气的使用浪费现象普遍存在。政府虽然已经出台相关政策抑制过度投资以及资源浪费性天然气相关行业的扩张，但从根源上讲，天然气相对于其他能源的低价是引起投资过度和资源浪费的根本原因。目前价格改革还没有进行到各种可替代能源互动机制形成的阶段，低价会继续刺激各种投资。而当价格改革到位之时，已经形成的相关行业就会像现在的化肥行业一样面临成本危机。所以，天然气相关产业的发展风险不仅体现在对天然气这一稀缺、清洁、非可再生能源的浪费风险上，也体现在产业自身发展的风险上，所以重视对天然气相关产业规模的规划是十分必要的。

（三）无序发展风险

中国燃气行业的下游领域是最早引入竞争、开始改革的领域，这一阶段的改革也为今后的改革工作提供了许多可参考的经验和教训，其中一些下游市场就已经暴露出了无序发展问题。以温州城市管道燃气为例，5家燃气公司各行其是，使城市管道燃气的长期建设和管理方面显出了很大的局限性。市燃气规划受企业行为的限制和左右，难以与城市的规划工作相配套。同时管网布局和气化站设置不合理造成项目投资浪费，管道分割、专业人员分散、技术不统一给燃气行业发展带来不利影响，行业管理部门很难进行统一管理和统筹安排❶。所以，在改革的同时一定要警惕发展中带来的行业无序发展问题，只有资源开发、管道建设和市场开发相结合，加强规划和协调，合理布局，才能保证改革的顺利进行和行业的健康发展，防范市场无序风险的产生。

（四）行业系统发展风险

天然气行业近些年的蓬勃发展是有目共睹的，目前中国的天然气消费量的增速

---

❶ 吴洪广. 试论温州城市管道燃气发展的困境和对策. 城市燃气，2003，(5).

已居世界第一位，行业正在处于一个高速发展的阶段，同时天然气行业的快速发展也是适应"十二五"规划和我国资源战略调整的需要。但是行业的高速发展是整个系统的高速发展，一个方面或若干个方面发展滞后一定会影响整个行业发展的进程，这样的滞后方面就形成了行业发展的瓶颈。从整个产业链看，天然气上游供给量对供需矛盾调解能力明显不足，勘探开发力度不够，管网建设需要适应未来行业高速发展的需要，天然气储气设施建设滞后，储气量严重不足，无法发挥应有的调峰和应急作用，天然气价格形成机制尚未理顺，监管机制有待建立健全，种种制约因素无疑为改革的进程增加了阻碍，加大了行业系统发展的风险。

三、企业层面改革中的风险

（一）产权与治理改革不到位的风险

企业是改革的微观基础，是市场竞争主体，培育能够适应市场环境的企业是改革的重要环节。否则，即使搭好台，也无人能唱好戏。对于企业层面的改革主要涉及两个方面，一是产权模式改革，二是治理模式改革。从行业层面来看，天然气下游已形成了国有、民营、外资多元化产权结构，这是自放松下游准入以来改革取得的成果。但企业层面的产权改革还不彻底，表现为国有独资企业数量多、国有股比重大、国有股一股独大现象严重。而上、中游目前的情况仍是国有产权一统天下的局面。治理是产权的延伸，国有独资的产权结构极易导致政企不分，使董事会、监事会、经理层之间的关系难以理顺，各自无法按照科学的公司治理模式有效运作。我们始终坚持改革是一个系统工程，没有任何一个子系统是可有可无的，而且任何一个子系统都可能成为改革的瓶颈和滞绊。就目前企业的产权和治理模式的改革步伐来看，其极有可能成为影响改革发展的风险。

（二）企业寻租风险

企业会使用各种方法来达到维持和扩展自己利益的目的，寻租是一种典型的行为。改革从一个角度上来看是将利益再次分配，从而使整个社会利益最大化。这个过程中，不管是企业为了保住自己的既得利益，还是为了争取更多的利益，都会存在企业对相关政策制定者、相关管理部门的寻租风险。企业与政府一旦达成互利，势必会使改革偏离方向。所以从制度上和法律上严格防范企业寻租的实现是防范寻租风险，保证改革顺利进行的必要条件。

（三）国有资产流失风险

世界燃气行业自20世纪80年代以来私有化和非国有化的趋势日渐清晰，产权多元化的改革方向逐步确定。20世纪90年代以来，按照现代企业制度要求对企业进行公司制改造，尝试合资合作、股份制、股份合作制等形式，发展混合所有制企业成为产权多元化的重要途径。在这一过程中势必会出现国有资产流失的风险，并且这一风险在中国以前的改革过程中已经出现。如何严格防范国有资产流失问题是一个不可掉以轻心的重要问题。

（四）企业高负债经营风险

燃气行业，尤其是网络性的天然气行业是一个进入门槛较高的行业，其投资额巨大，但同时其前景又十分广阔，具有现金流稳定，市场增长潜力巨大，政策支持等多方面的吸引条件。所以很多企业在目前逐步开放市场的有利政策环境下试图进军燃气行业。企业可能会通过增加负债的方式满足对资金的需求，高负债与较高的投资风险相结合将成为企业的一个巨大潜在风险。所以，企业应在自身能力与机会之间慎重权衡，将企业经营风险控制在合理范围内。

（五）企业间合谋风险

相比于竞争性行业，寡头垄断的网络型行业更容易形成合谋。不同企业通过分割市场、固定价格、在投资和技术革新方面采取协调行动等形式的合作活动，以牺牲合谋集团以外企业的利益来实现集团内的利润最大化。企业间合谋将扭曲资源配置，损害市场效率。以价格合谋为例，在目前的情况下，价格合谋还没有形成的机会，因为天然气价格尚处于政府定价阶段，但当市场定价机制形成之后，当竞争性市场确立之后，企业间的合谋行为将成为一个企业行为风险。同样，其他的企业合谋行为都会对发挥正常的市场效率造成危害，所以防范企业间合谋是一个需要监管部门重点解决的问题。

第二节　中国燃气行业改革中的风险控制

一、合理预测供需

目前天然气行业正处于一个快速发展的阶段，其消费量增速大，已居世界第一位，供需之间存在较大缺口，气荒问题长期得不到解决。合理预测供需差距，尽快采取措施弥补供需缺口，有效解决气荒危机是目前面临的严峻挑战。同时合理预测未来消费量的增长趋势还可以给基础设施建设规划提供依据，为政府制定对相关行业投资行为调控政策提供依据，成为避免规划风险、决策风险、投资风险的保证。

二、协调推进各项改革

改革过程中一个难点就是改革的系统内相互协调问题。各个子系统虽自成体系却又相互影响，紧密相关，协调推进各个子系统的改革是加速改革成功的必要前提。党的十六大政治报告中指出的"必须坚定不移地推进各方面改革。改革要从实际出发，整体推进，重点突破，循序渐进，注重制度建设和创新"对燃气行业系统改革同样具有指导意义。一方面，整体与重点是两相促进、两相结合的关系，非孰重孰轻的关系，重点突破的最终目的是促进改革整体目标的实现；另一方面，各个子系统之间是相互影响、彼此促进、彼此制约的关系，只有协调系统内各项改革的推进才能有效防范改革系统风险的发生。

三、建立健全法律法规

从燃气行业改革的国际经验来看，相关法律法规的建立可以推动改革顺利进行。改革的过程中时刻面对着被改革者的反改革行为（如被规制者的犯规制行为），因为他们要保护自己的已有利益，同时也会面对相关利益主体和利益集团对更大化利益的追逐，即他们希望通过改革获取更多的利益。实践表明，这些利益主体和利益集团有些是拥有强大势力的企业或组织，甚至可以左右政策的制定，政府俘获理论就很好地解释了这一现象。如果没有更强硬的武器与之抗衡，改革很可能沦为他们手中追逐利益的工具，即便是势力相对弱小的主体也可以通过寻租等手段来实现其目的。建立健全法律法规就是要依靠法律强大的约束力起到同时限制改革者与被改革者行为的作用，保障改革的顺利进行。预先制定法律法规可以使改革过程有章可循、有法可依，避免一些政府行为对改革的影响，减少企业的寻租行为，减少改革阻力，降低改革成本。然而我国对于燃气行业的专项法律法规建设始终落后，我们需要把改革的相关政策提升到法律的高度来推动改革前进。2010 年 6 月 25 日，十一届全国人大常委会第十五次会议表决通过了《中华人民共和国石油天然气管道保护法》，以法律的形式确立了石油天然气管道保护的管理体制，这也许可以成为天然气行业相关法律法规建设的开始。

四、建立完善的监管体制

监管体制包括法律法规政策体系、机构、方法、工具等多方面内容，科学的垄断行业监管有其自身的模式和原则。以下几个方面是在监管模式改革中需要注意的问题。一是对网络垄断环节企业的垄断地位滥用的监管，要防止其凭借垄断优势损害其他企业以及消费者的利益，应实现网络的公平接入，强制开放网络以使所有企业都能非歧视的接入网络。另外还要注意网络互联监管，消除纵向一体化厂商的交叉补贴。二是要建立独立的监管机构，政策制定和监管职能要分开，塑造并保持监管部门的独立性。三是将监管的重心从经济性监管转向社会性监管，当市场机制建立起来以后，要让市场发挥其应有的作用。四是监管法律法规体系的建立，做到依法监管。五是提高监管的公众参与程度，不可让听证会制度成为"走过场"，形同虚设。六是以科学的规则、专业的人员、严谨的程序让监管成为一个科学的过程。

五、合理布局、科学规划

对本行业及相关行业的投资进行合理的规划和控制，把握和控制好投资的数量和质量。天然气作为国家"十二五"规划转变能源结构的重要组成部分，其高速发展已基本成为定局，各种资金纷纷看好本行业或相关行业。一方面，就行业本身的性质、消费能力增速情况、市场容量情况以及竞争有序性的考虑，对投资数量的把握是十分有必要的。同时，要对进入企业的资质严格把关，以确保行业的安全性。

另一方面，已经出现的化肥等相关行业面临的窘境提醒我们，对于相关行业的投资行为也要适当规划，防止投资过热。将天然气用到提高环境质量和效率高的行业和项目中去是应遵循的原则，2007年出台的《天然气利用政策》可以成为较好的借鉴。

六、平衡渐进改革之路与加快改革步伐之间的关系

由于燃气行业的改革的进程已明显滞后，同时"十二五"能源规划对天然气的规划和天然气行业改革提出了更高的要求。为实现目标，在不违背渐进改革的指导思想和不出现"冒进"改革的情况下，燃气行业改革的步伐应当尽量加快。改革过程中可以让渐进性与并行性相协调，多个模式的改革在没有矛盾的情况下并行发展，遵循客观规律和改革需要，合理安排改革的进程。另外，利用有利的国际形势可以加快改革步伐，目前国际上天然气供大于求，为我们大幅度增加天然气的使用提供了一个非常好的机会。可以利用这个机会加速推进以前进展缓慢的项目。如利用俄罗斯面对欧洲经济不景气、能源消费波动较大、液化与现货天然气竞争等不利因素来促进搁置已久的中俄天然气项目。

七、控制和预防国际政治经济的影响

燃气行业的市场化改革实现也同时意味着市场对行业的影响力增强，市场不仅包括国内市场，还包括国际市场，而且国际市场的影响力会随着改革的逐步深入而加深。国际市场会被政治、经济甚至是各种无法预期的自然环境变化所影响而产生剧烈的变化，有些是局部的，有些甚至是全球性的，所以建立起中国对这些影响的免疫防线是至关重要的。例如通过多渠道引入国外气源，可以较好地防范政治、经济、自然环境变化的地缘风险，分散对单一国外气源的依赖，维持国外气源供给的稳定性。另外，通过各种现代金融工具也可以在一定程度上实现控制风险的目的。

附　　录

附录1　关于加快市政公用行业市场化进程的意见

建城〔2002〕272号

市政公用行业是城市经济和社会发展的载体,它直接关系到社会公共利益,关系到人民群众生活质量,关系到城市经济和社会的可持续发展。为了促进市政公用行业的发展,提高市政公用行业运行效率,现就加快市政公用行业市场化进程提出如下意见。

一、指导思想与目的

深入贯彻十六大精神,以邓小平理论和"三个代表"重要思想为指导,以体制创新和机制创新为动力,以确保社会公众利益,促进市政公用行业发展为目的,加快推进市政公用行业市场化进程,引入竞争机制,建立政府特许经营制度,尽快形成与社会主义市场经济体制相适应的市政公用行业市场体系,推动全面建设小康社会。

二、开放市政公用行业市场

(一)鼓励社会资金、外国资本采取独资、合资、合作等多种形式,参与市政公用设施的建设,形成多元化的投资结构。对供水、供气、供热、污水处理、垃圾处理等经营性市政公用设施的建设,应公开向社会招标选择投资主体。

(二)允许跨地区、跨行业参与市政公用企业经营。采取公开向社会招标的形式选择供水、供气、供热、公共交通、污水处理、垃圾处理等市政公用企业的经营单位,由政府授权特许经营。

(三)通过招标发包方式选择市政设施、园林绿化、环境卫生等非经营性设施日常养护作业单位或承包单位。逐步建立和实施以城市道路为载体的道路养护、绿化养护和环卫保洁综合承包制度,提高养护效率和质量。

(四)市政公用行业的工程设计、施工和监理、设备生产和供应等必须从主业中剥离出来,纳入建设市场统一管理,实行公开招标和投标。

三、建立市政公用行业特许经营制度

市政公用行业特许经营制度是指在市政公用行业中,由政府授予企业在一定时间和范围对某项市政公用产品或服务进行经营的权利,即特许经营权。政府通过合同协议或其他方式明确政府与获得特许权的企业之间的权利和义务。

市政公用行业实行特许经营的范围包括：城市供水、供气、供热、污水处理、垃圾处理及公共交通等直接关系社会公共利益和涉及有限公共资源配置的行业。

实施特许经营权制度应包括已经从事这些行业经营活动的企业和新设立企业、在建项目和新建项目。

（一）特许经营权的获得

实施特许经营，应该通过规定的程序公开向社会招标选择投资者和经营者。要按照《中华人民共和国招标投标法》的规定，首先向社会发布特许经营项目的内容、时限、市场准入条件、招标程序及办法，在规定的时间内公开接受申请；要组织专家根据市场准入条件对申请者进行资格审查和严格评议，择优选择特许经营权授予对象。

对被选择的特许经营权授予对象，应该在新闻媒体上进行公示，接受社会监督；公示期满后，由城市市政公用行业主管部门代表城市政府与被授予特许经营权的企业签订特许经营合同。

凡投资建设特许经营范围内的市政公用项目，项目建设单位必须首先获得特许经营权，与行业主管部门签订合同后方可实施建设。

现有国有或国有控股的市政公用企业，应在进行国有资产评估、产权登记的基础上，按规定的程序申请特许经营权。政府也可采取直接委托的方式授予经营权，并由主管部门与受委托企业签订经营合同。

（二）申请特许经营权的企业应该具备的条件。

依法注册的企业法人资格；

与所申请的经营内容相应的条件：企业经营管理、技术管理负责人具备相应的从业经历和业绩，其他关键岗位人员具有相应的从业资格，应具有的资金和设备、设施能力；

良好的银行资信和财务状况；与其业务规模相适应的偿债能力；

具有可行的经营方案以及政府规定的其它必要条件。

（三）特许经营合同应该包括以下基本内容：

经营的内容、范围及有效期限；

产品和服务的质量标准；

价格或收费的确定方法和标准；

资产的管理制度；

双方的权利和义务；

履约担保；

经营权的终止和变更；

监督机制；

违约责任。

（四）特许经营权的变更与终止

在合同期限内，若特许经营的内容发生变更，合同双方必须在共同协商的基础上签订相关的补充协议。若因企业原因导致经营内容发生重大变更，政府应根据变更的情况，决定是否继续授予其特许经营权；若政府根据发展需要调整规划和合同时，应充分考虑原获得特许经营权的企业的合理利益。

特许经营权期满前（一般不少于一年），特许经营企业可按照规定申请延长特许权期限。经主管部门按规定的程序组织审议并报城市政府批准后，可以延长特许经营权期限。

获得特许经营权的企业在经营期间如出现以下所列情况，由市政公用行业主管部门报城市政府批准后予以相应处理，对情节严重的，应取消其特许经营权：

未按要求履行合同，产品和服务质量不符合标准，并未按市政公用行业主管部门要求进行限期整改的；

未经政府及行业主管部门批准，擅自转让或变更特许经营权的；

未经城市政府及行业主管部门批准，擅自停业、歇业，影响到社会公共利益和安全的；

发生重大质量事故、安全生产事故或企业法人有重大违规违纪行为的。

在特许经营权发生变更或终止时，必须做好资产的处置和人员的安置工作，必须保证服务的连续性。

市政公用企业要依法自主经营。取得特许经营权的企业要在政府公共资源配置总体规划的指导下，科学合理地制定企业年度生产计划；为社会提供足量的符合标准的产品或优质服务；要自觉接受政府的监管，制定严格的财务会计制度，定期向政府及主管部门汇报经营情况，如实提供反映企业履行合同情况的有关材料。市政公用企业应通过合法经营取得合理的投资回报，实现经营利润，同时承担相应的经营风险和法律责任，真正成为自主经营、自负盈亏、自我发展的市场主体。

四、转变政府管理方式

城市人民政府负责本行政区域内特许经营权的授予工作。各城市市政公用行业主管部门由当地政府授权代表城市政府负责特许经营的具体管理工作，并行使授权方相关权利，承担授权方相关责任。

市政公用行业主管部门要进一步转变管理方式，从直接管理转变为宏观管理，从管行业转变为管市场，从对企业负责转变为对公众负责、对社会负责。

市政公用行业主管部门的主要职责是认真贯彻国家有关法律法规，制定行业发展政策、规划和建设计划；制定市政公用行业的市场规则，创造公开、公平的市场竞争环境；加强市场监管，规范市场行为；对进入市政公用行业的企业资格和市场行为、产品和服务质量、企业履行合同的情况进行监督；对市场行为不规范、产品和服务质量不达标和违反特许经营合同规定的企业进行处罚。

市政公用产品和服务价格由政府审定和监管。应在充分考虑资源的合理配置和保证社会公共利益的前提下，遵循市场经济规律，根据行业平均成本并兼顾企业合理利润来确定市政公用产品或服务的价格（收费）标准。

市政公用企业通过合法经营获得的合理回报应予保障。若为满足社会公众利益需要，企业的产品和服务定价低于成本，或企业为完成政府公益性目标而承担政府指令性任务，政府应给予相应的补贴。

五、加强领导，积极稳妥推进市场化进程

加快市政公用行业市场化进程，建立特许经营制度是建立社会主义市场经济体制的必然要求，是市政公用行业的一项重大改革，各地要加强领导，积极稳妥地推进。

建设部负责对全国推进市政公用行业市场化进程和建立特许经营制度的工作进行宏观指导；各省、自治区建设行政主管部门负责对所管辖的行政区域内的市政公用行业实施特许经营制度工作进行监督和指导。

城市人民政府及其行业主管部门要本着对人民、对事业高度负责的精神，精心组织、统筹规划，妥善处理好改革、发展、稳定的关系，积极稳妥地推进市政公用行业市场化进程。要制定总体实施方案，落实相关配套政策。要从本地实际情况出发，因地制宜、分类指导，切实解决好市场化过程中出现的实际问题。在实施产权制度改革时，要按照国家和当地政府的相关政策，妥善解决好职工养老、医疗等社会保险问题。

要加快相关立法工作，以法律的形式明确投资者、经营者和管理者的权力、义务和责任，明确政府及其主管部门与投资者、经营者之间的法律关系。

各有关部门要通力协作，积极为推进市政公用行业市场化、建立特许经营制度创造条件，争取在较短时间内尽快建立起统一开放、竞争有序的市政公用行业市场体系和运行机制。

附录2 外商投资产业指导目录（2002年）

中华人民共和国国家发展计划委员会令

中华人民共和国国家经济贸易委员会

中华人民共和国对外贸易经济合作部

第 21 号

新的《外商投资产业指导目录》及附件业经国务院 2002 年 3 月 4 日批准，现予以发布，自 2002 年 4 月 1 日起施行。1997 年 12 月 29 日国务院批准，1997 年 12 月 31 日国家计委、国家经贸委和外经贸部发布的《外商投资产业指导目录》同时废止。

国家发展计划委员会主任：曾培炎

国家经济贸易委员会主任：李荣融

对外贸易经济合作部部长：石广生

二〇〇二年三月十一日

外商投资产业指导目录

第一部分 鼓励外商投资产业目录

一、农、林、牧、渔业

1. 中低产农田改造

2. 蔬菜（含食用菌、西甜瓜）、水果、茶叶无公害栽培技术及产品系列化开发、生产

3. 糖料、果树、花卉、牧草等农作物优质高产新技术、新品种（转基因品种除外）开发、生产

4. 花卉生产与苗圃基地的建设、经营

5. 农作物秸秆还田及综合利用、有机肥料资源的开发生产

6. 中药材种植、养殖（限于合资、合作）

7. 林木（竹）营造及良种培育

8. 天然橡胶、剑麻、咖啡种植

9. 优良种畜种禽、水产苗种繁育（不含我国特有的珍贵优良品种）

10. 名特优水产品养殖、深水网箱养殖

11. 防治荒漠化及水土流失的植树种草等生态环境保护工程建设、经营

二、采掘业

＊1. 石油、天然气的风险勘探、开发

＊2. 低渗透油气藏（田）的开发

＊3. 提高原油采收率的新技术开发与应用

＊4. 物探、钻井、测井、井下作业等石油勘探开发新技术的开发与应用

5. 煤炭及伴生资源勘探、开发

6. 煤层气勘探、开发

7. 低品位、难选冶金矿开采、选矿（限于合资、合作，在西部地区外商可独资）

8. 铁矿、锰矿勘探、开采及选矿

9. 铜、铅、锌矿勘探、开采（限于合资、合作，在西部地区外商可独资）

10. 铝矿勘探、开采（限于合资、合作，在西部地区外商可独资）

11. 硫、磷、钾等化学矿开采、选矿

三、制造业

（一）食品加工业

1. 粮食、蔬菜、水果、禽畜产品的储藏及加工

2. 水产品加工、贝类净化及加工、海藻功能食品开发

3. 果蔬饮料、蛋白饮料、茶饮料、咖啡饮料的开发、生产

4. 婴儿、老年食品及功能食品的开发、生产

5. 乳制品生产

6. 生物饲料、蛋白饲料的开发、生产

（二）烟草加工业

1. 二醋酸纤维素及丝束加工

2. 造纸法烟草薄片生产

（三）纺织业

1. 工程用特种纺织品生产

2. 高档织物面料的织染及后整理加工

（四）皮革、皮毛制品业

1. 猪、牛、羊蓝湿皮新技术加工

2. 皮革后整饰新技术加工

（五）木材加工及竹、藤、棕、草制品业

林区"次、小、薪"材和竹材的综合利用新技术、新产品开发与生产

（六）造纸及纸制品业

1. 年产 30 万吨及以上化学木浆、年产 10 万吨及以上化学机械木浆（CTMP、BCTMP、APMP）和原料林基地的林木浆一体化工程的建设、经营（限于合资、合作）

2. 高档纸及纸板生产（新闻纸除外）

（七）石油加工及炼焦业

1. 针状焦、煤焦油深加工

2. 捣固焦、干熄焦生产

3. 重交通道路沥青生产

（八）化学原料及化学品制造业

1．重油催化裂化制烯烃生产

2．年产 60 万吨及以上规模乙烯生产（中方相对控股）

3．乙烯副产品 $C_5 \sim C_9$ 产品的综合利用

4．大型聚氯乙烯树脂生产（乙烯法）

5．有机氯系列化工产品生产（高残留有机氯产品除外）

6．基本有机化工原料：苯、甲苯、二甲苯（对、邻、间）衍生物产品的综合利用

7．合成材料的配套原料：双酚 A、$4,4'$-二苯基甲烷二异氰酸酯、甲苯二异氰酸酯生产

8．合成纤维原料：精对苯二甲酸、丙烯腈、己内酰胺、尼龙 66 盐生产

9．合成橡胶：溶液丁苯橡胶、丁基橡胶、异戊橡胶、丁二烯法氯丁橡胶、聚氨酯橡胶、丙烯酸橡胶、氯醇橡胶生产

10．工程塑料及塑料合金生产

11．精细化工：催化剂、助剂及石油添加剂新产品、新技术，染（颜）料商品化加工技术，电子、造纸用高科技化学品，食品添加剂、饲料添加剂，皮革化学品、油田助剂，表面活性剂，水处理剂，胶黏剂，无机纤维、无机粉体填料生产

12．纺织及化纤抽丝用助剂、油剂、染化料生产

13．汽车尾气净化剂、催化剂及其他助剂生产

14．天然香料、合成香料、单离香料生产

15．高性能涂料生产

16．氯化法钛白粉生产

17．氟氯烃替代物生产

18．大型煤化工产品生产

19．林业化学产品新技术、新产品开发与生产

20．烧碱用离子膜生产

21．生物肥料、高浓度化肥（钾肥、磷肥）、复合肥料生产

22．高效、低毒和低残留的化学农药原药新品种开发与生产

23．生物农药开发与生产

24．环保用无机、有机和生物膜开发与生产

25．废气、废液、废渣综合利用和处理、处置

（九）医药制造业

1．我国专利或行政保护的原料药及需进口的化学原料药生产

2．维生素类：烟酸生产

3．氨基酸类：丝氨酸、色氨酸、组氨酸等生产

4．采用新技术设备生产解热镇痛药

5. 新型抗癌药物及新型心脑血管药生产

6. 新型、高效、经济的避孕药具生产

7. 采用生物工程技术生产的新型药物生产

8. 基因工程疫苗生产（艾滋病疫苗、丙肝疫苗、避孕疫苗等）

9. 海洋药物开发与生产

10. 艾滋病及放射免疫类等诊断试剂生产

11. 药品制剂：采用缓释、控释、靶向、透皮吸收等新技术的新剂型、新产品生产

12. 新型药用佐剂的开发应用

13. 中药材、中药提取物、中成药加工及生产（中药饮片传统炮制工艺技术除外）

14. 生物医学材料及制品生产

15. 兽用抗菌原料药生产（包括抗生素、化学合成类）

16. 兽用抗菌药、驱虫药、杀虫药、抗球虫药新产品及新剂型开发与生产

（十）化学纤维制造业

1. 差别化化学纤维及芳纶、氨纶、碳纤维等高新技术化纤生产

2. 粘胶无毒纺等环保型化纤的生产

3. 日产 400 吨及以上纤维及非纤维用聚酯生产

（十一）塑料制品业

1. 聚酰亚胺保鲜薄膜生产

2. 农膜新技术及新产品（光解膜、多功能膜及原料等）开发与生产

3. 废旧塑料的消解和再利用

（十二）非金属矿物制品业

1. 日熔化 500 吨级及以上优质浮法玻璃生产（限于中西部地区）

2. 日产 2000 吨及以上水泥熟料新型干法水泥生产（限于中西部地区）

3. 年产 1 万吨及以上玻璃纤维（池窑拉丝工艺生产线）及玻璃钢制品生产

4. 年产 50 万件及以上高档卫生瓷生产

5. 陶瓷原料的标准化精制、陶瓷用高档装饰材料生产

6. 玻璃、陶瓷、玻璃纤维窑炉用高档耐火材料生产

7. 无机非金属材料及制品生产（人工晶体、高性能复合材料、特种玻璃、特种陶瓷、特种密封材料、特种胶凝材料）

8. 新型建筑材料生产（轻质高强多功能墙体材料、高档环保型装饰装修材料、优质防水密封材料、高效保温材料）

9. 非金属矿深加工（超细粉碎、高纯、精制、改性）

（十三）黑色金属冶炼及压延加工业

1. 宽厚板生产

2. 镀锌及耐高腐蚀性铝锌合金板、涂层板生产

3. 直接还原铁和熔融还原铁生产

4. 废钢加工

（十四）有色金属冶炼及压延加工业

1. 年产 30 万吨及以上氧化铝生产

2. 低品位、难选冶金矿冶炼（限于合资、合作，在西部地区外商可独资）

3. 硬质合金、锡化合物、锑化合物生产

4. 有色金属复合材料、新型合金材料生产

5. 稀土应用

（十五）金属制品业

1. 非金属制品模具设计、制造

2. 汽车、摩托车模具（含冲模、注塑模、模压模等）、夹具（焊装夹具、检验夹具等）设计、制造

3. 高档建筑五金件、水暖器材及五金件开发、生产

（十六）普通机械制造业

1. 三轴以上联动的数控机床、数控系统及伺服装置制造

2. 高性能焊接机器人和高效焊装生产设备制造

3. 耐高温绝缘材料（绝缘等级为 F、H 级）及绝缘成型件生产

4. 比例、伺服液压技术，低功率气动控制阀，填料静密封生产

5. 精冲模、精密型腔模、模具标准件生产

6. 精密轴承及各种主机专用轴承制造

7. 汽车、摩托车用铸锻毛坯件制造

（十七）专用设备制造业

1. 粮食、棉花、油料、蔬菜、水果、花卉、牧草、肉食品、水产品的贮藏、保鲜、分级、包装、干燥、运输、加工的新技术、新设备开发与制造

2. 设施农业设备制造

3. 农业、林业机具新技术设备制造

4. 拖拉机、联合收割机等农用发动机设计与制造

5. 农作物秸秆还田及综合利用设备制造

6. 农用废物的综合利用及规模化畜禽养殖废物的综合利用设备制造

7. 节水灌溉新技术设备制造

8. 湿地土方及清淤机械制造

9. 水生生态系统的环境保护技术、设备制造

10. 长距离调水工程的调度系统设备制造

11. 特种防汛抢险机械和设备制造

12. 食品行业的高速、无菌灌装设备、贴标机等关键设备制造

13. 氨基酸、酶制剂、食品添加剂等生产技术及关键设备制造

14. 10 吨/小时及以上的饲料加工成套设备、关键部件生产

15. 卷筒纸和对开以上单纸张多色胶印机制造

16. 皮革后整饰新技术设备制造

17. 高技术含量的特种工业缝纫机制造

18. 新型纺织机械、新型造纸机械（含纸浆）等成套设备制造

19. 公路、港口新型机械设备设计与制造

20. 公路桥梁养护、自动检测设备制造

21. 公路隧道营运监控、通风、防灾和救助系统设备制造

22. 铁路大型施工及养护设备设计与制造

23. 园林机械、机具新技术设备制造

24. 城市环卫特种设备制造

25. 路面铣平、翻修机械设备制造

26. 隧道挖掘机、城市地铁暗挖设备制造

27. 8 万吨/日及以上城市污水处理设备，工业废水膜处理设备，上流式厌氧流化床设备和其他生物处理废水设备，废塑料再生处理设备，工业锅炉脱硫脱硝设备，大型耐高温、耐酸袋式除尘器制造，垃圾焚烧处理设备制造

28. 年产 30 万吨及以上合成氨、48 万吨及以上尿素、45 万吨及以上乙烯成套设备中的透平压缩机、混合造粒机制造

29. 火电站脱硫技术及设备制造

30. 薄板连铸机制造

31. 平板玻璃深加工技术及设备制造

32. 井下无轨采、装、运设备，100 吨及以上机械传动矿用自卸车，移动式破碎机，3000 立方米/小时及以上斗轮挖掘机，5 立方米及以上矿用装载机，全断面巷道掘进机制造

33. 石油勘探开发新型仪器设备设计与制造

34. 机电井清洗设备制造和药物生产

35. 电子内窥镜制造

36. 具有高频技术、直接数字图像处理技术、辐射剂量小的 80 千瓦及以上医用 X 线机组制造

37. 高场强超导型磁共振成像装置（MRI）的制造

38. 单采血浆机制造

39. 全自动酶免系统（含加样、酶标、洗板、孵育、数据后处理等部分功能）设备制造

40. 药产品质量控制新技术、新设备制造

41. 中药有效物质分析的新技术、提取的新工艺、新设备开发与制造

42. 新型药品包装材料、容器及先进的制药设备制造

（十八）交通运输设备制造业

＊1. 汽车、摩托车整车制造

2. 汽车、摩托车发动机制造

3. 汽车关键零部件制造：制动器总成、驱动桥总成、变速器、柴油机燃油泵、柴油机涡轮增压器、柴油车机外排放控制装置、滤清器（三滤）、等速万向节、减震器、组合仪表、专用高强度紧固件

4. 电子控制燃油喷射系统、电子控制制动防抱死系统、安全气囊及其他汽车电子设备系统制造

5. 摩托车关键零部件制造：化油器、磁电机、启动电机、盘式制动器

6. 石油工业专用沙漠车等特种专用车制造

7. 铁路运输技术设备：机车车辆及主要部件设计与制造，线路、桥梁设备设计与制造，高速铁路有关技术与设备制造，通信信号和运输安全监测设备制造，电气化铁路设备和器材制造

8. 城市快速轨道交通运输设备：地铁、城市轻轨的动车组及主要部件设计与制造

9. 民用飞机设计与制造（中方控股）

10. 民用飞机零部件制造

11. 民用直升机设计与制造（中方控股）

12. 航空发动机设计与制造（中方控股）

13. 民用航空机载设备设计与制造（中方控股）

14. 轻型燃气轮机制造

15. 船舶低速柴油机的曲轴设计与制造

16. 特种船、高性能船舶的修理、设计与制造（中方相对控股）

17. 船舶中高速柴油机、辅机、无线通讯、导航设备及配件设计与制造（中方相对控股）

18. 玻璃钢渔船、游艇制造

（十九）电气机械及器材制造业

1. 火电设备：60 万千瓦及以上超临界机组、大型燃气轮机、10 万千瓦及以上燃气-蒸汽联合循环发电设备、煤气化联合循环技术及装备（IGCC）、增压循环流化床（PFBC）、60 万千瓦及以上大型空冷机组（限于合资、合作）

2. 水电设备：15 万千瓦及以上大型抽水蓄能机组、15 万千瓦及以上大型贯流式机组制造（限于合资、合作）

3. 核电机组：60 万千瓦及以上机组制造（限于合资、合作）

4. 输变电设备：500 千伏及以上超高压直流输变电设备制造（限于合资、合作）

（二十）电子及通信设备制造业

1. 数字电视机、数字摄录机、数字录放机、数字放声设备制造

2. 新型平板显示器件、中高分辨率彩色显像管/显示管及玻壳生产

3. 数字音、视频编解码设备，数字广播电视演播室设备，数字有线电视系统设备，数字音频广播发射设备制造

4. 集成电路设计与线宽0.35微米及以下大规模集成电路生产

5. 大中型电子计算机、便携式微型计算机、高档服务器制造

6. 大容量光、磁盘驱动器及其部件开发与制造

7. 计算机辅助设计（三维CAD）、辅助测试（CAT）、辅助制造（CAM）、辅助工程（CAE）系统及其他计算机应用系统制造

8. 软件产品开发、生产

9. 半导体、元器件专用材料开发、生产

10. 电子专用设备、测试仪器、工模具制造

11. 新型电子元器件（片式元器件、敏感元器件及传感器、频率控制与选择元件、混合集成电路、电力电子器件、光电子器件、新型机电元件）生产

12. 无汞碱锰电池、动力镍氢电池、锂离子电池、高容量全密封免维护铅酸蓄电池、燃料电池、圆柱形锌空气电池等高技术绿色电池生产

13. 高密度数字光盘机用关键件开发与生产

14. 可记录光盘生产（CD-R、CD-RW、DVD-R、DVD-ARM）

15. 民用卫星设计与制造（中方控股）

16. 民用卫星有效载荷制造（中方控股）

17. 民用卫星零部件制造

18. 民用运载火箭设计与制造（中方控股）

19. 卫星通信系统设备制造

20. 卫星导航定位接收设备及关键部件制造（限于合资、合作）

21. 光纤预制棒制造

22. 622兆比/秒及以上数字微波同步系列传输设备制造

23. 10千兆比/秒以上光同步系列传输设备制造

24. 宽带接入网通信系统设备制造

25. 光交叉连接设备（OXC）制造

26. 异步转移模式（ATM）及IP数据通信系统制造

27. 移动通信系统（含GSM、CDMA、DCS1800、PHS、DECT、IMT2000等）手机、基站、交换设备及数字集群系统设备制造

28. 高端路由器、千兆比以上网络交换机开发、制造

29. 空中交通管制系统设备制造（限于合资、合作）

（二十一）仪器仪表及文化、办公用机械制造业

1. 数字照相机及关键件开发与生产

2. 精密在线测量仪器开发与制造

3. 安全生产及环保检测仪器新技术设备制造

4. 水质及烟气在线监测仪器的新技术设备制造

5. 水文数据采集、处理与传输和防洪预警仪器及设备制造

6. 新型仪表元器件和材料（主要指智能型仪用传感器、仪用接插件、柔性线路板、光电开关、接近开关等新型仪用开关、仪用功能材料等）生产

7. 新型打印装置（激光、喷墨打印机）制造

8. 精密仪器、设备维修与售后服务

（二十二）其他制造业

1. 洁净煤技术产品的开发利用（煤炭气化、液化、水煤浆、工业型煤）

2. 煤炭洗选及粉煤灰（包括脱硫石膏）、煤矸石等综合利用

四、电力、煤气及水的生产及供应业

1. 单机容量 30 万千瓦及以上火电站的建设、经营

2. 煤洁净燃烧技术电站的建设、经营

3. 热电联产电站的建设、经营

4. 天然气发电站的建设、经营

5. 发电为主水电站的建设、经营

6. 核电站的建设、经营（中方控股）

7. 新能源电站的建设、经营（包括太阳能、风能、磁能、地热能、潮汐能、生物质能等）

8. 城市供水厂建设、经营

五、水利管理业

综合水利枢纽的建设、经营（中方相对控股）

六、交通运输、仓储及邮电通信业

1. 铁路干线路网的建设、经营（中方控股）

2. 支线铁路、地方铁路及其桥梁、隧道、轮渡设施的建设、经营（限于合资、合作）

3. 公路、独立桥梁和隧道的建设、经营

4. 港口公用码头设施的建设、经营

5. 民用机场的建设、经营（中方相对控股）

6. 航空运输公司（中方控股）

7. 农、林、渔业通用航空公司（限于合资、合作）

＊8. 定期、不定期国际海上运输业务

＊9. 国际集装箱多式联运业务

＊10. 公路货物运输公司

11. 输油（气）管道、油（气）库及石油专用码头的建设、经营

12. 煤炭管道运输设施的建设、经营

13. 运输业务相关的仓储设施建设、经营

七、批发和零售贸易业

＊一般商品的批发、零售、物流配送

八、房地产业

普通住宅的开发建设

九、社会服务业

（一）公共设施服务业

1. 城市封闭型道路建设、经营

2. 城市地铁及轻轨的建设、经营（中方控股）

3. 污水、垃圾处理厂，危险废物处理处置厂（焚烧厂、填埋场）及环境污染治理设施的建设、经营

（二）信息、咨询服务业

1. 国际经济、科技、环保信息咨询服务

＊2. 会计、审计

十、卫生、体育和社会福利业

老年人、残疾人服务

十一、教育、文化艺术及广播电影电视业

高等教育机构（限于合资、合作）

十二、科学研究和综合技术服务业

1. 生物工程与生物医学工程技术

2. 同位素、辐射及激光技术

3. 海洋开发及海洋能开发技术

4. 海水淡化及利用技术

5. 海洋监测技术

6. 节约能源开发技术

7. 资源再生及综合利用技术

8. 环境污染治理及监测技术

9. 防沙漠化及沙漠治理技术

10. 民用卫星应用技术

11. 研究开发中心

12. 高新技术、新产品开发与企业孵化中心

十三、产品全部直接出口的允许类外商投资项目

第二部分　限制外商投资产业目录

一、农、林、牧、渔业

1. 粮食（包括马铃薯）、棉花、油料种子开发生产（中方控股）

2. 珍贵树种原木加工（限于合资、合作）

二、采掘业

1. 钨、锡、锑、钼、重晶石、萤石等矿产勘查、开采（限于合资、合作）

2. 贵金属（金、银、铂族）勘查、开采

3. 金刚石等贵重非金属矿的勘查、开采

4. 特种、稀有煤种勘查、开发（中方控股）

5. 硼镁石及硼镁铁矿石开采

6. 天青石开采

三、制造业

（一）食品加工业

1. 黄酒、名优白酒生产

2. 外国牌号碳酸饮料生产

3. 糖精等合成甜味剂生产

4. 油脂加工

（二）烟草加工业

卷烟、过滤嘴棒生产

（三）纺织业

1. 毛纺、棉纺

2. 缫丝

（四）印刷及复制业

出版物印刷（中方控股，包装装潢印刷除外）

（五）石油加工及炼焦业

炼油厂建设、经营

（六）化学原料及化学制品制造业

1. 离子膜烧碱生产

2. 感光材料生产

3. 联苯胺生产

4. 易制毒化学品生产（麻黄素、3,4-亚基二氧苯基-2-丙酮、苯乙酸、1-苯基-2-丙酮、胡椒醛、黄樟脑、异黄樟脑、醋酸酐）

5. 硫酸法钛白粉生产

6. 硼镁铁矿石加工

7. 钡盐生产

（七）医药制造业

1. 氯霉素、青霉素 G、洁霉素、庆大霉素、双氢链霉素、丁胺卡那霉素、盐酸四环素、土霉素、麦迪霉素、柱晶白霉素、环丙氟哌酸、氟哌酸、氟嗪酸生产

2. 安乃近、扑热息痛、维生素 B_1、维生素 B_2、维生素 C、维生素 E 生产

3. 国家计划免疫的疫苗、菌苗类及抗毒素、类毒素类（卡介苗、脊髓灰质炎、白百破、麻疹、乙脑、流脑疫苗等）生产

4. 成瘾性麻醉药品及精神药品原料药生产（中方控股）

5. 血液制品的生产

6. 非自毁式一次性注射器、输液器、输血器及血袋生产

（八）化学纤维制造业

1. 常规切片纺的化纤抽丝生产

2. 单线能力在 2 万吨/年以下粘胶短纤维生产

3. 日产 400 吨以下纤维及非纤维用聚酯生产，氨纶生产

（九）橡胶制品业

斜交轮胎、旧轮胎翻新（子午线轮胎除外）及低性能工业橡胶配件生产

（十）有色金属冶炼及压延加工业

稀土冶炼、分离（限于合资、合作）

（十一）普通机械制造业

1. 集装箱生产

2. 中小型普通轴承制造

3. 50 吨以下汽车起重机制造（限于合资、合作）

（十二）专用设备制造业

1. 中低档 B 型超声显像仪制造

2. 一般涤纶长丝、短纤维设备制造

3. 320 马力以下履带式推土机、3 立方米以下轮式装载机制造（限于合资、合作）

（十三）电子及通信设备制造业

卫星电视接收机及关键件生产

四、电力、煤气及水的生产和供应业

单机容量 30 万千瓦以下以发电为主的常规燃煤火电厂的建设、经营（小电网除外）

五、交通运输、仓储及邮电通信业

1. 公路旅客运输公司

＊2. 出入境汽车运输公司

＊3. 水上运输公司

＊4. 铁路货物运输公司

5. 铁路旅客运输公司（中方控股）

6. 摄影、探矿、工业等通用航空公司（中方控股）

＊7. 电信公司

六、批发和零售贸易业

*1. 商品交易、直销、邮购、网上销售、特许经营、委托经营、销售代理、商业管理等各类商业公司，以及粮、棉、植物油、食糖、药品、烟草、汽车、原油、农业生产资料的批发、零售、物流配送

*2. 图书、报纸、期刊的批发、零售业务

*3. 音像制品（除电影外）的分销

4. 商品拍卖

*5. 货物租赁公司

*6. 代理公司（船舶、货运、外轮理货、广告等）

*7. 成品油批发及加油站建设、经营

8. 对外贸易公司

七、金融、保险业

1. 银行、财务公司、信托投资公司

*2. 保险公司

*3. 证券公司、证券投资基金管理公司

4. 金融租赁公司

5. 外汇经纪

*6. 保险经纪公司

八、房地产业

1. 土地成片开发（限于合资、合作）

2. 高档宾馆、别墅、高档写字楼和国际会展中心的建设、经营

九、社会服务业

（一）公共设施服务业

大中城市燃气、热力和供排水管网的建设、经营（中方控股）

（二）信息、咨询服务业

法律咨询

十、卫生、体育和社会福利业

1. 医疗机构（限于合资、合作）

2. 高尔夫球场的建设、经营

十一、教育、文化艺术及广播电影电视业

1. 高中阶段教育机构（限于合资、合作）

2. 电影院的建设、经营（中方控股）

十二、科学研究和综合技术服务

1. 测绘公司（中方控股）

*2. 进出口商品检验、鉴定、认证公司

十三、国家和我国缔结或者参加的国际条约规定限制的其他产业

第三部分　禁止外商投资产业目录

一、农、林、牧、渔业

1. 我国稀有的珍贵优良品种的养殖、种植（包括种植业、畜牧业、水产业的优良基因）

2. 转基因植物种子生产、开发

3. 我国管辖海域及内陆水域水产品捕捞

二、采掘业

1. 放射性矿产的勘查、开采、选矿

2. 稀土勘查、开采、选矿

三、制造业

（一）食品加工业

我国传统工艺的绿茶及特种茶加工（名茶、黑茶等）

（二）医药制造业

1. 列入国家保护资源的中药材加工（麝香、甘草、黄麻草等）

2. 传统中药饮片炮制技术的应用及中成药秘方产品的生产

（三）有色金属冶炼及压延加工业

放射性矿产的冶炼、加工

（四）武器弹药制造业

（五）其他制造业

1. 象牙雕刻

2. 虎骨加工

3. 脱胎漆器生产

4. 珐琅制品生产

5. 宣纸、墨锭生产

6. 致癌、致畸、致突变产品和持久性有机污染物产品生产

四、电力、煤气及水的生产和供应业

电网的建设、经营

五、交通运输、仓储及邮电通信业

1. 空中交通管制公司

2. 邮政公司

六、金融、保险业

期货公司

七、社会服务业

1. 国家保护的野生动植物资源开发

2. 动植物自然保护区的建设、经营

3. 博彩业（含赌博类跑马场）

4. 色情业

八、教育、文化艺术及广播电影电视业

1. 基础教育（义务教育）机构

2. 图书、报纸、期刊的出版、总发行和进口业务

3. 音像制品和电子出版物的出版、制作、总发行和进口业务

4. 新闻机构

5. 各级广播电台（站）、电视台（站）、广播电视传输覆盖网（发射台、转播台、广播电视卫星、卫星上行站、卫星收转站、微波站、监测台、有线广播电视传输覆盖网）

6. 广播电视节目制作、出版、发行及播放公司

7. 电影制片、发行公司

8. 录像放映公司

九、其他行业

危害军事设施安全和使用效能的项目

十、国家和我国缔结或者参加的国际条约规定禁止的其他产业

注：标＊的条目与我国加入世界贸易组织的承诺有关，具体内容见附件。

第四部分　《外商投资产业指导目录》附件

一、鼓励类

1. 石油，天然气的风险勘探、开发：限于合作

2. 低渗透油气藏（田）的开发：限于合作

3. 提高原油采收率的新技术开发与应用：限于合作

4. 物探、钻井、测井、井下作业等石油勘探开发新技术的开发与应用：限于合作

5. 汽车、摩托车整车制造：外资比例不超过 50％

6. 定期、不定期国际海上运输业务：外资比例不超过 49％

7. 国际集装箱多式联运：外资比例不超过 50％；不迟于 2002 年 12 月 11 日允许外方控股；不迟于 2005 年 12 月 11 日允许外方独资

8. 公路货物运输公司：不迟于 2002 年 12 月 11 日允许外方控股；不迟于 2004 年 12 月 11 日允许外方独资

9. 一般商品的批发、零售、物流配送：限定条件见限制类第（五）

10. 会计、审计：限于合作、合伙

二、限制类

（一）出入境汽车运输公司：不迟于 2002 年 12 月 11 日允许外方控股，不迟于 2004 年 12 月 11 日允许外方独资

（二）水上运输公司：外资比例不超过 49％

（三）铁路货物运输公司：外资比例不超过 49％；不迟于 2004 年 12 月 11 日允许外方控股；不迟于 2007 年 12 月 11 日允许外方独资

（四）电信公司

1. 增值电信、基础电信中的寻呼服务：自 2001 年 12 月 11 日起允许外商投资，外资比例不超过 30％；不迟于 2002 年 12 月 11 日允许外资比例不超过 49％；不迟于 2003 年 12 月 11 日允许外资比例达 50％

2. 基础电信中的移动话音和数据服务：自 2001 年 12 月 11 日起允许外商投资，外资比例不超过 25％；不迟于 2002 年 12 月 11 日外资比例不超过 35％；不迟于 2004 年 12 月 11 日允许外资比例达 49％；不迟于 2006 年 12 月 11 日允许外方独资

3. 基础电信中的国内业务、国际业务：不迟于 2004 年 12 月 11 日允许外商投资，外资比例不超过 25％；不迟于 2006 年 12 月 11 日允许外资比例达 35％；不迟于 2007 年 12 月 11 日允许外资比例达 49％

（五）商品交易、直销、邮购、网上销售、特许经营、委托经营、销售代理、商业管理等各类商业公司，以及粮、棉、植物油、食糖、药品、烟草、汽车、原油、农业生产资料的批发、零售、物流配送；图书、报纸、期刊的批发、零售业务；成品油批发及加油站建设、经营

1. 佣金代理、批发（不包括盐、烟草）：不迟于 2002 年 12 月 11 日允许外商投资，外资比例可达 50％，但不允许经营书报杂志、药品、农药、农膜、化肥、成品油、原油；不迟于 2003 年 12 月 11 日允许外方控股；不迟于 2004 年 12 月 11 日允许外方独资，允许经营书报杂志、药品、农药、农膜；不迟于 2006 年 12 月 11 日允许经营化肥、成品油、原油

2. 零售（不包括烟草）：允许外商投资，但不允许经营书报杂志、药品、农药、农膜、化肥、成品油；不迟于 2002 年 12 月 11 日允许外资比例可达 50％，允许经营书报杂志；不迟于 2003 年 12 月 11 日允许外方控股；不迟于 2004 年 12 月 11 日允许外方独资，允许经营药品、农药、农膜、成品油；不迟于 2006 年 12 月 11 日允许经营化肥。经营产品包括汽车（不迟于 2006 年 12 月 11 日取消限制）、书报杂志、药品、农药、农膜、成品油、化肥、粮食、植物油、食糖、烟草、棉花的超过 30 家分店的连锁店不允许外方控股

3. 特许经营和无固定地点的批发、零售：不迟于 2004 年 12 月 11 日允许外商投资

（六）音像制品（除电影外）的分销：限于合作，中方控股

（七）货物租赁公司：不迟于 2002 年 12 月 11 日允许外方控股，不迟于 2004 年 12 月 11 日允许外方独资

（八）代理公司

1. 船舶：外资比例不超过 49％

2. 货运（不包括邮政部门专营服务的业务）：外资比例不超过 50％（速递服务不超过 49％）；不迟于 2002 年 12 月 11 日允许外方控股；不迟于 2005 年 12 月 11 日允许外方独资

3. 外轮理货：限于合资、合作

4. 广告：外资比例不超过 49％；不迟于 2003 年 12 月 11 日允许外方控股；不迟于 2005 年 12 月 11 日允许外方独资

（九）保险公司

1. 非寿险保险公司：外资比例不超过 51％；不迟于 2003 年 12 月 11 日允许外方独资

2. 寿险保险公司：外资比例不超过 50％

（十）证券公司、证券投资基金管理公司

1. 证券公司：不迟于 2004 年 12 月 11 日允许外商投资，外资比例不超过 1/3

2. 证券投资基金管理公司：允许外商投资，外资比例不超过 33％；不迟于 2004 年 12 月 11 日允许外资比例达 49％

（十一）保险经纪公司：外资比例不超过 50％；不迟于 2004 年 12 月 11 日允许外资比例达 51％；不迟于 2006 年 12 月 11 日允许外方独资

（十二）进出口商品检验、鉴定、认证公司：不迟于 2003 年 12 月 11 日允许外方控股；不迟于 2005 年 12 月 11 日允许外方独资

注：最新外商投资产业指导目录为 2010 年。本书所涉及内容大部分根据 2002 年版外商投资产业指导目录，因此附录只编排了 2002 年版本。

附录3 关于鼓励支持和引导个体私营等非公有制经济发展的若干意见

国发〔2005〕3号

各省、自治区、直辖市人民政府，国务院各部委、各直属机构：

公有制为主体、多种所有制经济共同发展是我国社会主义初级阶段的基本经济制度。毫不动摇地巩固和发展公有制经济，毫不动摇地鼓励、支持和引导非公有制经济发展，使两者在社会主义现代化进程中相互促进，共同发展，是必须长期坚持的基本方针，是完善社会主义市场经济体制、建设中国特色社会主义的必然要求。改革开放以来，我国个体、私营等非公有制经济不断发展壮大，已经成为社会主义市场经济的重要组成部分和促进社会生产力发展的重要力量。积极发展个体、私营等非公有制经济，有利于繁荣城乡经济、增加财政收入，有利于扩大社会就业、改善人民生活，有利于优化经济结构、促进经济发展，对全面建设小康社会和加快社会主义现代化进程具有重大的战略意义。

鼓励、支持和引导非公有制经济发展，要以邓小平理论和"三个代表"重要思想为指导，全面落实科学发展观，认真贯彻中央确定的方针政策，进一步解放思想，深化改革，消除影响非公有制经济发展的体制性障碍，确立平等的市场主体地位，实现公平竞争；进一步完善国家法律法规和政策，依法保护非公有制企业和职工的合法权益；进一步加强和改进政府监督管理和服务，为非公有制经济发展创造良好环境；进一步引导非公有制企业依法经营、诚实守信、健全管理，不断提高自身素质，促进非公有制经济持续健康发展。为此，现提出以下意见。

一、放宽非公有制经济市场准入

（一）贯彻平等准入、公平待遇原则。允许非公有资本进入法律法规未禁入的行业和领域。允许外资进入的行业和领域，也允许国内非公有资本进入，并放宽股权比例限制等方面的条件。在投资核准、融资服务、财税政策、土地使用、对外贸易和经济技术合作等方面，对非公有制企业与其他所有制企业一视同仁，实行同等待遇。对需要审批、核准和备案的事项，政府部门必须公开相应的制度、条件和程序。国家有关部门与地方人民政府要尽快完成清理和修订限制非公有制经济市场准入的法规、规章和政策性规定工作。外商投资企业依照有关法律法规的规定执行。

（二）允许非公有资本进入垄断行业和领域。加快垄断行业改革，在电力、电信、铁路、民航、石油等行业和领域，进一步引入市场竞争机制。对其中的自然垄断业务，积极推进投资主体多元化，非公有资本可以参股等方式进入；对其他业务，非公有资本可以独资、合资、合作、项目融资等方式进入。在国家统一规划的前提下，除国家法律法规等另有规定的外，允许具备资质的非公有制企业依法平等取得矿产资源的探矿权、采矿权，鼓励非公有资本进行商业性矿产资源的勘查开发。

（三）允许非公有资本进入公用事业和基础设施领域。加快完善政府特许经营制度，规范招投标行为，支持非公有资本积极参与城镇供水、供气、供热、公共交通、污水垃圾处理等市政公用事业和基础设施的投资、建设与运营。在规范转让行为的前提下，具备条件的公用事业和基础设施项目，可向非公有制企业转让产权或经营权。鼓励非公有制企业参与市政公用企业、事业单位的产权制度和经营方式改革。

（四）允许非公有资本进入社会事业领域。支持、引导和规范非公有资本投资教育、科研、卫生、文化、体育等社会事业的非营利性和营利性领域。在放开市场准入的同时，加强政府和社会监管，维护公众利益。支持非公有制经济参与公有制社会事业单位的改组改制。通过税收等相关政策，鼓励非公有制经济捐资捐赠社会事业。

（五）允许非公有资本进入金融服务业。在加强立法、规范准入、严格监管、有效防范金融风险的前提下，允许非公有资本进入区域性股份制银行和合作性金融机构。符合条件的非公有制企业可以发起设立金融中介服务机构。允许符合条件的非公有制企业参与银行、证券、保险等金融机构的改组改制。

（六）允许非公有资本进入国防科技工业建设领域。坚持军民结合、寓军于民的方针，发挥市场机制的作用，允许非公有制企业按有关规定参与军工科研生产任务的竞争以及军工企业的改组改制。鼓励非公有制企业参与军民两用高技术开发及其产业化。

（七）鼓励非公有制经济参与国有经济结构调整和国有企业重组。大力发展国有资本、集体资本和非公有资本等参股的混合所有制经济。鼓励非公有制企业通过并购和控股、参股等多种形式，参与国有企业和集体企业的改组改制改造。非公有制企业并购国有企业，参与其分离办社会职能和辅业改制，在资产处置、债务处理、职工安置和社会保障等方面，参照执行国有企业改革的相应政策。鼓励非公有制企业并购集体企业，有关部门要抓紧研究制定相应政策。

（八）鼓励、支持非公有制经济参与西部大开发、东北地区等老工业基地振兴和中部地区崛起。西部地区、东北地区等老工业基地和中部地区要采取切实有效的政策措施，大力发展非公有制经济，积极吸引非公有制企业投资建设和参与国有企业重组。东部沿海地区也要继续鼓励、支持非公有制经济发展壮大。

二、加大对非公有制经济的财税金融支持

（九）加大财税支持力度。逐步扩大国家有关促进中小企业发展专项资金规模，省级人民政府及有条件的市、县应在本级财政预算中设立相应的专项资金。加快设立国家中小企业发展基金。研究完善有关税收扶持政策。

（十）加大信贷支持力度。有效发挥贷款利率浮动政策的作用，引导和鼓励各金融机构从非公有制经济特点出发，开展金融产品创新，完善金融服务，切实发挥银行内设中小企业信贷部门的作用，改进信贷考核和奖惩管理方式，提高对非公有制企业的贷款比重。城市商业银行和城市信用社要积极吸引非公有资本入股；农村信用社要积极吸引农民、个体工商户和中小企业入股，增强资本实力。政策性银行要研究改进服务方式，扩大为非公有制企业服务的范围，提供有效的金融产品和服务。鼓励政策性银行依托地方商业银行等中小金融机构和担保机构，开展以非公有制中小企业为主要服务对象的转贷款、担保贷款等业务。

（十一）拓宽直接融资渠道。非公有制企业在资本市场发行上市与国有企业一视同仁。在加快完善中小企业板块和推进制度创新的基础上，分步推进创业板市场，健全证券公司代办股份转让系统的功能，为非公有制企业利用资本市场创造条件。鼓励符合条件的非公有制企业到境外上市。规范和发展产权交易市场，推动各类资本的流动和重组。鼓励非公有制经济以股权融资、项目融资等方式筹集资金。建立健全创业投资机制，支持中小投资公司的发展。允许符合条件的非公有制企业依照国家有关规定发行企业债券。

（十二）鼓励金融服务创新。改进对非公有制企业的资信评估制度，对符合条件的企业发放信用贷款。对符合有关规定的企业，经批准可开展工业产权和非专利技术等无形资产的质押贷款试点。鼓励金融机构开办融资租赁、公司理财和账户托管等业务。改进保险机构服务方式和手段，开展面向非公有制企业的产品和服务创新。支持非公有制企业依照有关规定吸引国际金融组织投资。

（十三）建立健全信用担保体系。支持非公有制经济设立商业性或互助性信用担保机构。鼓励有条件的地区建立中小企业信用担保基金和区域性信用再担保机构。建立和完善信用担保的行业准入、风险控制和补偿机制，加强对信用担保机构的监管。建立健全担保业自律性组织。

三、完善对非公有制经济的社会服务

（十四）大力发展社会中介服务。各级政府要加大对中介服务机构的支持力度，坚持社会化、专业化、市场化原则，不断完善社会服务体系。支持发展创业辅导、筹资融资、市场开拓、技术支持、认证认可、信息服务、管理咨询、人才培训等各类社会中介服务机构。按照市场化原则，规范和发展各类行业协会、商会等自律性组织。整顿中介服务市场秩序，规范中介服务行为，为非公有制经济营造良好的服务环境。

（十五）积极开展创业服务。进一步落实国家就业和再就业政策，加大对自主创业的政策扶持，鼓励下岗失业人员、退役士兵、大学毕业生和归国留学生等各类人员创办小企业，开发新岗位，以创业促就业。各级政府要支持建立创业服务机构，鼓励为初创小企业提供各类创业服务和政策支持。对初创小企业，可按照行业特点降低公司注册资本限额，允许注册资金分期到位，减免登记注册费用。

（十六）支持开展企业经营者和员工培训。根据非公有制经济的不同需求，开展多种形式的培训。整合社会资源，创新培训方式，形成政府引导、社会支持和企业自主相结合的培训机制。依托大专院校、各类培训机构和企业，重点开展法律法规、产业政策、经营管理、职业技能和技术应用等方面的培训，各级政府应给予适当补贴和资助。企业应定期对职工进行专业技能培训和安全知识培训。

（十七）加强科技创新服务。要加大对非公有制企业科技创新活动的支持，加快建立适合非公有制中小企业特点的信息和共性技术服务平台，推进非公有制企业的信息化建设。大力培育技术市场，促进科技成果转化和技术转让。科技中介服务机构要积极为非公有制企业提供科技咨询、技术推广等专业化服务。引导和支持科研院所、高等院校与非公有制企业开展多种形式的产学研联合。鼓励国有科研机构向非公有制企业开放试验室，充分利用现有科技资源。支持非公有资本创办科技型中小企业和科研开发机构。鼓励有专长的离退休人员为非公有制企业提供技术服务。切实保护单位和个人知识产权。

（十八）支持企业开拓国内外市场。改进政府采购办法，在政府采购中非公有制企业与其他企业享受同等待遇。推动信息网络建设，积极为非公有制企业提供国内外市场信息。鼓励和支持非公有制企业扩大出口和"走出去"，到境外投资兴业，在对外投资、进出口信贷、出口信用保险等方面与其他企业享受同等待遇。鼓励非公有制企业在境外申报知识产权。发挥行业协会、商会等中介组织作用，利用好国家中小企业国际市场开拓资金，支持非公有制企业开拓国际市场。

（十九）推进企业信用制度建设。加快建立适合非公有制中小企业特点的信用征集体系、评级发布制度以及失信惩戒机制，推进建立企业信用档案试点工作，建立和完善非公有制企业信用档案数据库。对资信等级较高的企业，有关登记审核机构应简化年检、备案等手续。要强化企业信用意识，健全企业信用制度，建立企业信用自律机制。

四、维护非公有制企业和职工的合法权益

（二十）完善私有财产保护制度。要严格执行保护合法私有财产的法律法规和行政规章，任何单位和个人不得侵犯非公有制企业的合法财产，不得非法改变非公有制企业财产的权属关系。按照宪法修正案规定，加快清理、修订和完善与保护合法私有财产有关的法律法规和行政规章。

（二十一）维护企业合法权益。非公有制企业依法进行的生产经营活动，任何单位和个人不得干预。依法保护企业主的名誉、人身和财产等各项合法权益。非公有制企业合法权益受到侵害时提出的行政复议等，政府部门必须及时受理，公平对待，限时答复。

（二十二）保障职工合法权益。非公有制企业要尊重和维护职工的各项合法权益，要依照《中华人民共和国劳动法》等法律法规，在平等协商的基础上与职工签订规范的劳动合同，并健全集体合同制度，保证双方权利与义务对等；必须依法按时足额支付职工工资，工资标准不得低于或变相低于当地政府规定的最低工资标准，逐步建立职工工资正常增长机制；必须尊重和保障职工依照国家规定享有的休息休假权利，不得强制或变相强制职工超时工作，加班或延长工时必须依法支付加班工资或给予补休；必须加强劳动保护和职业病防治，按照《中华人民共和国安全生产法》等法律法规要求，切实做好安全生产与作业场所职业危害防治工作，改善劳动条件，加强劳动保护。要保障女职工合法权益和特殊利益，禁止使用童工。

（二十三）推进社会保障制度建设。非公有制企业及其职工要按照国家有关规定，参加养老、失业、医疗、工伤、生育等社会保险，缴纳社会保险费。按照国家规定建立住房公积金制度。有关部门要根据非公有制企业量大面广、用工灵活、员工流动性大等特点，积极探索建立健全职工社会保障制度。

（二十四）建立健全企业工会组织。非公有制企业要保障职工依法参加和组建工会的权利。企业工会组织实行民主管理，依法代表和维护职工合法权益。企业必须为工会正常开展工作创造必要条件，依法拨付工会经费，不得干预工会事务。

五、引导非公有制企业提高自身素质

（二十五）贯彻执行国家法律法规和政策规定。非公有制企业要贯彻执行国家法律法规，依法经营，照章纳税。服从国家的宏观调控，严格执行有关技术法规，自觉遵守环境保护和安全生产等有关规定，主动调整和优化产业、产品结构，加快技术进步，提高产品质量，降低资源消耗，减少环境污染。国家支持非公有制经济投资高新技术产业、现代服务业和现代农业，鼓励发展就业容量大的加工贸易、社区服务、农产品加工等劳动密集型产业。

（二十六）规范企业经营管理行为。非公有制企业从事生产经营活动，必须依法获得安全生产、环保、卫生、质量、土地使用、资源开采等方面的相应资格和许可。企业要强化生产、营销、质量等管理，完善各项规章制度。建立安全、环保、卫生、劳动保护等责任制度，并保证必要的投入。建立健全会计核算制度，如实编制财务报表。企业必须依法报送统计信息。加快研究改进和完善个体工商户、小企业的会计、税收、统计等管理制度。

（二十七）完善企业组织制度。企业要按照法律法规的规定，建立规范的个人独资企业、合伙企业和公司制企业。公司制企业要按照《中华人民共和国公司法》要求，完善法人治理结构。探索建立有利于个体工商户、小企业发展的组织制度。

（二十八）提高企业经营管理者素质。非公有制企业出资人和经营管理人员要自觉学习国家法律法规和方针政策，学习现代科学技术和经营管理知识，增强法制观念、诚信意识和社会公德，努力提高自身素质。引导非公有制企业积极开展扶贫开发、社会救济和"光彩事业"等社会公益性活动，增强社会责任感。各级政府要重视非公有制经济的人才队伍建设，在人事管理、教育培训、职称评定和政府奖励等方面，与公有制企业实行同等政策。建立职业经理人测评与推荐制度，加快企业经营管理人才职业化、市场化进程。

（二十九）鼓励有条件的企业做强做大。国家支持有条件的非公有制企业通过兼并、收购、联合等方式，进一步壮大实力，发展成为主业突出、市场竞争力强的大公司大集团，有条件的可向跨国公司发展。鼓励非公有制企业实施品牌发展战略，争创名牌产品。支持发展非公有制高新技术企业，鼓励其加大科技创新和新产品开发力度，努力提高自主创新能力，形成自主知识产权。国家关于企业技术改造、科技进步、对外贸易以及其他方面的扶持政策，对非公有制企业同样适用。

（三十）推进专业化协作和产业集群发展。引导和支持企业从事专业化生产和特色经营，向"专、精、特、新"方向发展。鼓励中小企业与大企业开展多种形式的经济技术合作，建立稳定的供应、生产、销售、技术开发等协作关系。通过提高专业化协作水平，培育骨干企业和知名品牌，发展专业化市场，创新市场组织形式，推进公共资源共享，促进以中小企业集聚为特征的产业集群健康发展。

六、改进政府对非公有制企业的监管

（三十一）改进监管方式。各级人民政府要根据非公有制企业生产经营特点，完善相关制度，依法履行监督和管理职能。各有关监管部门要改进监管办法，公开监管制度，规范监管行为，提高监管水平。加强监管队伍建设，提高监管人员素质。及时向社会公布有关监管信息，发挥社会监督作用。

（三十二）加强劳动监察和劳动关系协调。各级劳动保障等部门要高度重视非公有制企业劳动关系问题，加强对非公有制企业执行劳动合同、工资报酬、劳动保护和社会保险等法规、政策的监督检查。建立和完善非公有制企业劳动关系协调机制，健全劳动争议处理制度，及时化解劳动争议，促进劳动关系和谐，维护社会稳定。

（三十三）规范国家行政机关和事业单位收费行为。进一步清理现有行政机关和事业单位收费，除国家法律法规和国务院财政、价格主管部门规定的收费项目外，任何部门和单位无权向非公有制企业强制收取任何费用，无权以任何理由强行要求企业提供各种赞助费或接受有偿服务。要严格执行收费公示制度和收支两条线的管理规定，企业有权拒绝和举报无证收费和不合法收费行为。各级人民政府要加强对各类收费的监督检查，严肃查处乱收费、乱罚款及各种摊派行为。

七、加强对发展非公有制经济的指导和政策协调

（三十四）加强对非公有制经济发展的指导。各级人民政府要根据非公有制经济发展的需要，强化服务意识，改进服务方式，创新服务手段。要将非公有制经济发展纳入国民经济和社会发展规划，加强对非公有制经济发展动态的监测和分析，及时向社会公布有关产业政策、发展规划、投资重点和市场需求等方面的信息。建立促进非公有制经济发展的工作协调机制和部门联席会议制度，加强部门之间配

合，形成促进非公有制经济健康发展的合力。要充分发挥各级工商联在政府管理非公有制企业方面的助手作用。统计部门要改进和完善现行统计制度，及时准确反映非公有制经济发展状况。

（三十五）营造良好的舆论氛围。大力宣传党和国家鼓励、支持和引导非公有制经济发展的方针政策与法律法规，宣传非公有制经济在社会主义现代化建设中的重要地位和作用，宣传和表彰非公有制经济中涌现出的先进典型，形成有利于非公有制经济发展的良好社会舆论环境。

（三十六）认真做好贯彻落实工作。各地区、各部门要加强调查研究，抓紧制订和完善促进非公有制经济发展的具体措施及配套办法，认真解决非公有制经济发展中遇到的新问题，确保党和国家的方针政策落到实处，促进非公有制经济健康发展。

参 考 文 献

［1］ Albala-Bertrand. J，E. Mamatzadakis. The Impact of Public Infrastructure on the Productivity of the Chilean Economy. Review of Development Economics，2004，8（2）：266-278.

［2］ Armstrong. M. Network Interconnection in Telecommunications，Economic Journal，1998，108：545-564.

［3］ Armstrong. M. The Theory of Access Pricing and Interconnection, in M. Cave，S. Majumdar，I. Vogelsang. Handbook of Telecommunications Economics，Volume I，North-Holland，Amsterdam. 2002.

［4］ Armstrong. M，J. Vickers. The Access Pricing Problem With Deregulation：A Note，Journal of Industrial Economics，1998，46（1）：115-121.

［5］ Armstrong. M，S. Cowan，J. Vickers Regulatory Reform：Economic Analysis and British Experience. Cambridge，MA：MIT Press，1994.

［6］ Averch. H，L. Johnson. Behavior of the firm under regulatory constraint，American Economic Review，1962，52：1052-68.

［7］ Baumol. W，J. Panzar，R. Willig. Contestable Markets and the Theory of Industry Structure. New York：Harcourt Brace Jovanovich，Inc，1982.

［8］ Biglaiser. G，M. Riordan，Dynamics of Price Regulation，Rand Journal of Economics，2000，31（4）：744-767.

［9］ Boccanfuso et al. Water sector reform in Senegal：an interpersonal andinterregional distributional impact analysis. Washington DC：The World Bank，2006.

［10］ Braeutigam. R. R，Noll. R. G. The Regulation of Surface Freight Transportation：The Welfare Effects Revisited. Review of Economics and Statistics，1984，66：80-87.

［11］ Brenneman A. Infrastructure and poverty linkages：a literature review. Washington DC：The World Bank，2002.

［12］ Brunetti. A，G. Kisunko，B. Weder. Institutional Obstacles to Doing Business. World Bank Policy. Research Paper，1997.

［13］ Caillaud B. Regulation，Competition，and Asymmetric Information. Journal of Economic Theory，1990，52（1）：87-110.

［14］ Campos J，A. Estache，N. Martin，L. Trujillo. Macroeconomic Effects of Private Sector Participation in Infrastructure. Easterly W，L. Serven，The Limits of Stabilization. Stanford：Stanford University Press，2003.

［15］ Caves. D. W，L. R. Christensen，J. A. Swanson. Productivity Growth，Scale Economies and Capacity Utilization in US Railroads：1955-74，American Economic Review. 1981，71：994-1002.

［16］ Chisari. Omar，Estache. Antonio，Romero. Carlos. Winners and losers from utility privatization in Argentina：Lessons from a General Equilibrium Model. Policy Research Working Paper Series 1824，The World Bank，1997.

［17］ Conway. P，V. Janod，G. Nicoletti. Product Market Regulation in OECD Countries，1998 to 2003. OECD Economics Department Working Paper，No 419 2005.

［18］ Cowan. S. Tight Average Revenue Regulation Can be Worse than No Regulation. Journal of Industrial Economics，1997，45（1）：75-88.

［19］ Cremer. H，F. Gasmi，A. Grimaud J. J. Laffont. Universal Service：an Economic Perspective Overview. Annals of Public and Cooperative Economics，2001，72（1）.

［20］ Curien. N，B. Jullien，P. Rey. Pricing Regulation under Bypass Competition. Rand Journal of Economics，

1998, 29 (2): 259-279.

[21] Dalen. D. M. Yardstick Competition and Investment Incentives. Journal of Economics and Management Strategy, 1998, 7 (1): 105-126.

[22] Duggal. V, C. Saltzman, L. Klein. Infrastructure and Productivity: An Extension to Private Infrastructure and IT productivity. Journal of Econometrics. 2006, 10: 1016.

[23] Economides. N, White J. Access and Interconnection Pricing: How Efficient is the "Efficient Component Pricing Rule"? Antitrust Bulletin, 1995, 40 (3): 557-579.

[24] Effects of Surface Freight Deregulation. Washington, DC: Brookings Institution.

[25] Estache. A. M. E. Pinglo. Are returns to Public-Private Infrastructure Partnerships in Developing Countries Consistent with Risks since the Asian Crisis. Journal of Network Industries, 2005.

[26] Estache. A, R. Munoz. Building sector concerns into Macroeconomic Financial Programming: Lessons from Senegal and Uganda. Washington DC: The World Bank, 2007.

[27] Fay. M, T. Yepes. Investing in Infrastructure: What is needed from 2000-2010. World Bank Policy Research Working Paper, 2003, 3102.

[28] Foster. V, T. Yepes. Is cost recovery a feasible objective for water and electricity ? The Latin American experience. World Bank Policy Research Papers, No 3943, Washington DC. 37. 2006.

[29] Ghosh Banerjee. S. Decentralization's impact on private sector participation in infrastructure investment in developing countries. Washington DC: The World Bank, 2006.

[30] Gilbert. R, D. Newbery. The Dynamic Efficiency of Regulatory Constitutions, Rand Journal of Economics, 1994, 25 (4): 538-554.

[31] Gramlich. E. M. Infrastructure Investment: A review Essay. Journal of Economic Literature, 1994, 32: 1176-1196.

[32] Guasch, J. Luis, Hahn, Robert W. The Costs and Benefits of Regulation: Implications for Developing Countries, World Bank Research Observer, Oxford University Press, 1999, 14 (1): 137-58.

[33] Guasch. J. Luis. Lessons for Port Reforms, in New Port Policies in Latin America and Caribbean, J. L. Guasch, Leandre Amargos, Barcelona, Spain: New Press, 1996.

[34] Guasch. J. L. Granting and Renegotiating Infrastructure Concessions: Doing it Right. WBI Development Studies, Washington DC: The World Bank, 2004.

[35] Hausman. J. Mobile Telephone, in M. Caves, S. Majumdar, I. Vogelsang. Handbook of Telecommunications Economics, Amsterdam: North-Holland Publishers, 2000.

[36] Hurlin. C. Network Effects of the Productivity of Infrastructure in Developing Countries. Policy Research Working Paper Series No. 3808, Washington DC: The World Bank, 2006.

[37] Iossa. E, F. Stroffolini. Price Cap Regulation and Information Acquisition. International Journal of Industrial Organization, 2002, 20 (7): 1013-1036.

[38] Jacoby. H. G. Access to markets and the benefits of rural roads. Economic Journal, 2000, July, 100: 717-737.

[39] Kamps. C. Is There a Lack of Public Capital in the European Union? European Investment Bank Papers, 2005, 10 (1): 73-93.

[40] Kariuki. M, J. Schwartz. Small-Scale Private Service Providers of Water Supply and Electricity: A Review of Incidence, Structure, Pricing, and Operating Characteristics. World Bank Policy Research Working Paper 3727, Washington DC: The World Bank, 2005.

[41] Kenneth E. Train Optimal Regulation -The Economic Theory of Natural Monopoly, Cambridge, MA: the MIT Press, 1991.

深化燃气行业改革研究

[42] Kenny. C. Infrastructure governance and corruption: where next, Policy Research Working Paper Series 4331, The World Bank, 2007.

[43] Kridel. D, D. Sappington, D. Weisman. The Effects of Incentive Regulation in the Telecommunications Industry: A Survey. Journal of Regulatory Economics, 1996, 9 (3): 269-306.

[44] Laffont. J. J. Regulation and Development. Cambridge University Press, 2005.

[45] Laffont. J. J, J. Tirole. Cartelization by Regulation. Journal of Regulatory Economics, 1993, 5 (2): 111-130.

[46] Laffont. J. J, J. Tirole The Politics of Government Decision-Making: A Theory of Regulatory Capture. Quarterly Journal of Economics, 1991, 106 (4): 1089-1127.

[47] Laffont. J. J, J. Tirole Privatization and Incentives. Journal of Law, Economics, and Organization, 1991, 7 (3): 84-105.

[48] Laffont. J. J, J. Tirole. Creating Competition through Interconnection: Theory and Practice. Journal of Regulatory Economics, 1996, 10 (3): 227-256.

[49] Laffont J. J, P. Rey, J. Tirole Network Competition Ⅰ: Overview and Non-discriminatory Pricing. Rand Journal of Economics, 1998, 29 (1): 1-37.

[50] Laffont J. J, P. Rey, J. Tirole. Network Competition Ⅱ: Price Discrimination. Rand Journal of Economics, 1998, 29 (1): 38-56.

[51] Laffont, Jean-Jacques. The New Economics of Regulation Ten Years After. Econometrica, 1994, 62: 507-538.

[52] Lall. S, Wang. Improving the Development Impact of Infrastructure, Proposal for a research program grant on infrastructure. Washington DC: The World Bank, 2006.

[53] Lapuerta. C, W. Tye. Promoting Effective Competition through Interconnection Policy. Telecommunications Policy, 1999, 23 (2): 129-145.

[54] Lee. S. H. A Note on Regulating Oligopolistic Industries. Journal of Regulatory Economics, 1997, 12 (1): 91-97.

[55] Lehman. D, D. Weisman. The Political Economy of Price Cap Regulation. Review of Industrial Organization, 2000, 16 (4): 343-356.

[56] Levy. B, P. Spiller. The Institutional Foundations of Regulatory Commitment: A Comparative Analysis of Telecommunications. Journal of Law and Economics and Organization, 1994, 10 (2): 201-246.

[57] Lokshin. M, Yemtsov. R. Who bears the cost of Russia's military draft. World Bank Policy Research Working Paper Series 3547, Washington DC: The World Bank, 2005.

[58] Mandy. D. Killing the Goose that Laid the Golden Egg: Only the Data Know Whether Sabotage Pays. Journal of Regulatory Economics, 2000, 17 (2): 157-172.

[59] Mandy. D, D. Sappington. Incentives for Sabotage in Vertically-Related Industries, University of Missouri: mimeo, 2003.

[60] Morrison. S, Winston. C. The Economics Effects of Airline Deregulation. Washington, DC: Brookings Institution, 1986.

[61] Navarro. P. Electric utilities: the argument for radical deregulation. Harvard Business Review, 1996, 73 (1): 112-25.

[62] OECD. OECD Report on Regulatory Reform. Paris: OECD, 1997.

[63] OECD. Businesses' views on red tap: administrative and regulatory burdens on small and medium-sized enterprise. OECD, 2000.

[64] Peltzman. Sam. Toward a More General Theory of Regulation. Journal of Law and Economics, 1976, 19:

211-240.

[65] Posner. R. A. Theories of Economic Regulation. Bell Journal of Economics, 1974, 5: 335-358.

[66] Roller. L. H, L. Waverman. Telecommunications Infrastructure and Economic Development: A simultaneous Approach. The American Economic Review, 2001, 91 (4): 909-923.

[67] Salant. D. Auctions and Regulation: Reengineering of Regulatory Mechanisms. Journal of Regulatory Economics, 2000, 17 (3): 195-204.

[68] Sappington. D. Designing Incentive Regulation. Review of Industrial Organization, 1994, 9: 245-272.

[69] Schmalensee. R, R. Willig Handbook of Industrial Organization: Volume Ⅰ & Ⅱ. Amsterdam: North Holland, 1989.

[70] Sharkey. W. W, The Theory of Natural Monopoly. Cambridge: Cambridge University Press, 1982.

[71] Spence. M. Monopoly, Quality, and Regulation. Bell Journal of Economics, 1975, 6 (2): 417-429.

[72] Spulber. D, J. G. Sidak. Network Access Pricing and Deregulation. Industrial and Corporate Change. 1997, 6: 757-782.

[73] Stigler. G. J, The Theory of Economic Regulation. Bell Journal of Economics, 1971, 2: 3-21.

[74] Stiglitz. Joseph E. Wither Reform? Ten Years of the Transition. Paper Prepared for Annual Bank Conference on Development Economics, Washington DC: The World Bank, 1999, 4: 28-30.

[75] Straub. S, C. Vellutini. Assessment of the Effect of Infrastructure on Economic Growth in the East Asia and Pacific Region. Washington DC: The World Bank, 2006.

[76] Taylor. W. E, L. D. Taylor. Post Divestiture Long-distance Competition in the U. S, American Economic Review, 1993, 83 (2): 185-190.

[77] Valetti. T. M, the Practice of Access Pricing: Telecommunications in the United Kingdom. Utilities Policy, 1999, 8 (2): 83-98.

[78] Vickerman. R, K. Spiekermann, M. Wegener. Accessibility and Economic Development in Europe. Regional Studies, 1999, 33 (1): 1-15.

[79] Vogelsang. Ⅰ. Incentive Regulation and Competition in Public Utility Markets: A 20-Year Perspective. Journal of Regulatory Economics, 2002, 22 (1): 5-28.

[80] Weisman. D. The Incentive to Discriminate by a Vertically-Integrated Firm: A Reply. Journal of Regulatory Economics, 1998, 14 (1): 87-91.

[81] Willig. R. D, W. J. Baumol. Using Competition as a Guide. Regulation, 1987, (1): 28-35.

[82] Winston, Clifford, Thomas M. Corsi, Curtis M. Grimm, Carol Evans (1990), The Economic.

[83] Winston. Clifford, Economic Deregulation: Days of Reckoning for Microeconomists. Journal of Economic Literature, 1993, 31 (3): 1263-1289.

[84] World Bank. 2005a., Global Monitoring Report 2005: Millennium Development Goals -From Consensus to Momentum. Washington DC: The World Bank.

[85] World Bank. 2007, Argentina: Infrastructure for Growth and Poverty Alleviation. Washington DC: The World Bank.

[86] [美] W. Kip Viscusi 等. 反垄断与管制经济学. 第3版. 陈南军等译. 北京: 机械工业出版社, 2004.

[87] [美] 丹尼尔. F. 史普博. 管制与市场. 余晖等译. 上海: 上海三联书店, 上海人民出版社, 1999.

[88] [美] 杰弗里·法兰克尔等. 美国90年代的经济政策. 徐卫宇译. 北京: 中信出版社, 2004.

[89] [美] 卡尔·夏皮罗等. 信息规则: 网络经济的策略指导. 张帆译. 北京: 中国人民大学出版社, 2000.

[90] [美] 钱德勒. 企业规模经济与范围经济. 张逸人等译. 北京: 中国社会科学出版社, 1999.

[91] [美] 萨缪尔森等. 经济学, 上册. 何宝玉译. 北京: 首都经济贸易大学出版社, 1996.

[92] [日] 植草益. 微观规制经济学. 朱征文, 胡欣欣等译. 北京: 中国发展出版社, 1992.

[93] [英] 戴维·M. 纽伯里. 网络型产业的重组与规制. 何玉梅译. 北京：人民邮电出版社, 2002.

[94] [英] 卡布尔. 产业经济学前沿问题. 王小兰译. 北京：中国税务出版社, 2001.

[95] [英] 约翰·穆勒. 政治经济学原理（上、下卷）. 金镝等译. 北京：商务印书馆, 1991.

[96] 白兰君, 姜子昂. 天然气输配经济学. 北京：石油工业出版社, 2007.

[97] 白让让. 边缘性进入与二元管制放松. 上海：三联出版社, 2006.

[98] 陈富良等. 企业行为与政府规制. 北京：经济管理出版社, 2001.

[99] 陈佳贵等. 中国国有企业改革与发展研究. 北京：经济管理出版社, 2000.

[100] 陈佳贵. 经济改革发展中的若干重大问题研究. 北京：社会科学文献出版社, 2006.

[101] 陈甬军. 从计划到市场：中国经济改革道路的选择. 福建：福建人民出版社, 1999.

[102] 迟福林. 处在十字路口的中国基础领域改革. 北京：中国经济出版社, 2004.

[103] 仇保兴等. 中国市政公用事业监管体制研究. 北京：中国社会科学出版社, 2006.

[104] 杜钢建. 政府职能转变攻关. 北京：中国水利水电出版社, 2005.

[105] 郭树清. 整体的渐进. 北京：经济科学出版社, 1998.

[106] 国家工商行政管理总局外事司. 国家工商行政管理总局竞争领域对外交流与合作（1995—2005）. 北京：中国工商出版社, 2006.

[107] 国家统计局. 中国工业经济统计年鉴（2007）. 北京：中国统计出版社, 2007.

[108] 何家成. 公司治理结构、机制与效率. 北京：经济科学出版社, 2004.

[109] 黄继忠. 自然垄断与规制：理论与经验. 北京：经济科学出版社, 2004.

[110] 姜润宇. 城市燃气——欧盟的管理体制和中国改革. 北京：中国市场出版社, 2006.

[111] 江小涓等. 体制转轨中的增长、绩效与产业组织变化. 上海：三联书店和上海人民出版社, 1999.

[112] 金碚. 国有企业根本改革论. 北京：北京出版社, 2002.

[113] 李怀. 自然垄断理论研究. 大连：东北财经大学出版社, 2003.

[114] 李维安. 中国公司治理原则与国际比较. 北京：中国财政经济出版社, 2001.

[115] 厉以宁. 转型发展理论. 北京：同心出版社, 1996.

[116] 林毅夫等. 充分信息与国有企业改革. 上海：三联书店, 上海人民出版社, 1997.

[117] 刘灿等. 中国的经济改革与产权制度创新研究. 成都：西南财经大学出版社, 2007.

[118] 刘戒骄. 垄断产业改革. 北京：经济管理出版社, 2005.

[119] 刘世锦. 垄断行业改革攻坚. 北京：中国水利水电出版社, 2006.

[120] 刘树杰. 垄断行业价格改革. 北京：中国计划出版社, 1999.

[121] 柳学信. 信息非对称下中国网络型产业规制问题研究. 北京：首都经济贸易大学出版社, 2006.

[122] 毛锐. 撒切尔政府私有化政策研究. 北京：中国社会科学出版社, 2005.

[123] 戚聿东等. 国有经济战略调整与国有企业改制研究. 北京：经济管理出版社, 2003.

[124] 戚聿东. 中国经济运行中的垄断与竞争. 北京：人民出版社, 2004.

[125] 戚聿东. 中国现代垄断经济研究. 北京：经济科学出版社, 1999.

[126] 世界银行. 官办企业问题研究——国有企业改革的经济学和政治学. 北京：中国财政经济出版社, 1997.

[127] 汤敏, 茅于轼. 现代经济学前沿专题（第二集）. 北京：商务印书馆, 1996.

[128] 汪海波. 中国现代产业经济史. 太原：山西经济出版社, 2006.

[129] 王俊豪. 中国自然垄断产业民营化改革与政府管制政策. 北京：经济管理出版社, 2004.

[130] 王俊豪等. 中国自然垄断经营产品管制价格形成机制研究. 北京：中国经济出版社, 2002.

[131] 王俊豪. 管制经济学原理. 北京：高等教育出版社, 2007.

[132] 王俊豪. 政府管制经济学导论. 北京：商务印书馆, 2001.

[133] 王林生等. 发达国家规制改革与绩效. 上海：上海财经大学出版社, 2006.

[134] 王学庆等. 管制垄断. 北京：中国水利水电出版社，2004.

[135] 吴敬琏等. 论竞争性市场体制. 北京：中国财政经济出版社，1991.

[136] 席涛著. 美国管制：从命令—控制到成本—收益分析. 北京：中国社会科学出版社，2006.

[137] 夏大慰等. 政府规制——理论、经验与中国的改革. 北京：经济科学出版社，2003.

[138] 肖兴志. 自然垄断产业规制改革模式研究. 大连：东北财经大学出版社，2003.

[139] 谢地. 政府规制经济学. 北京：高等教育出版社，2003.

[140] 杨瑞龙. 现代企业产权制度. 北京：中国人民大学出版社，1996.

[141] 尹竹. 基础设施产业的市场化改革. 北京：经济科学出版社，2004.

[142] 余晖，秦虹. 公私合作制的中国试验. 上海：上海人民出版社，2005.

[143] 于立，肖兴志. 产业经济学的学科定位与理论应用. 大连：东北财经大学出版社，2002.

[144] 于良春等. 自然垄断与政府规制. 北京：经济科学出版社，2003.

[145] 张会恒. 我国公用事业政府规制的有效性研究. 北京：中国科学技术大学出版社，2007.

[146] 张昕竹等. 网络产业：规制与竞争理论. 北京：社会科学文献出版社，2000.

[147] 张卓元，郑海航. 中国国有企业改革30年回顾与展望. 北京：人民出版社，2008.

[148] 赵小平. 价格管理实务. 北京：中国市场出版社，2005.

[149] 赵小平. 重大价格问题研究. 北京：中国市场出版社，2006.

[150] 中国苏联东欧国家研究会. 现代化之路：中国、俄罗斯、东欧国家改革比较. 北京：当代世界出版社，2003.

[151] 邹东涛，秦虹等. 社会公用事业改革攻坚. 北京：中国水利水电出版社，2006.

[152] 班德，程鹏. 中国燃气行业的发展现状与挑战. 城市燃气，2009，(1).

[153] 蔡永彤. 燃气行业涨价行为的经济学视角分析. 上海煤气，2006，(5).

[154] 陈美，罗亮. 中国网络型公用事业市场化背景下的公司治理问题——以电信产业为例. 管理评论，2005，(4).

[155] 陈甬军等. 论自然垄断行业的国企改革. 产业经济评论，2002，(2).

[156] 陈宇，陈功. 南昌市燃气行业发展刍议. 上海煤气，2004，(2).

[157] 陈宇，陈功. 试析南昌燃气行业实现新经济增长点的途径. 城市燃气，2003，(6).

[158] 杜传忠. 激励规制理论研究综述. 经济学动态，2003，(2).

[159] 冯韶军. 中国燃气行业改革的战略思考. 上海煤气，2004，(1).

[160] 冯中越，石宏锋. 城市公用事业的管制与竞争研究——以北京市燃气行业为例. 北京社会科学，2005，(3).

[161] 谷波，黄福平. 试论城市燃气价格的确定. 城市燃气，2004，(5).

[162] 国资委. 五大原因导致国企改革职工权益受损. 2006年11月15日，新华网.

[163] 胡鞍钢. 反垄断：一场深刻的社会经济变革. 中国改革，2001，(7).

[164] 胡秀珠. 我国民营经济进入燃气行业的制度性壁垒. 福州大学学报（哲学社会科学版），2009，(2).

[165] 宦国渝. 澳大利亚天然气行业的改革及其对中国的启示. 城市燃气，2005，(11).

[166] 黄彦华. 燃气行业政府监管机制的思考. 上海煤气，2008，(5).

[167] 李冬婷. 试论燃气行业市场化. 城市燃气，2003，(12).

[168] 李怀，高良谋. 新经济的冲击与竞争性垄断市场结构的出现. 经济研究，2001，(10).

[169] 李霞. 自然垄断产业治理模式构想. 经济体制改革，2005，(1).

[170] 李晓东. 英国天然气工业的改革发展及对我国的启示. 国际石油经济，2001，(11).

[171] 刘戒骄. 竞争机制与网络产业的规制改革. 中国工业经济，2001，(9).

[172] 刘岩. 从欧盟天然气监管发展趋势看我国的天然气行业监管. 国际石油经济，2003，(2).

[173] 柳学信，王文举. 博弈论视角下的自然垄断产业规制改革. 改革，2006，(3).

[174] 柳学信. 网络型产业接入定价与互联互通管制. 中国软科学, 2004, (4).

[175] 罗仲伟. 网络特性与网络产业公共政策. 中国工业经济, 2000, (10).

[176] 马跃东, 祖延华. 对燃气行业市场化改革的思考. 城市公用事业, 2005, 19 (2).

[177] 茅于轼. 竞价上网宜慎重. 中国市场经济论坛·文稿, 2001, (71).

[178] 裴根, 张晓清. 燃气行业特许经营探讨. 城市燃气, 2003, (8).

[179] 戚聿东, 柳学信. 中国垄断行业竞争状况及政策建议. 经济管理, 2006, (2).

[180] 戚聿东, 柳学信. 自然垄断产业改革的产权模式. 财经问题研究, 2007, (3).

[181] 戚聿东, 柳学信. 自然垄断产业治理模式改革：国际经验及启示. 改革, 2007, (1).

[182] 戚聿东. 我国自然垄断产业分拆式改革的误区分析及其改革出路. 管理世界, 2002, (2).

[183] 戚聿东. 中国自然垄断产业改革的现状和政策建议. 经济学动态, 2004, (6).

[184] 戚聿东. 资源优化配置的垄断机制. 经济研究, 1997, (2).

[185] 戚聿东. 自然垄断管制的理论与实践. 当代财经, 2001, (12).

[186] 曲文轶. 试析俄罗斯经济政策调整的新动向：强化国家对自然垄断的所有权控制. 俄罗斯中亚东欧研究, 2008, (2).

[187] 任均忠. 城市燃气输配企业的垄断与效率. 城市燃气, 2007, (10).

[188] 沈依云. 西欧三国供水、燃气行业概况. 城市公用事业, 1996, (6).

[189] 石光华. 济南市燃气行业民营经济发展现状及展望. 城市燃气, 2002, (10).

[190] 宋冬林等. 论国有资本的人格化经营. 经济研究, 1996, (5).

[191] 宋美荣. 燃气行业的现状分析——以徐州为例. 市场周刊·研究版, 2005, (9).

[192] 史际春, 肖竹公. 用事业民营化及其相关法律问题研究. 北京大学学报, 2004, (4).

[193] 孙绍烽, 陈晓明, 蒋媛媛. 纵论中国煤气产业的规制改革. 财经问题研究, 2004, (3).

[194] 王柏军, 胡修林. 自然垄断产业民营化改革的思考. 理论界, 2005, (12).

[195] 王炜. 浅谈南京市燃气行业管理问题与出路. 东南大学学报：哲学社会科学版, 2001, 11, 3 (4A).

[196] 王为为. 香港城市燃气综述. 城市煤气, 1999, (5).

[197] 王珏. 引入竞争机制要有制度基础. 中国市场经济论坛·文稿, 2001, (71).

[198] 王学军, 胡小武. 论规制失灵及政府规制能力的提升. 公共管理学报, 2005, (2).

[199] 王以中, 应建国, 黄彦华. 浅谈政府对燃气市场的管制. 上海煤气, 2001, (6).

[200] 王志永. 自然垄断行业放松管制改革的动因. 开放导报, 2005, 10 (5).

[201] 王红周. 关于我国燃气行业经营与管理制度改革的思考. 城市公用事业, 2008, 22 (5).

[202] 王佐军. 自然垄断部门国有企业改革的经济学分析. 天府新论, 2004, (4).

[203] 乌家培. 网络经济及其对经济理论的影响. 学术研究, 2000, (1).

[204] 吴敬琏. 关于改革战略选择的若干思考. 经济研究, 1987, (2).

[205] 肖兴志等. 公用事业民营化改革：理论基础与政策选择. 经济社会体制比较, 2004, (4).

[206] 肖兴志等. 英美日自然垄断型企业改革的共性研究. 中国工业经济, 2001, (8).

[207] 谢绍雄. 慎重探索厂网分开的利弊. 中国市场经济论坛·文稿, 2001, (71).

[208] 闫锋. 美国天然气行业政府管制的演进及价格走势分析. 城市燃气, 2002, (2).

[209] 闫国起. 国有燃气企业的改革与发展. 城市燃气, 2003, (3).

[210] 杨永忠. 自然垄断产业改革的国际比较及启示. 亚太经济, 2006, (2).

[211] 要建勋, 何文海. 新时期下燃气规划的新思路. 科技信息, 2009, (7).

[212] 于立等. 规模经济与自然垄断的关系探讨. 首都经济贸易大学学报, 2002, (5).

[213] 于良春, 丁启军. 自然垄断产业进入管制的成本收益分析——以中国电信业为例的实证研究. 中国工业经济, 2007, (1).

[214] 余勇. 加入WTO后城市公用燃气行业的市场化. 城市燃气, 2003, (11).

参考文献

[215] 张莉．论公用事业型企业治理模式的选择．管理评论，2004，（10）．

[216] 张家安．城市燃气企业体制改革模式的实证分析．城市煤气，2000，（11）．

[217] 张维迎，马捷．恶性竞争的产权基础．经济研究，1999，（6）．

[218] 张晓清，张保山．西安市燃气行业发展趋势探讨．城市煤气，2004，（7）．

[219] 张宇燕．国家放松规制的博弈．经济研究，1995，（6）．

[220] 周晓峰．燃气行业发展的问题与对策．煤气与热力，2005，12．

[221] 周小梅．论中国城市管道燃气产业的价格管制政策．中国物价，2005，9．

[222] 朱洪．城市燃气企业经营机制改革的思路与设想．城市煤气，2000，（11）．